本书是教育部人文社会科学重点研究基地重大项目"文化强国方略中多民族文化资源教育转换研究"（课题编号：13JJD880008）最终成果

多民族
文化资源教育转换研究

王晓燕　杨如安　等◎著

科学出版社

北　京

内 容 简 介

文化是一个民族的灵魂，也是一个民族发展的精神基础，决定着民族发展的方式与方向。文化传承对民族特色的保持有重大意义，对民族生命力、民族自信心的增强具有重要的现实意义。在众多的传承方式中，通过文化资源教育转换途径进行的文化传承占有重要的地位。

我国是一个多民族国家，众多民族的文化融汇成五彩缤纷的中华文化。本书基于对相关研究的梳理和多民族文化场域的田野调查，从各民族的多元文化资源入手，探讨多民族文化资源在学校教育中应用的现状，通过案例呈现出多民族文化资源教育转换的价值、意义及存在的问题。本书将教育与各民族现实生活紧密相联，找出民族文化环境与学校教育的差距，有针对性地挖掘多民族文化资源的教育转换方式、多民族文化资源教育转换的有效途径和保障措施，为提升民族教育质量、传承民族文化、增强国家文化软实力服务。

本书对民族教育学领域的学者，中小学、民族高校、职业院校师生和对民族传统文化教育感兴趣的普通大众具有重要参考价值。

图书在版编目（CIP）数据

多民族文化资源教育转换研究 / 王晓燕等著. —北京：科学出版社，2022.12

ISBN 978-7-03-063215-9

Ⅰ. ①多… Ⅱ. ①王… Ⅲ. ①少数民族教育-研究-中国 Ⅳ. ①G752

中国版本图书馆 CIP 数据核字（2019）第 250614 号

责任编辑：朱丽娜 冯雅萌 / 责任校对：贾娜娜
责任印制：李 彤 / 封面设计：润一文化

科学出版社 出版
北京东黄城根北街 16 号
邮政编码：100717
http://www.sciencep.com

北京建宏印刷有限公司 印刷
科学出版社发行 各地新华书店经销

*

2022 年 12 月第 一 版 开本：720×1000 1/16
2022 年 12 月第一次印刷 印张：14 3/4
字数：265 000

定价：99.00 元
（如有印装质量问题，我社负责调换）

序

中国拥有多民族文化，自古使然，数千年的中国文明史，其每一个发展阶段莫不是经历了多民族文化融合、碰撞交融的过程。严格意义上的"中华民族""华夏文化"都是集合概念。由历史上众多民族凝聚而形成的中华民族，其文化也不是由某一个民族创造的，这是事实、是历史，并且它经历了历史上漫长的整合过程。纵观中国史乃至世界史，以前人们以黄河文化作为中华文化的主线，后来人们又逐渐认识到长江亦是中华民族的母亲河。无论是以长江流域还是黄河流域作为中轴或主线生成的文化，事实上都不是中华文化的全部，而且从严格意义上找出纯粹的某一文化的基因，也不是一件容易的事，所以多民族文化是客观存在的。比如，中国西南的横断山脉，从东向西依次排列着岷山、邛崃山、夹金山—大相岭—小相岭、大雪山—锦屏山、沙鲁里山、芒康山—云岭、他念他翁山—怒山、伯舒拉岭—高黎贡山，这些大山依次夹着岷江、青衣江、大渡河、雅砻江、金沙江、澜沧江、怒江、独龙江，山河相间形成了由北往南、纵横交错的众多峡谷：岷江峡谷、大渡河峡谷、雅砻江峡谷、金沙江峡谷、澜沧江峡谷、怒江峡谷、独龙江峡谷。在众多河流大川、大山分隔而成的地方，又生成了各自相对独立的、封闭的文化系统，而每个文化系统都是适应其独特的天地系统而生成的人类生产生活方式，从这个意义上讲，中国文化的丰富性、多样性自古使然。

古代丝绸之路上的西域①各国无不是以"路"的形式串联起来的一个个地嵌在

---

① 西域有广义和狭义之分，前者泛指自玉门关、阳关以西直到欧洲的广大区域；后者指西域三十六国，为古代汉唐属地。这里是指狭义西域的范围

戈壁中的绿洲文化。古时在今新疆塔里木盆地周围及天山山谷地带分布着诸多以城郭为中心的小国，《汉书》称其为"三十六国"（东汉时分置为五十五国），即匈奴以西、乌孙以南、葱岭以东、玉门关以西的西域三十六国，在汉武帝时置使者校尉领护之。由于天地系统不同，各国的人们利用水资源、开垦土地或放牧的方式有所差异，适应环境的方式亦不同，从而在天山南麓和天山北麓的一个个绿洲上生成了独特的文化，并成为中华多元文化的一部分。

西南、西北的历史告诉我们，由道路串联起来的一个个民族历经了几千年的变化，创造了华夏文化的灿烂与辉煌。其间有"五星出东方利中国"的中原文化，有以云冈、龙门、麦积山、敦煌莫高窟、克孜尔千佛洞等佛教洞窟艺术为代表的佛教文化，有散布在各地的别具一格的、以清真寺建筑为标志的伊斯兰文化，还有来自西方的多种宗教、多种文化。于是，在如此广袤的土地上，多元文化共处继而共生共荣的局面早已形成，这一点是数千年来任何文明发展都无法避开的一个现实。

正因为如此，从古至今，人们便认识到这些多元文化若要成为华夏发展的资源，一定要依靠教育的转换。若说教育转换自古有之，就要提到张骞出使西域时的最忠实的随行者堂邑父。张骞应募出使西域有随从百余人，途经匈奴时为匈奴所困，张骞被迫滞留多年，娶妻生子，逃出后又辗转大宛、康居、大月氏、大夏，在外十三年历经千辛万苦，最终只剩他和堂邑父两人生还。堂邑父是胡人，"善射，穷急射禽兽给食"①。堂邑父不仅射得一手好箭，在没有干粮的时候，射猎飞鸟和野兽充饥，他还懂西域多国语言，熟悉西域的地理环境，在荒漠中帮助张骞使团脱困。毫无疑问，若不是靠堂邑父对西域文化的熟悉，张骞也不可能完成伟大的"凿空"之举，由此可见多元文化的重要性。我国多元文化资源的教育转换很早就开始被探索，新疆维吾尔自治区博物馆至今还有明清时期的多语教学课本。从本质上讲，多元文化的转换是一个教育问题。如果是有意识的、政府的行为，由上而下开展，便是以学校之类、官府、宗教经堂形式实施的多元文化资源的教育转

---

① （汉）班固.2000.汉书·卷六十一.赵一生，点校.杭州：浙江古籍出版社，834

换；如果是无意识的、民间的行为，那便是通过风俗、生活方式这种化民成俗的模式所进行的转换。

当我们现在提出"一带一路"倡议架构时，这个问题就更突出了。首先，随着"一带一路"倡议的推进和发展，从严格意义上来讲，我们面临的最大问题不是经济发展的问题，而是文化适应的问题，或者说是文化冲突的问题。如何把文化冲突变成文化亲和，便是问题的关键所在。要将文化冲突变成文化亲和，离不开教育转换这项至关重要的工作。其次，在信息时代，依靠网络和多媒体、人工智能的交往越来越多，这既为我们提供了文化资源教育转换的平台，又为我们提供了四通八达的高速公路网。但是，在路上"开什么车""运什么货"，是多民族文化教育转换的关键问题。教育转换又无处不在、无时不在，如何转换和如何使之具有亲和力，便是《多民族文化资源教育转换研究》一书作者研究的重心所在。该课题研究团队深入田野开展调研，从民族小学课堂、职业学校校园到海外孔子学院，具体了解了多种类型民族文化资源的教育转换，在此基础上形成了对多元文化教育转换的思路和理论架构，从感性认识的个案层面转到理性思考的普适性层面，试图对此问题的学理、内涵进行深入的探讨、系统的建构和开拓性的研究。要看到，多民族文化教育转换这项工作是没有止境的，也是方兴未艾的，有待进一步的探索。我们相信，通过持之以恒的努力，多民族文化资源教育转换将会在中国今后文化的发展和现代化进程中大放异彩。

张诗亚
于说乎斋

前　　言

本书对多民族文化场域的田野调查和相关文化资源进行梳理，旨在探索多民族文化资源教育转换的有效途径，强调民族文化源于生活，又为其生活服务，从各民族日常生活中寻找有价值的教育资源。

本书内容包括五章，具体如下。

第一章通过文献梳理，对多民族文化资源在学校中的应用现状及其研究进行分析，找到焦点与问题，总结经验和教训，为多民族文化教育研究提供参考。

第二章对多民族文化资源进行分类，这更有利于挖掘、传承和弘扬民族文化，促进多民族文化资源转换，以更好地为社会经济发展服务。这种分类是集合成类，以认知民族文化，体现民族性；以教育为本，传承民族文化，体现传承性；促进发展，弘扬民族文化，体现创新性和时代性；形成机制，达到文化自觉，体现制度性和经常性。对多民族文化资源的分类应体现科学性原则、本真性原则、适用性原则、全面性原则。结合我国民族文化的具体情况，按照物质文化、行为文化、制度文化、精神文化进行分类，以物质文化为文化的表层，表达人与自然界的关系；以行为文化、制度文化为文化的中层，表达人与社会的关系，规范人的行为，构建社会的秩序；以精神文化为文化的内核，表达人的自我意识和情感需求，四者之间形成文化的整体。在进行具体分类时，以民族文化的四个层次为一级指标，以各层次所含类别为二级指标，以类别中的具体项目为三级指标，将全国的世界遗产、民族文化中的国家级非物质文化遗产和省级非物质文化遗产作为具体例证。

第三章主要探讨将多民族文化资源中优秀的文化知识转化为教育资源的各种

途径，提出应当遵循由整体到部分、由校内到校外、由正式到非正式的逻辑顺序，分为四个层次——学校层次、课程层次、校园活动层次、非正式教育层次。从范围大小来说，学校层次是整体，是宏观层面教育资源的转换与利用，课程、校园活动与非正式教育是部分，是中微观层面教育资源的转换与利用；从空间分布来说，学校、课程、校园活动是发生在校内的教育资源转换，经转换与利用之后的资源将成为学校正式教育的组成部分，而非正式教育则主要发生在校外，与校外群体直接关联，发挥学校服务社会的教育职能。

第四章选取湘西某小学和重庆某职业学院、泰国孔子学院为研究对象，从通过大量观察和调查获取的第一手资源入手，运用相关理论框架和分析方法，试图从个别到一般，归纳出多民族文化资源教育转换的规律。

第五章主要关注文化资源开发中对多民族文化的重视程度及其文化资源教育转换的政策保障。笔者认为，要实现对多民族文化资源的有效转换，应当从学校、社会、地方政府多方着手，认清各自在多民族文化资源教育转换中的责任与权利；从国家、地方到社区，从上到下的各个层面和各主管部门形成一种共同协调的工作机制，只有这样才能将多民族文化资源教育转换落到实处；学校作为转换的第一线，要在师资培养、课程与教材建设、评价机制等方面采取积极的措施。

目　　录

图 目 录

表 目 录

绪　　论

一、民族文化的价值及其教育意义

随着国际竞争的日益激烈，文化资源作为提高综合国力的重要因素得到格外关注。许多国家把提高文化软实力放在增强国家核心竞争力的重要位置上。可以说，哪个国家拥有强大的文化软实力，哪个国家就能在激烈的国际竞争中占据主动地位。我们已经清楚地认识到，中华民族的伟大复兴既要靠经济的发展，也要靠中华文化的发展与繁荣。文化得到发展，国民精神才能增强，文化才能变成现实的软实力。

党的十七届六中全会将"文化强国"列为中国未来发展的一个重要战略目标，党的十八大进一步明确提出"扎实推进社会主义文化强国建设"，从新的高度强调了文化建设在新时期具有不可替代的重大作用。建设社会主义文化强国的关键是增强全民族的文化创造活力，提高全民族科学文化素质和思想道德素质，增强中华文化的国际影响力。习近平于2013年8月在全国宣传思想工作会议上强调，"讲清楚中华优秀传统文化是中华民族的突出优势，是我们最深厚的文化软实力"[①]。党的十九大报告指出，"中国特色社会主义文化，源自于中华民族五千多年文明历史所孕育的中华优秀传统文化，熔铸于党领导人民在革命、建设、改革中创造的革命文化和社会主义先进文化，植根于中国特色社会主义伟大实践"，"深入挖掘中华优秀传统文化蕴含的思想观念、人文精神、道德规范，结合时代要求继承创新，让中华文化展现出永久魅力和时代风采"[②]。党的二十大报告进一步强调，"全

---

① 人民网. 2013-08-20. 习近平：胸怀大局把握大势着眼大事　把宣传思想工作做更好. http://jhsjk. people.cn/article/22634049[2022-01-17]

② 中华人民共和国中央人民政府. 2017-10-27. 习近平：决胜全面建成小康社会　夺取新时代中国特色社会主义伟大胜利——在中国共产党第十九次全国代表大会上的报告. http://www.gov.cn/zhuanti/2017/10-27/content_5234876.htm[2023-02-03]

面建设社会主义现代化国家，必须坚持中国特色社会主义文化发展道路，增强文化自信……增强实现中华民族伟大复兴的精神力量"，"以社会主义核心价值观为引领，发展社会主义先进文化，弘扬革命文化，传承中华优秀传统文化，满足人民日益增长的精神文化需求，巩固全党全国各族人民团结奋斗的共同思想基础，不断提升国家文化软实力和中华文化影响力"。①文化强国建设要立足于中华优秀传统文化，抓住了中华优秀传统文化就是抓住了文化强国的根脉。中华民族五千年悠久灿烂的文化，需要我们传承和保护，民族文化无论对于增强中华文化的丰富性、多样性，还是对于提高中国在国际上的影响力，都是不可或缺的，对于各民族自身的发展也是至关重要的。

（一）民族文化是中华文化的重要组成部分

中国自古就是一个多民族的国家。中华民族经历了数千年的发展，由众多的民族群体逐渐融合、演变，最终形成了今天的 56 个民族。几千年来，中华民族大家庭中的各民族通过经济、政治活动和文化交流，共同开拓了中华辽阔的版图，共同创造和继承了中华优秀文化，各民族之间通过通婚、杂居、交融，借鉴了彼此的文化，形成了"你中有我，我中有你"的民族格局。从古至今，中华民族大家庭中的每个成员都与其他民族一起共创与共享中华文化。各民族都对中华文化的发展做出过重大贡献。

1. 语言文字

根据 2009 年公布的白皮书《中国的民族政策与各民族共同繁荣发展》："中国 55 个少数民族中，除回族和满族通用汉语文外，其他 53 个民族都有本民族语言，有 22 个民族共使用 28 种文字，其中壮、布依、苗等 12 个民族使用的 16 种文字是由政府帮助创制或改进的。目前，中国少数民族约有 6000 万人使用本民族语言，占少数民族总人口的 60%以上，约有 3000 万人使用本民族文字。"②现存 80 多种语言中，有 29 个民族属于汉藏语系的壮侗语族、藏缅语族、苗瑶语族；有 17 个民族属于阿尔泰语系的突厥语族、蒙古语族、满-通古斯语族；有 2 个民族属于印欧语系的斯拉夫语族、伊朗语族；南亚语系 3 个民族；南岛语系 1 个民族等。③

---

① 中华人民共和国中央人民政府. 2022-10-25. 习近平：高举中国特色社会主义伟大旗帜 为全面建设社会主义现代化国家而团结奋斗——在中国共产党第二十次全国代表大会上的报告. http://www.gov.cn/xinwen/2022-10/25/ content_5721685.htm[2023-02-03]
② 中华人民共和国国务院新闻办公室. 2009-09-27. 中国的民族政策与各民族共同繁荣发展. http://www.gov.cn/zwgk/2009-09/27/content_1427930.htm[2017-10-09]
③ 国家民委民族问题五种丛书编辑委员会《中国少数民族》编写组. 1981. 中国少数民族. 北京：人民出版社，585-586

文字体系包括字母文字（藏文、朝鲜文、傣文、回鹘文、斯拉夫文、阿拉伯文、拉丁文7种文字）、音节文字、象形文字等。各民族的语言文字丰富了中华民族的语言文字宝库。汉语中有一些词汇也是吸收了各民族的语言文字，例如，《汉语外来词词典》就收录了突厥语借词50多个、新疆少数民族现代语言借词90多个。[①]

2. 文学艺术

在文学方面，各民族创作了大量的文学作品。著名的三大史诗——藏族的《格萨尔王传》、蒙古族的《江格尔传》、柯尔克孜族的《玛纳斯》，是中华文化宝库中的瑰宝。藏族的诗集《萨伽格言》、彝族的长诗《阿诗玛》、傣族的叙事诗《召树屯》、纳西族的《创世纪》、白族的《望夫云》、维吾尔族的叙事长诗《福乐智慧》等都是具有思想性和艺术性的民族代表性作品。在艺术方面，民族先辈为祖国留下了丰富的遗产。甘肃敦煌莫高窟、新疆拜城克孜尔千佛洞、山西大同云冈石窟、河南洛阳龙门石窟等都是古代汉族、鲜卑族、吐蕃、西域各族人民共同创造的历史文化遗产。胡琴、笛子、琵琶等民族乐器是在汉代以后从西域传入的[②]，多部西域音乐舞蹈艺术的奇葩龟兹乐、疏勒乐的传入成为隋朝著名九部乐的组成部分。[③]南北朝周武帝时的龟兹（今新疆库车）人、宫廷音乐家苏祇婆将西域的宫调理论带到中原[④]，对古代中国音乐的发展做出了重要贡献。流传至今的各民族音乐、戏曲艺术，如维吾尔族的"十二木卡姆"、侗族的"大歌"、纳西族的古乐、东乡族和回族的"花儿"、藏族的"藏戏"、傣族的"傣剧"等都是民族特色艺术的典范。

3. 科学技术

在建筑方面，亦黑迭尔丁主持设计了元大都宫阙建筑和都城平面规划，为以后北京城市的发展奠定了基础。清代藏族人第巴·桑结嘉措主持建造了布达拉宫建筑。今天，布达拉宫仍以其独特而高超的建筑艺术、浓郁的民族特色而驰名中外。羌族的碉楼、侗族的鼓楼至今都是建筑史上的经典建筑。在医药方面，有藏医巨著《四部医典》《晶珠本草》，蒙医著作《方海》《蒙古正典》，以及译著《蒙藏合璧医学》《医学大全》等，彝医有《齐书苏》和云南白药等。在天文方面，元代扎马鲁丁主持制定了《万年历》，创制了浑天仪、方位仪、观象仪等七种天文仪器。阿老瓦丁和亦思马因成功研制了一种使用机械发石的炮，在武器制造方面做出了重要贡献。在数学方面，有清代蒙古族数学家明安图，他是我国第一个用解

① 武金峰. 2002. 从借词看新疆少数民族与汉族的文化交流. 中央民族大学学报（哲学社会科学版），(1)：128-132
② 常任侠. 1981. 丝绸之路与西域文化艺术. 上海：上海文艺出版社，33-67
③ （唐）魏征. 1973. 隋书·卷十五. 北京：中华书局，378-380
④ （唐）魏征. 1973. 隋书·卷十四. 北京：中华书局，345-346

析方法研究圆周率的人，他的《割圆密率捷法》中的"九术"，对于研究三角函数和圆周率具有开创性意义。

4. 历史方面

各民族在历史方面做出了卓越贡献，例如，蒙古族史学家的《蒙古黄金史》《蒙古源流》《元朝秘史》《拉什德史》等，藏族史学家的《西藏王臣记》《西藏王统记》《贤者喜宴》《青史》《红史》等，满族史学家的《异域录》《八旗通志》等。另外，明代回族马欢的《瀛涯胜览》详细记载了他先后三次随郑和下西洋沿途的所见所闻，包括东南亚、阿拉伯国家的地理、风土民俗、制度、人物、历史事件等大量珍贵史料，受到中外民族学研究者的普遍重视。此外，元代藏族学者衮噶多吉和布顿编订的《甘珠尔》和《丹珠尔》不仅是两大佛学丛书，而且对研究古代藏族文化有重要意义。以蒙古族贵族为首的元朝统治者重视历史文献，由官方组织撰写了《辽史》《辽实录》《金史》《宋史》《大元一统志》等。清朝更加重视史书撰写与文献整理，乾隆时期修订的《四库全书》为中国古代历史文献的保存做出了巨大贡献。

民族文化丰富了中华文化，使其具有多样性，对中华文化的形成和发展具有不可替代的作用。因此，中国特色社会主义文化不是单一的文化，而是繁荣的、丰富的各民族优秀文化的集合。要实现文化强国，就需要把多民族的多元文化上升为国家文化的有机组成部分。

（二）民族文化的影响力

1. 民族文化在国内外的影响力

在国家对各民族对外文化交流的推进中，中国民族文化对世界的影响日益明显，尤其是民族艺术与服饰等已享誉世界。

中国的民族艺术令人瞩目。中华人民共和国成立后，苗族的歌舞经整理后曾在国内外演出，受到了热烈欢迎。侗族的大歌以其优美动听的多声部、自然和声的合唱形式，在国内外引起了极大的反响。1955 年，贵州黎平民间合唱团在北京演唱侗族大歌并第一次被中央人民广播电台录制成唱片，在全国发行。1986 年 9 月，贵州黎平侗族女声合唱团应法国巴黎秋季艺术节的邀请赴法国演出，艺术节执行主席马格尔维特说，在东方一个仅百余万人的少数民族能够创造和流传这样古老、纯正、闪光的声乐艺术，在世界上实为少见。它不仅受到法国观众的喜爱，就是全世界人民也都会喜爱的。[①]马格尔维特对侗族大歌的高度评价，标志着侗族

---

① 转引自：陆勇昌. 2015. 侗族大歌传承评估体系建设研究. 非物质文化遗产研究集刊，（1）：8-21

大歌在世界民族文化史中占有着重要的位置。从 1988 年开始，贵州省从江县小黄村在学校课程中增设了侗歌、侗戏等课程，对侗族大歌的传承起到了积极的推动作用。2009 年，侗族大歌被列入联合国《人类非物质文化遗产代表作名录》。近年来，侗族大歌代表队多次赴俄罗斯、乌克兰、挪威、新加坡、匈牙利等国家演出，并在 2010 年登上维也纳金色大厅的舞台上。贵州省黔东南苗族侗族自治州非物质文化遗产保护中心主任粟周榕说，"侗族大歌"是当今世界上罕见的多声部、无指挥、无伴奏民间合唱音乐，与侗族鼓楼、侗乡花桥一起被称为侗族文化"三大宝"。①联合国教育、科学及文化组织（以下简称联合国教科文组织）保护非物质文化遗产政府间委员会评委如此评价侗族大歌：一个民族的声音，一种人类的文化。② 2012 年4 月，中国政府代表团参加德国 2012 年汉诺威工业博览会，从江县侗族大歌表演队在开幕式上演出的侗族大歌博得全场持久的掌声，优美动人的歌声通过广播电视、网络传向世界各地。此次赴德演出，每到一地，中国的专场演出都座无虚席，一票难求。黔东南苗族侗族自治州歌舞团和从江县艺术团联手打造的大型非遗歌舞音画"养心圣地·神秘从江"，先后在法国、美国等国家，以及国内的北京、上海、深圳等 16 个城市巡演。2012 年 7—8 月，他们赴法国参加了 6 个国际艺术节，先后访问了法国的 16 个城市，演出 30 余场。多姿多彩的原生态民族文化赢得了法国观众的高度称赞："侗族大歌太美了！中国艺术团的演出非常精彩！这种浓郁的民族风情让我们大开眼界。希望有时间去中国看一看！"③

　　民族服饰之绚丽多彩不仅受到国人的喜爱，也在国外产生了一定的影响。苗族的织染工艺独具特色，尤其是蜡染工艺有几千年的历史，以其精美图案和工艺受到国内外群众的喜爱。1981 年，中国少数民族服饰展览在日本巡展时，日本服装专家藤川延子曾说："苗族服装斑斓夺目，好像人间的生活都反映在苗族挑花、刺绣的美丽画景中。侗族的百褶裙可跟法国当代最高级的裙子相媲美！"④中国民族博物馆主办的大型服饰歌舞表演"多彩中华"在 2003 年法国举办的"中法文化年"的节目演出活动中赢得了法国观众的热烈欢迎，与中国民族服饰歌舞同时出演的还有中国时装展演，虽然同为中国服装秀，但法国观众对两场演出的反应是不一样的，"多彩中华"演出非常精彩，轰动了整个剧场。在每一款服饰出来时，

---

① 转引自：杨洪涛. 2011-12-08. 侗族大歌：从侗寨飘向世界的人类非物质文化遗产. https://www.163.com/news/article/7KOCBAIE00014JB5.html[2022-01-13]

② 转引自：沈仕卫. 2009-11-20. 一个民族的声音　一种人类的文化——贵州侗族大歌列入"人类非物质文化遗产代表作名录"综述. 贵州日报，4 版

③ 李田清. 2013-03-13. 侗族大歌从侗寨山村走向世界. 光明日报，13 版

④ 转引自：《中国少数民族服饰展览》赴日巡展组. 1981. 少数民族服饰在日本. 中国民族，（10）：41

观众都惊叫不已，掌声不断，这在以往是不多见的。演出结束后，全体观众站立鼓掌长达数分钟，久久不愿离去。法国服装界的大腕精英走上 T 型台，与演员握手、合影留念，嘴里不停地喊着："太好了，太好了，中国的民族服饰这样精彩、绚丽。"①贵州苗族服饰的"苗族蜡染""苗绣""苗族银饰"已于 2006 年入选国家级非物质文化遗产名录，"苗族织锦"已于 2008 年入选。2011 年，中国贵州苗族服饰展在法国巴黎举办，大大提升了贵州苗族服饰的世界知名度。中国十大工艺美术大师之一刘雍认为，在世界原生态艺术的宝库中，苗族服饰与非洲、大洋洲木雕，美洲印第安陶器，南亚、东南亚石刻一样堪称瑰宝。"贵州非物质文化遗产具有多样化、广泛性等特点，被认为是最具特色的世界民族文化遗产之一。"②联合国教科文组织非物质文化遗产处负责人杜维尔女士说：贵州是中国民族文化最为丰富的地区之一，对苗族服饰进行保护与传承，有利于对人类文化生态的保护，联合国教科文组织非物质文化遗产处将积极支持贵州苗族服饰的申遗工作。③

2. 民族语言文字在世界的地位

中国的民族语言文字是世界语言文字的组成部分。联合国教科文组织、世界少数民族语言研究院公布的世界语言有 6700 多种，其中 120 多种是中国各民族的语言。④一些关于民族文字的历史文献在国外受到学界的重视。藏文在印度、美国、德国、意大利等国受到学者关注，藏学更成为一门独特的国际"显学"。除我国大批学者从事藏族历史语言文化研究之外，还有美国、日本、英国、意大利、法国、德国、俄罗斯、匈牙利等多个国家和地区的一大批专业学者从事藏学研究，很多国家相继成立了类似于藏学研究中心的专门机构，研究队伍日益壮大，研究成果也越来越多。此外，蒙文、满文、彝文、回鹘文、纳西族东巴文等民族文字的大量珍贵文献被西方国家图书馆、研究机构和个人收藏。

随着国家对民族文化遗产的重视和保护，截至 2021 年，在《人类非物质文化遗产代表作名录》630 个项目中，中国项目已经达到 42 项，列世界第一。⑤民

① 吴金光. 2015. 向世界展现美好和谐的"多彩中华"——亲历国家民委少数民族文化走出去记略. 中国民族，（9）：50-61

② 杜再江. 2012-08-02. 在申遗中守望前行. https://www.tibet3.com/tibetcul/content/2012-08/02/content_885055.htm[2022-01-17]

③ 转引自：杜再江. 2012-08-02. 在申遗中守望前行. https://www.tibet3.com/tibetcul/content/2012-08/02/content_885055.htm[2022-01-17]

④ 孙宏开. 2006. 中国濒危少数民族语言的抢救与保护. 暨南学报（哲学社会科学版），（5）：126-129

⑤ 中国非物质文化遗产网. 2022-03-13. 联合国教科文组织非物质文化遗产名录（名册）. https://www.ihchina.cn/directory_list.html[2022-11-05]

族传统文化中，侗族大歌，新疆维吾尔族的木卡姆艺术、玛纳斯、麦西来甫，藏族的格萨（斯）尔、藏戏，回族的花儿，蒙古族的呼麦，赫哲族的伊玛堪说唱，黎族的传统纺染织绣技艺等都被列入《人类非物质文化遗产代表作名录》。由此不仅可以看出民族文化在世界的影响力，也可以看出民族文化对世界文化多样性的贡献。

（三）民族文化传承的意义

当今社会，文化不仅是综合国力的重要影响因素，也日益成为民族凝聚力和创造力的重要源泉。在文化强国战略中，民族文化传承对中国社会具有重要的现实意义。

1. 民族文化对于保持我国文化多样性的意义

民族文化是中华文化的重要组成部分。由于历史的原因，各民族长期以来迁移和开发，形成了大杂居、小聚居和交错居住的格局，各民族在经济、文化上相互影响。各民族在数千年历史的文化互动中，已经形成了"你中有我，我中有你"的文化共享传统。多元文化的交融与共享是中国也是世界文化发展的主流，民族文化的存在直接关系到中华文化的多元性。多元文化对于人类社会健康发展的意义正如社会科学家所认定的，就如同生物多样性对于自然界的意义一样，具有不可替代的作用。每个民族的文化都有其文化价值，都对社会有一定的意义，而其文化对该民族自身的价值也可作为其他民族解决社会矛盾的方法或有益的参考。美国人类学家玛格丽特·米德（M. Mead）在太平洋上的小岛萨摩亚进行调查后发现，萨摩亚人用一种有效的教育方式解决了在美国社会无法解决的青春期教育问题。[1]这个案例正说明了文化多样性存在的意义。此外，在我国民族文化中也能找到类似的例子，比如，贵州省非物质文化遗产从江县占里侗族生育习俗[2]，小凉山彝族家支文化禁毒[3]，这些文化对于解决现代社会中存在的矛盾与问题都有重要的价值。这两个例子是文化人类学应用实践中不可多得的典范，也反映了文化多样性在现代社会中的价值和意义。

---

① [美]玛格丽特·米德. 1988. 萨摩亚人的成年——为西方文明所作的原始人类的青年心理研究. 周晓虹，李姚军，译. 杭州：浙江人民出版社，1-10

② 刘宗碧. 2006. 从江占里侗族生育习俗的文化价值理念及其与汉族的比较. 贵州民族研究，（1）：41-46

③ 庄孔韶，杨洪林，富晓星. 2005. 小凉山彝族"虎日"民间戒毒行动和人类学的应用实践. 广西民族学院学报（哲学社会科学版），（2）：38-47

2. 民族文化教育对于增强中华民族凝聚力的意义

开展民族文化教育对于增强文化自信、自觉与认同，增强民族凝聚力有着十分积极的现实意义。民族地区的基本特点是地域广阔、物产资源丰富、文化风俗各异、地处边疆且多跨境民族。尽管各个民族都有自己的文化，但是我国多元文化的国情并没有被充分认识到。文化相容与共存，关乎社会公平、民族平等。因此，通过文化资源教育转换，让广大民众更清楚地认识中国多元民族的国情和多元文化的现状，更多地了解各民族的多元文化知识，在全社会培养起多元文化的公民意识，具有重要的现实意义。

3. 民族文化教育对于国家文化安全的意义

开展民族文化教育对于国家文化安全具有重要的现实意义。边疆地区的重要战略地位和特殊性，要求我们必须保障文化安全，培育中华民族共同体意识和国家意识。文化强国战略就是要充分挖掘中华文化中包括各民族互助互利的兄弟情感、团结爱国、共同抗侮、自强不息在内的历史传统与中华民族精神，以及各族人民共创中华的历史事实，尤其是跨界民族在近代反对帝国主义列强侵略的历史，将这些具有积极意义的优良传统转化为课程资源，作为边疆地区开展爱国主义教育、民族团结教育的文本，有利于构筑边疆地区文化安全屏障，维护民族团结、边疆稳定和祖国统一，有效抵制境外反动势力对中华民族的损害。

4. 民族文化教育对于促进民族地区人力资本发展的意义

民族文化教育应以人的发展为出发点，通过文化资源的教育转换，充分发挥中华各民族优秀文化的育人价值，促进民族地区人力资本的发展。

民族地区虽然大多地处边远地区，经济发展相对滞后，人民生活水平相对低下，但是民族地区拥有丰富多样的自然与人文资源，尤其是多元而独特的传统文化资源。民族地区要谋求发展，就必须认清其文化资源价值。只认识到民族文化资源的经济价值是不够的，还应该认识到它的教育价值。

从近年来的文化资源开发来看，人们主要关注的是从各民族优秀传统文化符号中提取有价值的素材，并将其开发为各种文化产品。人们往往偏重以旅游产业开发为目的的民族文化资源、历史文化资源，更多地注重文化的经济价值。文化强国战略强调要提升国家软实力，既要追求文化产业发展带来的经济效益，更要坚持以人为本、以增强社会效益为首要任务。从教育转换角度谈民族文化资源开发，可以扭转当前把文化资源开发看成以追求经济效益为目的的文化产品开发这一认识误区。这就要求我们从思想上确立民族多元文化资源的现代转换要以教育为主导的理念。换言之，在开发文化资源时，不仅要重视民族文化产品开发，更应考虑其教育转换，即从各民族传统文化中挖掘优秀的文化知识，并将其转化为教育资源，通过对各民族的文化进行梳理，将民族文化资源转换为教育资源，提高各族人民的思想道德和科学文化素质，使文化资源成为人力资本发展的一个重要源泉。[①]

5. 民族文化教育对于提升各民族受教育水平的意义

民族地区有着特殊文化背景的学生经历了从以民族经济文化为内容的生活教育到学校的现代教育的跨越，这种跨越是一种从教育内容到教育形式的大转换。文化背景的差异使他们难以适应学校的教学语言、课程和教学方法，造成了学习障碍，影响了他们的学业成绩，从而导致他们的学习态度产生偏差。教育不是一种孤立的社会现象，每个民族的教育都烙刻着民族文化的痕迹，民族文化知识来源于生活，而且是民族成员社会化凭借的知识体系。学校教育中对民族文化传承的重视不足，直接影响了民族学生对学校开展的现代教育的适应和融入。[②]民族地区在学校教育中选择知识内容和教学方式时，应遵循民族区域的自然与人文环境及其文化特点和需求，同一区域的不同民族和不同区域的同一民族学生对教育的需求是有差异的。如果课程和教材内容的选择脱离了民族文化，不适合民族学生的心理特点，民族教育也就无法达到预定的目标。因而，要促进民族教育发展，就需要从各民族的生活中寻找活的教育资源来改革现有的教育内容和方式。对于来自不同文化环境的民族地区学生而言，优选的教育应是"共生教育"，即基于教育对象所处自然生态与人文的教育。"共生教育"理论认为，教育必须同受教育者的生存环境紧密结合。"共生教育"强调人与自然的共享，一方面是要共享自然资源、文化资源、人力资源，并对其进行合理配置；另一方面也要共享经济社会发展的成果。

因此，从各民族传统文化中挖掘优秀的文化知识，将其转化为教育资源，可以将这些教育资源应用于学校教育中，提高民族地区学校教育的质量，解决民族地区基础教育中存在的问题，诸如普及义务教育的质量与效益问题、课程与教材问题和课程改革中的问题等，也可用于社区、家庭教育中，有利于提高各族人民的思想道德水平和科学文化素质。

---

① 张诗亚，王晓燕. 2013. 弘扬中华传统文化应当关注的几个环节. 当代教育与文化，（1）：4-6
② 曹能秀，王凌. 2009. 论民族文化传承与教育的关系. 云南民族大学学报（哲学社会科学版），（5）：137-141

二、相关概念的讨论

多民族文化资源教育转换研究的主题是"文化"。"文化"包罗万象，学者对"文化"或由民族文化生成的诸如民族文化的内容与构成、结构与分类等问题进行了广泛的讨论。因此，首先必须厘清"文化""文化资源""文化资源的分类"等这些基本概念的内涵。

（一）文化

"文化"是人类学的核心概念，关于"文化"的界定繁多。英国文化人类学家爱德华·泰勒（E. B. Tylor）为文化下了定义："文化是一个复杂的整体，它包括知识、信仰、艺术、道德、法律、习俗和作为社会成员所习得的其他一切能力和习惯。"①这个定义被广泛采用，也是目前人类学家普遍认可的，"是唯一一个能够为大多数人类学家所正确引用，也是当其他定义被证明太麻烦的时候人类学家可以回头求助的定义"②。

自爱德华·泰勒之后，学者从分支学科和不同的研究需要出发，不断地寻求对文化的新界定。爱德华·萨丕尔（E. Sapir）认为，"文化这个名称的定义可以是：一个社会所做的和所想的是什么"③。维克多·埃尔（V. Hell）指出，文化就是对人进行智力、美学和道德方面的培养。他将文化的概念总结为两种观念：文化概念包含着两种相互补充的观念，一种观念把文化客观地看作决定某个人类群体生活的独特性和真实性的行为、物质创造和制度的总和。这种特殊性赖以存在的共同部分还包括（用卢梭的话说）存在于人类内心世界的情感，并在很大程度上影响着风俗、道德和舆论；另一种观念则注重这些行为、物质创造和制度对人和人类群体（被看作一个集合体）的心理、精神产生的作用。④20 世纪 50 年代，美国学者阿尔弗雷德·路易斯·克罗伯（A. L. Kroeber）和克莱德·克鲁克洪（C. Kluckhohn）的《文化：关于概念和定义的批判回顾》搜集到文化的定义有 161 种

---

① Tylor E B. 1974. Primitive Culture：Researches into the Development of Mythology，Philosophy，Religion，Art，and Custom. New York：Gordon Press，1

② Bohannan P，Glazer M. 1988. High Points in Anthropology. New York：McGraw-Hill，62

③ [美]爱德华·萨丕尔. 1964. 语言论：言语研究导论. 陆卓元，译. 北京：商务印书馆，135

④ [法]维克多·埃尔. 1988. 文化概念. 康新文，晓文，译. 上海：上海人民出版社，54

之多，而且这个数字还在增加。①虽然其中有不少定义是近似的，但要顾及如此之多的定义也是不可能的。"'文化'这个词在社会人类学领域因其所指的多义性与研究的模糊性而声名不佳。"②本书讨论"文化"概念，想要借此说明"文化"的复杂性、多样性及无所不包和无处不在。也正因为如此，涉及"文化"的研究变得很难做。

从文化与教育的关系角度而言，文化的习得性，即文化通过学习得以延续，是本书关注的问题之一。文化的习得性是指文化在特定的社会群体中通过其成员的社会习得而传播，它是在家庭、学校、社会中获得的。文化作为一种个体属性，它能培养社会成员拥有一定的艺术、科学、教育与礼仪等方面的教养。"我们的观念、价值、行动甚至我们的感情，如同我们的神经系统本身，都是文化的产物。"③"文化"一词的英文 culture（在英语中被认为是最复杂的词之一），源于拉丁语 cultura，其词根是动词 colere，本意为"耕作""栽培"，延伸为"培养""教养""修养"等。"文化"一词在汉语中的意义是由"文""化"两个字的词义联结而成的。"文"的本义是交错的线条，即花纹，"文，错画也，象交文，凡文之属皆从文"④。"化，教行也，从七从人"⑤。《辞源》中的解释为，"文"：道之显者曰文，谓礼乐法度教化之迹也。⑥"化"：自然之变易也；天地之生成万物曰化；转移民俗曰化，如教化、德化。⑦这些解释都意指我们研究的主题——教育。

《中国大百科全书·民族》对"民族文化"的界定如下：各民族在其历史发展过程中创造和发展起来的具有本民族特点的文化，包括物质文化和精神文化。饮食、衣着、住宅、生产工具属于物质文化的内容；语言、文学、艺术、哲学、宗教、风俗、节日和传统等属于精神文化的内容。⑧文化在人类社会具有普遍性。人类的一些行为，如语言、社会实践（比如，亲属关系、性别和婚姻等）、表现形式（比如，艺术、音乐、舞蹈、仪式、宗教等）、技术（比如，烹饪、住所、衣服等）都是人类普遍的文化。物质文化包括文化的物质表现形式，诸如技术、建筑和艺术；精神文化又称非物质文化，包括社会组织的原则（政治组织、社会机构），以

① Kroeber A L，Kluckhohn C. 1952. Culture：A Critical Review of Concepts and Definitions. Cambridge：Peabody Museum，560

② ［美］克利福德·格尔兹. 1999. 文化的解释. 纳日碧力戈，等，译. 上海：上海人民出版社，103

③ ［美］克利福德·格尔兹. 1999. 文化的解释. 纳日碧力戈，等，译. 上海：上海人民出版社，58

④ （汉）许慎. 1963. 说文解字·附检字. 北京：中华书局，185

⑤ （汉）许慎. 1963. 说文解字·附检字. 北京：中华书局，168

⑥ 方毅，方宾夏，方宾观，等. 1999. 辞源（第 2 册）. 北京：商务印书馆，1127

⑦ 方毅，方宾夏，方宾观，等. 1999. 辞源（第 1 册）. 北京：商务印书馆，356

⑧ 中国大百科全书总编辑委员会《民族》编辑委员会. 1986. 中国大百科全书·民族. 北京：中国大百科全书出版社，313

及神话、哲学、文学和科学等形式，构成了一个社会的非物质文化遗产。

（二）文化资源

"文化"与"文化资源"是两个概念，即"文化"不等于"文化资源"。"文化资源作为可以用来创造财富的文化形态"这一命题中有三个要素，即文化、文化资源和财富，其关系可表示为"文化—文化资源—财富"。"那些目前不具备开发条件或能力的、以潜在形态存在的文化形态不成其为文化资源。这样定义文化资源，就将文化和文化资源区别了开来，也突出了文化成为资源的条件和要求。"①对于什么是"文化资源"，学术界有很多解释。举其要者有：①文化资源是可以开发出来用于生产过程从而创造出财富的文化活动形式及其成果；或指人类社会中特有的、生产"满足人类精神需要的产品"即文化产品所依赖的资料来源；或人类创造的体现人类意志的各种物质现象和精神现象②；②文化资源是可以供人们在生产或者生活中利用的，人的创造力的扩张部分，是可以由人们开发的对象，是通过由人的创造性思维产生的假说并且付诸实践来实现的。文化资源是指人类的智力劳动创造和发明的，并且以各种有形或者无形的形式表现出来的，经过各种形式可以为人类带来财富的创新材料。③

文化资源作为生产资料或生活资料的天然来源，是一种特殊资源，指特定时代、地域人群的文化资料的天然来源，包括历史资源、民俗资源、知识资源、信息资源等。相对于文化产业来说，它又是一种以原生态存在的、待开发与利用的、有市场增值潜能的所有文化成果与形态。民族文化资源具有以下三个特性：①它是各民族的劳动创造物，是人类世世代代劳动的结晶；②它是一种资产，具有经济价值；③其利用的广度和深度会随人类社会和科学技术的进步而不断发展。④

许多文化资源已经成为非物质文化遗产。参照对"非物质文化遗产"公认的界定及其包括的内容，我们可以对"民族文化资源"的概念和内容有更清晰的理解。

从形态而言，文化由两部分组成：一是有形的；二是无形的。克莱德·克鲁克洪等在给文化下定义时就提出文化既包括有形的，也包括无形的。⑤非物质文化遗产是与物质文化遗产相对应的概念：前者是以非物质形态存在的无形文化遗产；

---

① 檀文茹，徐静珍. 2009. 论文化资源及其功能. 河北师范大学学报（教育科学版），（2）：12-14
② 李树榕，王敬茹，刘燕. 2014. 文化资源学概论. 南京：东南大学出版社，9-10
③ 来仪. 2007. 西部少数民族文化资源开发走向市场. 北京：民族出版社，12
④ 唐德彪. 2008. 论民族文化的资源化. 中央民族大学学报（哲学社会科学版），（2）：84-88
⑤ ［美］克莱德·克鲁克洪，等. 1986. 文化与个人. 高佳，何红，何维凌，译. 杭州：浙江人民出版社，4

后者是以物质形态存在的有形文化遗产。"非物质文化遗产"一词在英语中的表述为"intangible cultural heritage"，"intangible"意为"无形的""触摸不到的"。这样看来，"非物质文化遗产"与"无形文化遗产"是同一个词。2001年联合国教科文组织公布的第一批人类口头和非物质文化遗产代表作名录中，中国的昆曲位列其中。此后，联合国每两年在世界范围内举办一次非物质文化遗产评选，到2005年第三批世界非物质文化遗产申报时，我国各地掀起了申报热潮，从此，"非物质文化遗产"这个概念便开始在我国"热"起来了。2003年，联合国教科文组织大会通过的《保护非物质文化遗产公约》将"非物质文化遗产"定义为"是指被各社区群体，有时被个人视为其文化遗产组成部分的各种社会实践、观念表述、表现形式、知识、技能以及相关的工具、实物、手工艺品和文化场所。这种非物质文化遗产世代相传，在各社区和群体适应周围环境以及与自然和历史的互动中，被不断地再创造，为这些社区和群体提供持续的认同感，从而增强对文化多样性和人类创造力的尊重。在本公约中，只考虑符合现有国际人权文件，各社区、群体和个人之间相互尊重的需要和顺应可持续发展的非物质文化遗产"①。从联合国教科文组织的《保护非物质文化遗产公约》的界定来看，非物质文化遗产是与群众生活密切相关的世代相传的活态文化，与学界过去使用的"民间文化""民俗文化"等概念不完全一致。有学者在《保护非物质文化遗产公约》的基础上概括出非物质文化遗产的定义："'非物质文化遗产'是指那些人类，特别是具有特殊知识、技艺与技能的人们在历史上创造并以活态的形式传承至今的、具有重要历史价值、艺术价值、文化价值与科学价值，足以代表一方地域文化并为当地民众社会所认可，且具普世价值的知识类、技术类与技能类传统文化事项。这类遗产主要分布在民间文学、表演艺术、传统工艺技术（含文物修复技术）、传统节日、传统仪式、生产知识、生活知识以及含有大量非物质文化遗产表现形式之文化空间等几个方面。"②可知，非物质文化遗产已超出"民间文化""民俗文化"的范畴。其评审、收录有一定的评价标准，非物质文化遗产是从文化资源中选拔出来的，也就是说，并非所有的文化资源中的无形文化资源都会成为非物质文化遗产，而那些被列入非物质文化遗产项目的文化事项就应当是文化资源中的优秀文化资源。

　　总之，文化资源是人们长期在社会实践中创造的与一定时期的生产、生活、历史、地理环境息息相关的各种资源。它以外显的形式存在，也内隐于民族日常

---

① UNESDOC 数字图书馆. 2003-10-17. 保护非物质文化遗产公约. https://unesdoc.unesco.org/ark:/48223/pf0000132540_chi[2022-01-17]

② 苑利. 2009. "非物质文化遗产"释义//王文章，张旭. 文化认同与国际合作：中国成都国际非物质文化遗产节·非物质文化保护国际论坛论文集. 杭州：浙江人民出版社，103

生活中，是千百年来各民族在其生产生活实践中形成的物质文化、精神文化、行为文化与制度文化，包括民族语言文字、艺术、宗教、医学、风俗、服饰、饮食、建筑、节日、观念、规则等存在于传统文化中的各种资源。

目前关于文化资源的绝大多数研究，都是以文化产业为着眼点的文化资源研究和以文化资源开发为关注点的研究。换言之，这些研究主要从产业文化角度出发，关注其经济价值，即能够被开发并直接带来经济效益的那部分有价值的文化资源。近年来，一些地方在旅游开发中积极挖掘地方性文化资源，借助文化概念打造旅游景区和文化旅游产品发展旅游经济，正好说明了文化资源对于社会发展的重要价值，而这种价值也正是通过旅游经济才显现出来的。然而，需要指出的是，文化资源是一种特殊资源，民族文化资源亦是如此，而且它的价值不仅仅局限于此。它在教育中的利用和整合，无论对于民族教育、成员个体发展，还是对于民族地区经济文化发展来说都有着深远的意义。从教育转换角度研究文化资源，则需要关注那些对人的成长和发展有教育价值或功能的、以原生态存在的有形的和无形的文化资源。我们既要关注有形的文化资源，这类文化资源是通过"文化遗产"形式表现出来的，如建筑、遗址、艺术品及其物化形态存在的人工制品，又要关注无形的文化资源，这类文化资源是通过一系列与某一特定群体相符的传统、观念、价值和实践活动体现出来的。这些传统文化中的一部分作为文化资源以旅游开发形式已经或正在被开发，一些民族工艺、美术、音乐、舞蹈、风土人情知识等方面的内容已经通过民族文化进校园活动进入了学校。

本书中的民族文化资源主要是指具有对民族地区"人的发展"有益的德育、智育、体育、美育和生存技能方面的文化资源。从其表现形式看，有物质文化层面的内容，诸如山水风物、民居建筑等反映出来的知识与智慧；有制度文化层面的内容，诸如组织结构、家庭、分工、禁忌方面的知识；有精神文化层面的内容，诸如音乐、舞蹈、民间故事、价值观念、宗教艺术、语言文字；有行为文化层面的内容，诸如礼仪、民俗、待人接物、仪式；等等。

（三）文化资源的分类

中国民族众多，文化极其丰富，但受众多因素所限，对于多种形式存在的文化资源的研究无法面面俱到，因此，分类研究具有普遍意义。非物质文化遗产是文化资源的重要组成部分，根据联合国教科文组织的《保护非物质文化遗产公约》，"非物质文化遗产"包括以下五个方面：①口头传统和表现形式，包括作为非物质文化遗产媒介的语言；②表演艺术；③社会实践、仪式、节庆活动；④有关自然界和宇宙的知识和实践；⑤传统手工艺。①2011 年颁布的《中华人民共和国非物质文化遗产法》对"非物质文化遗产"的界定如下："是指各族人民世代相传并视为其文化遗产组成部分的各种传统文化表现形式，以及与传统文化表现形式相关的实物和场所。包括：（一）传统口头文学以及作为其载体的语言；（二）传统美术、书法、音乐、舞蹈、戏剧、曲艺和杂技；（三）传统技艺、医药和历法；（四）传统礼仪、节庆等民俗；（五）传统体育和游艺；（六）其他非物质文化遗产。"②对文化资源的阐释亦离不开对文化资源的分类。以上两个定义中的非物质文化遗产所包括的内容不尽相同，前者分为五类，后者分为六类，后者比前者所举类别更细致一些，但两者都是在界定概念的基础上通过列举文化类别对概念加以阐明的。由于文化概念的广泛性，学界对文化资源的分类五花八门，因不同学科、不同研究角度、不同分类标准而形成了不同的类型。

1. 二分法

文化资源可分为文化自然资源和文化社会资源。文化资源既然是人们从事文化生产或文化活动所利用或可资利用的各种资源，那么它包括一切有文化价值的自然资源和社会资源。③文化自然资源是指自然界存在的，可作为文化生产的原材料和物质文化生产必需的环境条件；文化社会资源是指人类在社会上通过种种劳动获得的种种能力和习惯，包括社会、经济、技术诸因素中可用于文化生产和文化生活的各个方面，主要显现在教育、科学、文艺、道德、法律、风俗、信仰等方面。

有些学者认为文化资源可分为可度量的文化资源和不可度量的文化资源两类，前者是可以建立相应的评价体系来具体估量其价值的，如历史文物、建筑、工艺品等；后者则是不可用现实价值来体现的资源类型，如民俗、戏曲等。④不可度量的文化资源具体呈现为三种形态：①符号化的文化知识，如语言、图画、音乐等，这类资源可以复制、加工、转换，可以融入文化产品之中；②经验性的文化技能，包括写作、歌唱、编程、设计等各种技艺和技巧；③创新型的文化能力，指文化创造者超越既有模式的独创性思维和实践能力，体现为构思、创意、灵感、决策能力等。⑤

还有学者将文化资源分为历史文化资源与现实文化资源、人文文化资源与自

---

① UNESDOC 数字图书馆. 2003-10-17. 保护非物质文化遗产公约. https://unesdoc.unesco.org/ark:/48223/pf0000132540_chi[2022-01-17]

② 中华人民共和国中央人民政府. 2011-02-25. 中华人民共和国非物质文化遗产法. http://www.gov.cn/flfg/2011/02/25/content_1857449.htm[2022-01-17]

③ 高毓秀, 曹娟. 1999. 对文化资源的认识和思考. 发展研究, (3): 46-47

④ 米子川. 2004. 文化资源的时间价值评价. 开发研究, (5): 25-28

⑤ 杜超, 王松华. 2008. 文化资源转化与文化产业业态创新. 同济大学学报（社会科学版), (4): 99-103

然文化资源、有形文化资源与无形文化资源、可再生文化资源与不可再生文化资源等①，这些均可被视为一种二分法。

2. 三分法

有学者以获取文化资源的途径作为分类标准，将文化资源分为三种基本类型：物质实证性文化资源；文字与影像记载性文化资源；行为传承性文化资源。这三大类文化资源在开发、挖掘、运用中呈现互补互证又相对独立的关系。②

3. 五分法

有学者将文化资源分为历史文化资源、民族文化资源、民俗文化资源、宗教文化资源、红色文化资源。③

4. 六分法

文化资源可分为传统历史文化资源、自然生态型文化资源、技能型的文化资源、不可再生的文化遗产、综合型的文化资源、宗教文化资源六大类。每一种文化资源系统绝不是以上几个部分的简单相加，它们之间是互相影响、互相渗透、互为前提的，并且是按照特定的序列有机组合而成的。④

5. 十分法

文化资源可分为十大类：①人文历史资源，如先秦文化、唐宋文化、历代文化名人、红军文化、抗战文化、伟人文化等；②地域文化资源，如东北文化、草原文化、海洋文化、盆地文化、中原文化、江河文化等；③民俗风情资源，如民族文化、婚俗文化、都市文化等；④民间艺术资源，如木偶、地方戏曲、传说故事等；⑤民间工艺资源，如木石竹器、剪纸、糖人、绝活等；⑥竞技游艺资源，如跳房子、滚铁环、摔跤等；⑦宗教仪式资源，如祭神、祭祖、祈雨祈福等；⑧园林艺术资源，如民居风格、园林特色等；⑨娱乐休闲资源，如养生、康体、健身等；⑩文化信息资源，如学习培训、信息网络等。⑤

本书以文化层次理论为标准，对民族文化资源进行分类，主要分为四大类：物质文化资源、精神文化资源、行为文化资源、制度文化资源。物质文化资源包括民族服饰、饮食、民居建筑、文化遗迹、生产生活用具及工艺品等；精神文化资源包括文学艺术、宗教信仰、价值观念、心理素质或民族精神理念等；行为文化资源包括礼仪、民俗、待人接物等行为举止及宗教仪式等；制度文化资源包括

---

① 周正刚. 2004. 论文化资源的可持续开发. 求索，（11）：107-109
② 李树榕. 2014. 怎样为文化资源分类. 内蒙古大学艺术学院学报，（3）：10-14
③ 牛淑萍. 2012. 文化资源学. 福州：福建人民出版社，36
④ 来仪. 2007. 西部少数民族文化资源开发走向市场. 北京：民族出版社，16-22
⑤ 刘双，李伟. 2008. 论文化资源到文化资本的转化. 知识经济，（1）：173-174

宗教制度、宗族制度、道德及村规民约等约定俗成的规范等。

　　由于文化的复杂性，将文化分为此四种类型，并不能将各种文化特质列入其中，还会有一些文化不知如何归属。依照杨建新所言："一个民族的传统文化是一个整体，但是，整体文化中的文化因素可能有许多特性，从一个角度看，一个文化因素可能属于精神文化，从另一个角度看，它又可能是行为文化。但从文化结构的角度分析其文化因素之间的关系，仍可依其主要特性将其列入一定的文化结构中。"①也就是说，按其主要特性来归属，就可以将具有综合特性的文化特质归类为这四种类型中的一种。

　　本书主题为"多民族文化资源教育转换"，是将多民族多元文化中有教育价值的特质转变为教育资源。所谓"多民族文化资源"，即"多元文化资源"，在课程改革中是指主流文化基础上的多元文化课程资源。教育资源本身包括的内容十分宽泛，包括在教育过程中所投入的人力、物力、财务等一切要素和条件。这里的"教育资源"，主要涉及那些有益于各民族个体在德、智、体、美和生存技能方面得到发展的文化资源，其中包括需要"教"的显性课程资源和不用"教"的隐性课程资源；既有发生在学校内部与教育教学活动相关的正式教育，也有发生在学校之外的非正式教育。

---

① 杨建新. 2006. 论我国少数民族的文化. 甘肃理论学刊，（2）：5-10

第一章

多民族文化资源教育转换现状研究

从学术界已有的研究成果看，对多民族文化资源的开发和利用的研究可谓硕果累累。无论是出版的著作还是发表的论文，大多是从文化旅游、文化产品的产业开发角度进行研究的，也有一些成果是从教育角度进行研究的，这些成果为本章的研究提供了很多有益参考。

第一节　多民族文化资源作为教育资源的理念和制度

　　中华人民共和国成立以来，在一系列法规政策中，民族语言文字被纳入学校教育。这一系列法规政策成为多民族文化资源转换为教育资源的制度依据。民族语言文字在学校教学中的使用虽然是学生熟悉汉语的一个过渡，但实际上它的作用很大。民族语言文字作为民族文化的重要组成部分，是人类文化的载体。皮埃尔·布迪厄（P. Bourdieu）和华康德认为，"如果不把语言实践放在各种实践共存的完整世界中，就不可能充分理解语言本身。这些共存的实践包括饮食习惯，文化消费，以及人们在艺术、体育、衣着、家具、政治事务等诸多方面的品味。之所以这么说，是因为整个阶级惯习——即在社会结构中占据的共时和历时的位置——都通过语言惯习表现自身，但语言惯习只是阶级惯习的一个方面"[①]。语言具有民族的特点，一种语言的教育实际上就是一种文化的教育。文化中的各种元素都是与语言交织在一起并需要通过语言来表达的，没有文化作为背景，语言也就无法得到分析。语言学家萨丕尔认为，"语言也不脱离文化而存在，就是说，不脱离社会流传下来的、决定我们生活面貌的风俗和信仰的总体"[②]。人们通过语言将人类文化一代代传承下来。文字作为语言的呈现形式，则更是超越了语言靠声音传递的方式的局限，不受时间、距离限定，将人类文化传承下来。同时，语言与人们的行为、观念和认知有着内有的关联，它对于民族认同的形成起着决定性的作用。语言文字作为人类表达思想的工具，与思维密不可分。人们通过词语及由词语组成的句子来描述其所见所闻、思想观念、知识技能等，通过这个过程，教师将知识经验、生活方式、情感体验、价值观念传给学生。儿童通过学习和使用语言，不仅可以交流，而且这种融入了先辈集体经验的语言使其逐渐社会化于他所在的环境中。我国著名的语言学家罗常培认为，语言和文化的关系主要涉及语义学，很少涉及语音学和语法学，语言是社会组织的产物，是随着社会发展进程演变的，所以应该将其看作社会意识形态的一种，"语言现象跟其他社会现象和意识联系起来，才能格外发挥语言的功能，阐扬语言学的原理"[③]。"从发生学上

---

① ［法］皮埃尔·布迪厄，［美］华康德. 1998. 实践与反思——反思社会学导引. 李猛，李康，译. 北京：中央编译出版社，197

② ［美］爱德华·萨丕尔. 1985. 语言论——言语研究导论. 陆卓元，译. 北京：商务印书馆，186

③ 罗常培. 1989. 语言与文化. 北京：语文出版社，88-89

说，所有与人的生存和活动相关的自然之物都被人利用、改造，并赋予特定的语义，由此组成一个文化世界。从文化的继承与发展来说，一个婴儿正是通过学文化而接受了一种文化的意义系统与价值系统。而这两方面都离不开语言，使用一种语言就意味着某种文化承诺。"①帕默尔指出："获得某一种语言就意味着接受一套概念和价值。在成长中的儿童缓慢而痛苦地适应社会成规的同时，他的祖先积累了数千年而逐渐形成的所有思想、理想和成见也都铭刻在他的脑子里了。"②这说明儿童成长过程中通过语言学习，已经不知不觉地将其所属民族的知识经验、生活方式、情感体验及对客观世界的认识和态度都化作自己的知识经验、生活方式、情感体验和世界观、价值观，这些东西又通过他们的语言表达出来。因此，从这个意义上说，多民族文化资源教育转换应当从民族语言文字的教学开始。

民族语言文字与民族文化教学在我国的实施分两个步骤：第一步，语言文字使用。中华人民共和国成立初期到 20 世纪 90 年代（这一时期可被称为形成与奠基时期），在民族教育中提倡使用民族语言文字，具体内容包括鼓励并推行民族语言在教学中的使用和集中编订民族语言文字教材。第二步，多元文化背景下的民族文化课程建设。从 20 世纪 90 年代后期开始（这一时期可被称为探索与发展时期），推行课程分级管理，鼓励地方、学校自编教材，使得我国民族文化资源从最初的语言、文字发展到各民族的历史文化和生产生活方面的优秀文化，并且后者也逐渐被纳入校本课程和地方课程之中。随后的"学校民族团结教育"政策将民族文化资源纳入国家统一课程中，也推进了多民族文化资源教育转换的进程。

一、形成与奠基时期

这一时期主要分为两个阶段：从中华人民共和国成立至改革开放前，主要表现在民族语言文字在教学中使用的政策；从改革开放到 20 世纪 90 年代，主要表现在民族语言文字教学的政策法规。

（一）民族语言文字在教学中使用的政策

1. 鼓励民族语文教育
1949 年，中国人民政治协商会议通过《中国人民政治协商会议共同纲领》，明

---

① 申小龙. 1992. 语言的文化阐释. 上海：知识出版社，19
② ［英］帕默尔. 1983. 语言学概论. 李荣，王菊泉，周焕常，等，译. 北京：商务印书馆，148

确规定了境内各民族均有平等的权利和义务，并在第五十三条明确规定，各民族均有发展其语言文字、保持或改革其风俗习惯及宗教信仰的自由。人民政府应帮助各民族的人民大众发展其政治、经济、文化、教育的建设事业。[①]由此确定了新中国民族平等的基本国策，各民族都有使用和发展本民族语言文字自由的基本政策。在此之后制定的一系列法规政策，使得民族文化资源转化为教育资源有了法律和制度保证。

1952年，政务院批准了《培养少数民族干部试行方案》《筹办中央民族学院试行方案》，以培养少数民族干部，解决国内民族问题。其中《培养少数民族干部试行方案》规定，各民族学校应聘用适当的翻译人员帮助教学，对于必须用本民族语文授课的班次和课程，逐渐做到用各民族自己通用的语文授课。长期班的少数民族学生除了应学好本民族语文外，亦应学习汉语汉文。民族学院作为这一时期民族干部的摇篮，培养了一批民族地方中高级干部人才。《筹办中央民族学院试行方案》规定的中央民族学院的任务包括：①为国内各少数民族实行区域自治以及发展政治、经济、文化建设培养高级和中级干部；②研究中国少数民族问题，以及各少数民族的语言、文字、历史文化、社会经济，发扬并介绍各民族的优良历史文化；③组织和领导关于少数民族方面的编辑和翻译工作。[②]此后全国先后开办了10所民族学院。[③]这些民族学院在传承民族文化、转换民族文化教育资源方面做了大量的工作。

使用民族语言文字的政策先在民族大学里推行，随后在中小学也开始实施。1951年，第一次全国民族教育会议的报告指出，凡有现行通用文字的民族，如蒙古族、朝鲜族、藏族、维吾尔族、哈萨克族等，小学和中学的各科课程必须用本民族语文教学。有独立语言而无文字或文字尚不完全的民族，一面着手创立文字和改革文字，一面按自愿原则，采用汉文或本民族语文进行教学。民族地区的各级学校，应按当地民族的需要和自愿设汉文课。[④]1951年2月，中央人民政府政务院发布的《关于民族事务的几项决定》指出，在政务院文化教育委员会内设民族语言文字研究指导委员会，指导和组织关于民族语言文字的研究，帮助尚无文字的民族创立文字，帮助文字不完备的民族逐渐充实其文字。[⑤]1952年8月颁布的《中华人民共和国民族区域自治实施纲要》对民族语言文字的使用也做了明确规定。

①　中国人民政治协商会议全国委员会. 1949-09-29. 中国人民政治协商会议共同纲领. http://www.cppcc.gov.cn/2011/12/16/ARTI15133091181327976.shtml[2022-11-05]

②　司永成. 2011. 民族教育政策法规选编. 北京：民族出版社，3

③　转引自：司永成. 2011. 民族教育政策法规选编. 北京：民族出版社，9

④　《中国教育年鉴》编辑部. 1984. 中国教育年鉴（1949—1981）. 北京：中国大百科全书出版社，396

⑤　金炳镐. 2006. 民族纲领政策文献选编（第二编）. 北京：中央民族大学出版社，446

其中第十五条规定："各民族自治区自治机关得采用一种在其自治区内通用的民族文字，为行使职权的主要工具；对不适用此种文字的民族行使职权时，应同时采用该民族的文字。"第十六条规定："各民族自治区自治机关得采用各民族自己的语言文字，以发展各民族的文化教育事业。"[①]随后，教育部颁布的相关文件就各地民族语文如何在学校使用分别做了指导，如《关于兄弟民族应用何种语言教学的意见》（1953 年 2 月）[②]、《关于甘肃临潭初中增设藏文课程的问题给西北教育局的批复》（1954 年 7 月）[③]、《关于在蒙古族学校中开始推行用本民族语言教学的问题》（1956 年 4 月）[④]。在政策的指导下，蒙古族中小学基本上采用民族语文教学，到 1958 年，蒙古语言文学、历史、数学、物理、化学、生物、地理、体育等 8 个专业都采用蒙古语文授课。1962 年，内蒙古自治区召开民族语文和民族教育会议，据统计，区内从小学一年级到高中二年级有 18 万人在使用蒙古语文进行教学，并配有全套蒙古语文教材。[⑤]

2. 推行民族语文课程建设

为了便于民族语文教学的广泛开展，针对尚无文字的民族，1954 年 5 月，中央人民政府政务院文化教育委员会民族语言文字研究指导委员会及中央人民政府民族事务委员会作了《关于帮助尚无文字的民族创立文字问题的报告》。该报告提出，"对于没有文字或没有通用文字的民族，根据他们的自愿自择，应在经过一定时期的调查研究之后，帮助他们逐步制订一种拼音文字，或帮助他们选择一种现有的适用的文字"[⑥]。同月，该报告得到中央人民政府政务院的批复，中央人民政府政务院特责成中国科学院语言研究所和中央人民政府民族事务委员会审慎研究报告所提出的创立文字办法，然后拟订计划并在一两个民族中逐步试行。1956 年，国家成立了 7 个少数民族语言调查队，抽调组织全国各地的少数民族语言教学和研究人员 700 多人分赴全国各省区的少数民族地区，调查了 42 个少数民族的 50 余种少数民族语言，其中包括一个民族使用两种或两种以上语言的情况，收集了 1500 个以上调查点的资料[⑦]，并在此基础上先后为壮族、布依族、苗族、彝族、黎族、纳西族、傈僳族、哈尼族、侗族、佤族等 10 个少数民族创制了 14 种民族文字（含苗文 4 种、哈尼文 2 种），为维吾尔族、哈萨克族两个民族改革了文字，帮

① 金炳镐. 2006. 民族纲领政策文献选编（第二编）. 北京：中央民族大学出版社，471
② 《中国教育年鉴》编辑部. 1984. 中国教育年鉴（1949—1981）. 北京：中国大百科全书出版社，413
③ 国家教委民族地区教育司. 1991. 少数民族教育工作文件选编. 呼和浩特：内蒙古出版社，122
④ 《中国教育年鉴》编辑部. 1984. 中国教育年鉴（1949—1981）. 北京：中国大百科全书出版社，414
⑤ 滕星，王铁志. 2009. 民族教育理论与政策研究. 北京：民族出版社，338
⑥ 国家民委文化宣传司. 2006. 民族语文政策法规汇编. 北京：民族出版社，30-31
⑦ 马丽雅，孙宏开，李旭练，等. 2007. 中国民族语文政策与法律述评. 北京：民族出版社，10-11

助傣族、景颇族、拉祜族三个民族改进了文字①。1956 年,《国务院关于各少数民族创立和改革文字方案的批准程序和实验推行分工的通知》②颁布, 1957 年,《国务院对中国文字改革委员会关于讨论僮文方案和少数民族文字方案中设计字母的几项原则的报告的批复》③颁布,从而为少数民族双语教学和扫盲工作的开展创造了条件。后来,创制和改进后的少数民族文字陆续在学校教学、教材编写、扫盲工作、地方报纸、普及读物中得到使用。1959 年 9 月召开的全国少数民族出版工作会议上确定了"两个相结合"的方针,即民族语文教材翻译和采用全国通用教科书相结合;通用教材和自编本民族语言教材及补充教材相结合。会议规定,民族文字教材的编译必须以党和国家的教育方针为指导思想,在教材的政治内容上要用社会主义、共产主义和爱国主义思想教育学生,提出了民族语文教材编写和翻译工作的初步框架和指导方向。④

国家在有计划地创制民族文字的同时,也着手为随后的文字推行工作做准备。1956 年之后,全国先后成立了新疆教育出版社(1956 年)、广西民族出版社(1957 年)、云南民族出版社(1957 年)、贵州民族出版社(1958 年)、内蒙古教育出版社(1960 年),以及之前成立的延边教育出版社(1947 年)、四川民族出版社(1953 年),承担民族文字出版物的出版工作。此外,国家还组织民族语文工作者编译各民族中小学各科教材,以满足中小学的教学需要。1974 年召开的少数民族语文教材工作座谈会对少数民族语文和汉文的教学提出了要求,对少数民族教材的改革、编写、编译、印刷、出版、发行等问题提出了改进意见。1975 年,国务院批转国家出版事业管理局关于少数民族文字图书翻译出版规划座谈会的报告,要求在1975 年秋季开学前,翻译出版各种主要教材,切实加强翻译、出版、印刷、发行等方面的工作,加强山区、牧区特别是边境地区的图书、教材供应。为了编订少数民族教材,国家先后成立了八省区蒙古语文工作协作小组、五省区藏文工作协作小组、东北三省朝鲜语文工作协作小组。⑤

(二)民族语言文字教学政策法规

党的十一届三中全会以后,针对"文化大革命"期间民族语言文字教学被削

---

① 国家民族事务委员会政研室,国家民族事务委员会经济司. 1989. 民族工作四十年. 北京:民族出版社,17-18

② 国家民委文化宣传司. 2006. 民族语文政策法规汇编. 北京:民族出版社,31-32

③ 国务院. 1957. 国务院对中国文字改革委员会关于讨论僮文方案和少数民族文字方案中设计字母的几项原则的报告的批复. 中华人民共和国国务院公报,(54):1156-1159

④《中国教育年鉴》编辑部. 1984. 中国教育年鉴(1949—1981). 北京:中国大百科全书出版社,416

⑤《中国教育年鉴》编辑部. 1984. 中国教育年鉴(1949—1981). 北京:中国大百科全书出版社,416

弱的情况，国家开始强调尊重民族自治地方举办民族教育的自主权，恢复民族语文教学、双语教学政策，重视民族文字教材建设工作。

1. 尊重地方教育自主权

1980 年颁布的《教育部、国家民委关于加强民族教育工作的意见》指出，过去，在民族教育工作中不顾民族特点，强行搬用汉族地区的一些作法，管得过多，统得过死，民族自治地方没有多少自主权可言，这是民族地区教育事业落后的一个重要原因。因此，要尊重地方教育自主权，在国家统一的教育方针指导下，教育规划、学校管理体制、办学形式、学制、教材建设、教学内容、人员编制、教师任用和招聘、经费的管理和使用等，都应由自治地方根据实际情况决定，各民族自治地方要加强民族教育立法工作。① 1980 年颁布的《中共中央、国务院关于普及小学教育若干问题的决定》重申："在少数民族地区普及小学教育，任务十分艰巨。各有关地区必须制定适合民族特点的教育规划和教育体制，办学形式更要强调灵活多样。"②

1982 年颁布的《中华人民共和国宪法》及 1984 年 5 月通过的《中华人民共和国民族区域自治法》，在法律上保障了使用民族语言教学的合法地位，民族自治地方的自治机关根据国家的教育方针，依照法律规定决定本地区的教育规划，以及各级各类学校的设置、学制、办学形式、教学内容、教学用语和招生办法。

2. 民族语文教学和民汉兼通的民族教育政策

1980 年颁布的《教育部、国家民委关于加强民族教育工作的意见》指出，"发展民族中小学教育，一定要在教育体制、教学内容和教学方法等方面，适合少数民族的特点。最重要的是，凡有本民族语言文字的民族，应使用本民族的语文教学，学好本民族语文、同时兼学汉语汉文"③。《中华人民共和国民族区域自治法》在语言文字方面规定："招收少数民族学生为主的学校（班级）和其他教育机构，有条件的应当采用少数民族文字的课本，并用少数民族语言讲课；根据情况从小学低年级或者高年级起开设汉语文课程，推广全国通用的普通话和规范汉字。"④《中华人民共和国义务教育法实施细则》规定："民族自治地方应当按照义务教育法及其他有关法律规定组织实施本地区的义务教育。实施义务教育学校的设置、

---

① 转引自：司永成. 2011. 民族教育政策法规选编. 北京：民族出版社，20-21
② 贵州省民族事务委员会政策研究室. 1990. 民族政策文件选编（1979—1989）. 贵阳：贵州民族出版社，473
③ 转引自：司永成. 2011. 民族教育政策法规选编. 北京：民族出版社，19
④ 中华人民共和国中央人民政府. 2005-07-29. 中华人民共和国民族区域自治法. http://www.gov.cn/test/2005-07/29/content_18338.htm[2022-01-17]

学制、办学形式、教学内容、教学用语，由民族自治地方的自治机关依照有关法律决定。用少数民族通用的语言文字教学的学校，应当在小学高年级或者中学开设汉语文课程，也可以根据实际情况适当提前开设。"①也就是说，在招收少数民族学生为主的学校，可以用少数民族通用的语言文字教学。1987 年 2 月，《关于九省区教育体制改革进展情况的通报》明确指出："在中小学阶段，既要学好本民族语言文字，又要学好汉语文。有民族语言文字的民族地区，先以学好本民族语言文字为主，逐步过渡到学习汉语文。有民族语言而无文字的，在小学阶段，以民族语言辅助教学，加强'汉语拼音学话、注音识字、提前读写'的经验，逐步学好汉语文。"②1988 年，《国家教委、中共中央统战部、国家民委、国务院西藏经济工作咨询小组关于印发〈关于改革和发展西藏教育若干问题的意见〉的通知》指出："与加强内外经济文化交流相联系的一个重要问题，是在西藏实行正确的教学语言政策。根据西藏绝大多数人通用藏语，藏文字历史悠久，为民族文化发展起过重要作用等情况，要重视藏语文的学习和使用。在学校教育中要积极创造条件，首先学好藏语文，加强藏语文教学，在基础教育阶段应以藏语文教学为主，在学好藏语文的同时，注意打好汉语文的基础，逐步做到学生在高中毕业时能够藏汉兼通。在少数重点学校要积极创造条件学好一门外语。为了适应开展旅游事业发展的需要，要采取措施，加快培养、培训懂外语的有关人才。在中专和高等教育阶段藏族学生要继续学好藏语文，努力提高藏语文水平。同时，也要重视学好汉语文，以利于掌握迅速发展的内容浩繁的现代科学技术知识。"③

考虑到民族自治地方教学的民族语言使用特殊情况，教育部在全国统一考试中制定了相应政策。1991 年颁布的《普通、成人高等学校本、专科招生全国统一考试工作规则》指出，用本民族语文授课的民族中学毕业生，报考用汉语文授课的普通高等学校，应参加全国统一考试。汉语文考试由国家教委考试中心另行命题，不翻译成少数民族文字，并用汉文答卷；其他各科（包括外语试题的汉语部分）可翻译成本民族文字，用本民族文字答卷。④在考汉语文的同时，由有关省、自治区决定也可以考少数民族语文，并负责命题；汉语文和少数民族语文的考试成绩分别按 50%记入总分；但汉语文成绩必须达到及格水平方能录取。⑤

---

① 转引自：司永成. 2011. 民族教育政策法规选编. 北京：民族出版社，111
② 转引自：吴仕民. 2000. 中国民族教育. 北京：长城出版社，575
③ 转引自：司永成. 2011. 民族教育政策法规选编. 北京：民族出版社，82-83
④ 转引自：国家体委科司教. 1993. 现行高等体育教育文件选编（1980—1992）. 北京：北京体育学院出版社，198
⑤ 王铁志. 1998. 新中国民族教育政策的形成与发展（下）. 民族教育研究，(3)：3-13

3. 加强民族特色的教材建设

1980 年颁布的《教育部、国家民委关于加强民族教育工作的意见》指出，发展中小学教育"必须加强民族文字教材的编译出版工作。民族文字教材内容一定要注意民族特点和地区特点，要适应多种形式办学的实际需要。没有本民族文字而有独特语言的民族，也应以本民族语言辅助教学"①。1981 年召开的第三次全国民族教育会议上强调，民族文字教材要反映民族地区的特点和民族文化的传统。1986 年，藏文、朝鲜文、蒙古文教材审查委员会先后成立，并先后制定了民族文字教材审查工作章程和评奖办法。1987 年印发的《关于九省区教育体制改革进展情况的通报》中就教材建设问题提出，对少数民族地区中小学的民族文字教材建设，要给予应有的重视，加强省区之间的协作，认真研究解决教材编译、出版、发行工作中的实际困难。在统一基本教学要求的前提下，教学内容要充分体现当地民族的特点，编写出具有民族地区特色的补充教材。教学要求要符合少数民族少年儿童知识水平、生理和心理发展的特点。②1988 年印发的《国家教委、中共中央统战部、国家民委、国务院西藏经济工作咨询小组关于印发〈关于改革和发展西藏教育若干问题的意见〉的通知》指出，要重视学习其他民族先进的科学技术和文化，也要重视继承和发展藏族优秀的历史文化传统，这应当成为西藏各级各类学校教育的一项重大任务，也是判断学校教育是否具有西藏民族特色的重要标志。中小学的教学内容、教材、课程设置等，要根据西藏的历史、文化和生产、生活的特点，进行深入的研究和改革，不能照搬内地的做法。为此，委托西北师范学院组织力量，与藏区教育部门协作，编写出一套适合西藏特点的中小学教材。③

二、探索与发展时期

20 世纪 90 年代至今是民族文化教育的一个重要发展时期。从相关政策和法规可知，这一时期民族教育改革的力度加大，民族文化的保护和传承得到了重视。因此，下文将从民族文化课程和民族文化保护与传承方面的政策法规两个方面进行陈述。

---

① 转引自：司永成. 2011. 民族教育政策法规选编. 北京：民族出版社，19
② 国家民委办公厅，国家民委政法司，国家民委政策研究室. 1997. 中华人民共和国民族政策法规选编. 北京：中国民航出版社，513-516
③ 司永成. 2011. 民族教育政策法规选编. 北京：民族出版社，82

（一）民族文化课程方面的政策法规

20 世纪 90 年代是我国加快改革开放的重要时期,也是民族教育发展的关键时期。1992 年,第四次全国民族教育会议通过了《国家教委、国家民委关于加强民族教育工作若干问题的意见》《全国民族教育发展与改革指导纲要（试行）》等一系列文件,以推动民族教育事业的发展与改革。其中,《国家教委、国家民委关于加强民族教育工作若干问题的意见》指出:"发展民族教育要在继承发扬本民族优秀文化传统的同时,积极扩大民族间、地区间的交流,大胆吸收和借鉴人类社会所创造的一切文明成果。在使用民族语言文字教学的地区,要因地制宜地搞好双语文教学,大力推广普通话。民族学校的教学语言文字政策的具体实施,主要由各省（区）遵照《宪法》、《民族区域自治法》的有关规定和有利于民族的长远发展、有利于提高民族教育质量、有利于各民族的科学文化交流的原则,根据多数群众的意愿和当地的语言环境规定。要提倡汉族青年学习少数民族的语言文字、文学艺术、历史、医学等,以利于各族学生增进了解,广交朋友,团结互助、共同进步。""要利用广播电视等手段,促进少数民族和民族地区教育的发展,提高民族教育质量。'八五'期间,国家教委要争取安排卫星转发器,开通民族教育专用频道,建立民族文字音像教材编译室,编制与民族文字配套的音像教材。"①

2000 年以来,随着改革的进一步深化,我国出台了一系列政策法规,为民族教育发展搭建了更好的发展平台。国家层面的有《中华人民共和国民族区域自治法》等,此外还包括各自治地方的地方性法规,以及各部委颁发的指导性文件,如《国务院关于基础教育改革与发展的决定》《基础教育课程改革纲要（试行）》《义务教育课程设置实验方案》等。2002 年,《国务院关于深化改革加快发展民族教育的决定》提出,大力推进民族中小学"双语"教学。正确处理使用少数民族语授课和汉语教学的关系,部署民族中小学"双语"教学工作。在民族中小学逐步形成少数民族语和汉语教学的课程体系,有条件的地区应开设一门外语课。要把"双语"教学教材建设列入当地教育发展规划,予以重点保障。国家对"双语"教学的研究、教材开发和出版给予重点扶持。在师资方面,要把培养、培训"双语"教师作为重点,建设一支合格的"双语型"教师队伍。在教材方面,要尊重和保障少数民族使用本民族语文接受教育的权利,加强民族文字教材建设;编译具有当地特色的民族文字教材,不断提高教材的编译质量。要把民族文字教材建设所需经费列入教育经费预算,资助民族文字教材的编译、审定和出版,确保民族文

---

① 司永成. 2011. 民族教育政策法规选编. 北京：民族出版社，123-124

字教材的足额供应。积极推进民族教育手段现代化进程，重点支持以现代远程教育网络建设……成立专门机构，努力开发少数民族语的数理化课程、学校管理汉语教学课件库、素材库。①《国务院关于深化改革加快发展民族教育的决定》制定了新时期民族教育工作的基本方针和原则，强调民族教育的改革和发展要坚持实事求是、从实际出发，在发展规划、改革步骤、目标要求、办学形式、教学用语、课程设置、学制安排等方面因民族、因地区制宜，使我国民族教育既保持自身特色，又具有鲜明的时代特点。

2001 年，教育部印发《基础教育课程改革纲要（试行）》，规定在课程管理方面开始实行国家、地方、学校三级课程管理制度，教育部总体规划基础教育课程，制订基础教育课程管理政策，确定国家课程门类和课时。制订国家课程标准，积极试行新的课程评价制度。经教育部批准，省级教育行政部门可单独制订本省（自治区、直辖市）范围内使用的课程计划和课程标准。学校在执行国家课程和地方课程的同时，应视当地社会、经济发展的具体情况，结合本校的传统和优势、学生的兴趣和需要，开发或选用适合本校的课程。各级教育行政部门要对课程的实施和开发进行指导和监督，学校有权力和责任反映在实施国家课程和地方课程中所遇到的问题。②三级课程管理制度的确立实际上是为了主导教育领域的课程改革，让课程更符合学生需求、更符合地方特色。这种改革是国家教育政策对国内多元文化背景下教育任务的一种反射。

各省教育厅、民族宗教事务委员会为响应国家政策，发布了一系列相关文件。以贵州为例，2002 年，贵州省第九届人民代表大会常务委员会第二十九次会议通过了《贵州省民族民间文化保护条例》。③2008 年，贵州省教育厅、贵州省民族宗教事务委员会发布了《关于大力推进各级各类学校民族民间文化教育的意见》④，加快了民族文化进校园的步伐。2012 年，贵州省人民代表大会常务委员会颁布了《贵州省非物质文化遗产保护条例》。⑤2014 年，贵州省民族宗教事务委员会、贵州

---

① 国务院. 2002-07-07. 国务院关于深化改革加快发展民族教育的决定. http://www.gov.cn/zhengce/content/2016-09/23/content_5111248.htm[2022-01-17]

② 教育部. 2001-06-08. 教育部关于印发《基础教育课程改革纲要（试行）》的通知. http://www.gov.cn/gongbao/content/2002/content_61386.htm[2022-11-05].

③ 贵州省人民代表大会常务委员会. 2008-01-07. 贵州省第九届人民代表大会及其常务委员会制定和批准的现行有效的地方性法规目录. http://www.gzrd.gov.cn/gzdt/lfgz/lfjj/4613.shtml?ivk_sa=1024320u[2022-01-17]

④ 转引自: 杨蕴希. 2017. 贵州特色开展民族文化进校园工作. 教育文化论坛，（4）：2

⑤ 贵州省人民代表大会常务委员会. 2012-03-30. 贵州省非物质文化遗产保护条例. http://www.gzrd.gov.cn/dffg/gzsdffg/26310.shtml[2022-01-18]

省教育厅、贵州省文化厅联合下发了《贵州省推进职业院校民族民间文化传承创新工作实施办法》①，将民族民间文化作为职业院校的重要教学内容。根据2016年发布的《关于全面推进各级各类学校民族文化进校园工作的实施方案》，贵州省在"十三五"期间建立了一批民族文化项目学校，进一步推动了民族文化进校园活动的全面开展，截至2017年，贵州省就有近5000所学校开展了民族文化进校园活动。②

为了深入贯彻《国务院关于深化改革加快发展民族教育的决定》《中共中央　国务院关于进一步加强民族工作加快少数民族和民族地区经济社会发展的决定》的精神，落实《教育部关于贯彻落实〈中共中央　国务院关于进一步加强民族工作加快少数民族和民族地区经济社会发展的决定〉做好民族教育工作的通知》的要求，将民族团结教育列入地方课程中。2008年，教育部办公厅、国家民委办公厅发布了《学校民族团结教育指导纲要（试行）》。③该纲要提出了民族团结教育的指导思想、课程性质和基本原则，指出民族团结教育课程是根据国家统一要求列入地方课程实施的重要专项教育，是学校教育的组成部分。该纲要还规定，开展学校民族团结教育，要遵循各族学生的认知特点和身心发展规律，注重理论与实践相结合，有重点、分层次、有针对性地进行教育。坚持专项教育与在其他学科教学中的渗透相结合；课堂教育与寓教于乐的实践活动相结合；掌握知识、培养能力与正确人生观、价值观的养成相结合；过程、方法与目标相结合；学校教育与家庭、社会教育相结合；统一要求与体现各民族和地区的特点相结合；贴近生活、贴近实际、贴近学生情感。

该纲要规定，按照学生不同阶段循序渐进地安排课程内容。

小学中年级阶段（三、四年级）开设民族知识启蒙教育课程，内容标准如下：①了解我国是一个由56个民族组成的统一的多民族社会主义国家；②知道中华民族是由56个民族共同组成的大家庭，中华民族是我国56个民族的总称；③初步了解56个民族的基本特征；④了解自己所属民族的分布区域、人口数量，以及语言、文字及主要的文化特点和风俗习惯等；⑤形成民族团结的基本意识。

小学高年级阶段（五、六年级）开设民族常识教育课程，内容标准如下：

①　人民网. 2014-12-09. 每年500万 贵州推进职业院校传承民族民间文化. http://culture.people.com.cn/n/2014/1209/c172318-26172293.html[2022-01-17]

②　王雨. 2017-01-05. "十三五"我省建72所民族民间文化教育学校. 贵州日报，5版

③　教育部办公厅，国家民委办公厅. 2010-01-07. 教育部办公厅、国家民委办公厅关于印发《学校民族团结教育指导纲要（试行）的通知》. http://www.moe.gov.cn/srcsite/A09/s3081/200811/t20081126_77787.html[2022-01-17]

①了解 56 个民族的地域分布及居住特点；②了解各民族的主要风俗习惯；③了解各民族语言文字特点；④知道各民族著名人物；⑤了解各民族在文化艺术、科技等方面的特色与成就；⑥知道中华各族人民凭借勤劳、勇敢和智慧，共同开拓了祖国的疆土，发展了祖国的经济和文化；⑦了解各民族之间应当平等相待以及各民族人民需要和谐相处，共同进步；⑧形成"促进民族团结、维护国家统一、反对民族分裂"必要性的基本认识。

初中阶段（七、八年级）开设民族政策常识教育课程，内容标准如下：①了解党和国家制定的坚持民族平等、维护民族团结、实行民族区域自治、培养少数民族干部和各类人才、发展民族地区经济和科教文卫事业、各民族有使用和发展本民族语言文字的权利、各民族有保持和改革本民族风俗习惯的权利、依法保障少数民族宗教信仰自由等民族政策的基本内容；②知道党和国家制定上述政策的历史背景和取得的巨大成就；③正确认识与对待党和国家的民族政策，在日常生活中，能遵循并运用民族政策分析和解决实际问题，进一步树立和巩固促进民族团结、维护国家统一、反对民族分裂的意识。

高中阶段（普通高级中学十、十一年级）开设民族理论常识教育课程，内容标准如下：①学习和掌握我们党关于民族问题的基本理论，具备一定的理论素养；②从中华民族的历史演变、现状和特点，了解我国现阶段民族问题的特点及其原因，牢固树立马克思主义民族观；③初步了解世界各国多民族国家进退兴衰的历史和现状，在比较中进一步认识我们党和国家民族政策的优越性，坚定中华民族伟大复兴的信心。

高中阶段（中等职业技术学校一、二年级）开设民族理论常识教育课程，内容标准如下：①学习马克思主义和党的民族理论，提高理论素养；②从中华民族的历史演变、现状和特点，了解我国现阶段民族问题的基本国情及其原因，牢固树立马克思主义民族观；③初步了解世界各国多民族国家进退兴衰的历史和现状，在比较中进一步认识我们党和国家民族政策的优越性，坚定中华民族伟大复兴的信心；④对在职业生涯中注意贯彻党的民族政策的重要意义有较全面的认识；⑤在职业生涯和交往中具备较强正确处理民族关系的能力。

该纲要规定，各级教育行政部门和学校必须保证民族团结教育课程的时间安排，小学和初中阶段每学年要保证 10—12 个学时的教学活动时间，高中阶段的普通高中每学年保证 8—10 个学时的教学活动时间，高中阶段的中等职业技术学校每学年保证 12—14 个学时的教学活动时间。

该纲要颁布后，很快得到各地的积极响应。2009 年，新疆维吾尔自治区出台了我国首部加强民族团结教育的地方性法规，即《新疆维吾尔自治区民族团结教育条例》。该条例将民族团结教育工作纳入法制化、规范化和日常化管理轨道。根据规定，新疆维吾尔自治区教育行政主管部门应当将"民族团结教育内容纳入教育规划，组织编写适用于大中专院校、中小学的民族团结教育教材"，学校应当将"民族团结教育列入教育教学计划，融入国民教育的全过程，贯穿学生成长成才的各阶段，推动党的民族理论、民族政策和国家法律、法规进课堂、进教材、进头脑"，幼儿园"应当对学前儿童进行适合儿童特点的民族团结教育"。①2010 年，《贵州省教育厅关于认真做好全省中小学民族团结教育工作的通知》发布，要求"将各阶段民族团结教育全国统编教材的教学内容纳入小学阶段考查和中、高考、普通高中毕业会考（普通高中学业水平考试）及中职毕业考试范围，且试题分值不低于政治科目分数的 15%"，"将《中华大家庭》、《民族常识》、《民族政策常识》、《民族理论常识》系列中小学民族团结教材及教辅教材列入省教育厅中小学教学用书目录"，"各地各校应将民族团结教育工作纳入课堂教学，确保每学年 8 至 14 个学时的教学活动时间。各级教育科研单位和学校要加强民族团结教育的科研活动和课题研究，及时总结和交流研究成果"。②

该纲要的颁布在民族文化课程建设方面起到了十分重要的作用。它的实施使民族知识启蒙教育、民族常识教育等民族文化课程进入正式课堂教学中，也使民族文化知识教育常规化、统一化。尤其是小学阶段的课程在各个学校开设，让所有学生在知识构建和认知的重要阶段，对各民族地域分布及居住特点、著名人物、经济和文化成就，以及多民族的语言、文字、风俗习惯、艺术和科技等基本常识和主要文化特点有所了解，对他们的心智发展和多元文化价值观念的形成都有着十分重要的作用。

（二）民族文化保护与传承方面的政策法规

联合国教科文组织颁布的《保护非物质文化遗产公约》将该公约中的"保护"一词定义为："确保非物质文化遗产生命力的各种措施，包括这种遗产各个方面的确认、立档、研究、保存、保护、宣传、弘扬、传承（特别是通过正规和非正规教育）和振兴。"③从这个界定可以看出，保护非物质文化遗产的其中一项措施是

---

① 新疆维吾尔自治区人民政府. 2010-01-04. 新疆维吾尔自治区民族团结教育条例. http://www.xinjiang.gov.cn/xinjiang/tzgg/201001/58f3cd9c027347f5aca564d50760d7f7.shtml[2022-01-17]

② 贵州省教育厅. 2010-06-11. 贵州省通知要求切实做好中小学民族团结教育工作. http://www.gov.cn/govweb/gzdt/2010-06/11/content_1625423.htm[2022-01-17]

③ UNESDOC 数字图书馆. 2003-10-17. 保护非物质文化遗产公约. https://unesdoc.unesco.org/ark:/48223/ pf0000132540_chi[2022-01-17]

传承，"特别是通过正规和非正规教育"作为传承的重要方式得以被强调。我国也制定了一些全国性的文化保护政策，如《中华人民共和国民族民间传统文化保护法（草案）》（2003 年）和《国务院办公厅关于加强我国非物质文化遗产保护工作的意见》（2005 年）。《国家级非物质文化遗产代表作申报评定暂行办法》中第七条有关"传承"和"传播"的两项规定，强调了民族文化要通过正规和非正规渠道进行保护，为人们树立了通过教育途径来传承非物质文化的理念。不仅如此，我国还在法律上对民族文化遗产予以保障。2011 年，《中华人民共和国非物质文化遗产法》颁布，表明国家加大了对民族文化进行保护和传承的力度。

2000 年以后，各省（自治区、直辖市）先后出台了民族民间传统文化保护条例，如《云南省民族民间传统文化保护条例》（2000 年）、《贵州省民族民间文化保护条例》（2002 年）、《广西壮族自治区民族民间传统文化保护条例》（2005 年）。随后，各民族自治州也出台了民族文化遗产保护条例。这些保护条例都将学校教育作为传承和保护各民族非物质文化遗产的重要途径。

此前国家出台的一系列关于发展民族文化的政策就已经将民族文化的传承提上日程。2000 年，文化部、国家民委印发的《关于进一步加强少数民族文化工作的意见》提出，要加强少数民族传统文化的保护和利用，扶持优秀的少数民族文化，"各少数民族都有独特的传统文化和丰富的文化遗产，这是我国的重要文化资源，要在有效保护的基础上合理开发利用"。"各地要加强对民族民间艺术资源分布情况的调查和研究，建立和完善民族民间艺人的档案资料，开展民族民间艺术大师和民间艺术之乡的命名工作，鼓励民间艺人将精湛技艺传授给年轻一代。"①2005 年，《中宣部、中央文明办、教育部、民政部、文化部关于运用传统节日弘扬民族文化的优秀传统的意见》指出，"少数民族传统节日，是中华民族文化的优秀传统的重要组成部分。当地各级人民政府要加强对相应节庆活动的组织与引导，充分尊重少数民族的节日习俗，积极开展丰富多彩的民族节庆活动，进一步增强民族团结，维护国家统一，弘扬中华民族文化的优秀传统"。同时，要突出传统节日的文化内涵，该文件指出，"传统节日中所蕴含的民族文化的优秀传统，是对青少年进行思想道德教育的宝贵资源。教育行政部门要研究制定把传统节日教育纳入国民教育体系的具体措施和办法，把传统节日教育纳入学校教学活动之中，推动民族文化的优秀传统进课堂、进教材。要在思想品德、语文、历史等课程设计和教材中，进一步充实介绍传统节日的内容，加强民族传统节日文化知识的普及工作，增强学生对传统节日的认知和理解，让广大青少年更好地了解传统节日、认

---

① 文化部，国家民委. 2000-02-12. 文化部、国家民委关于印发《关于进一步加强少数民族文化工作的意见》的通知. http://www.lscps.gov.cn/html/8224[2022-01-18]

同传统节日、喜爱传统节日。要把传统节日蕴含的中华民族传统美德，纳入学生日常行为习惯养成教育体系，同学生的日常思想品德教育和管理紧密结合起来"①。2009年，《国务院关于进一步繁荣发展少数民族文化事业的若干意见》提出，"尊重、继承和弘扬少数民族优秀传统文化。加强宣传引导，营造尊重和弘扬少数民族优秀传统文化的社会氛围。国家保障各民族使用和发展本民族语言文字的自由，鼓励各民族公民互相尊重、互相学习语言文字。尊重语言文字发展规律，推进少数民族语言文字的规范化、标准化和信息处理工作。在有利于社会发展和民族进步前提下，使各民族饮食习惯、衣着服饰、建筑风格、生产方式、技术技艺、文学艺术、宗教信仰、节日风俗等，得到切实尊重、保护和传承"②。《国家"十一五"时期文化发展规划纲要》《国家"十二五"时期文化改革发展规划纲要》为繁荣发展少数民族文化实施规划加以引导，加大了对少数民族文化事业发展的支持力度，加强了政策扶持，加强了少数民族文艺人才培养。

2014年，为了贯彻落实党的十八届三中全会关于完善中华优秀传统文化教育的精神，落实立德树人根本任务，进一步加强新形势下中华优秀传统文化教育，教育部印发了《完善中华优秀传统文化教育指导纲要》。该纲要明确提出要把中华优秀传统文化教育系统融入课程和教材体系。"在中小学德育、语文、历史、艺术、体育等课程标准修订中，增加中华优秀传统文化内容比重。地理、数学、物理、化学、生物等课程，应结合教学环节渗透中华优秀传统文化相关内容。鼓励各地各学校充分挖掘和利用本地中华优秀传统文化教育资源，开设专题的地方课程和校本课程。开展职业院校民族文化传承与创新示范专业点建设。鼓励有条件的高等学校统一开设中华优秀传统文化必修课，拓宽中华优秀传统文化选修课覆盖面。"该纲要还提出"分学段有序推进中华优秀传统文化教育"：小学低年级，以培育学生对中华优秀传统文化的亲切感为重点，开展启蒙教育，培养学生热爱中华传统文化的感情；小学高年级，以提高学生对中华优秀传统文化的感受力为重点，开展认知教育，了解中华优秀传统文化的丰富多彩；初中阶段，以增强学生对中华优秀传统文化的理解力为重点，提高对中华优秀传统文化的认同度，引导学生认识我国统一多民族国家的文化传统和基本国情；高中阶段，以增强学生对中华优秀传统文化的理性认识为重点，引导学生感悟中华优秀传统文化的精神内

---

① 中宣部，中央文明办，教育部，民政部，文化部. 2005-06-17. 中宣部 中央文明办 教育部 民政部 文化部关于运用传统节日弘扬民族文化的优秀传统的意见. http://www.moe.gov.cn/jyb_xxgk/gk_gbgg/moe_0/moe_495/moe_1079/tnull_12331.html[2022-01-18]

② 国务院. 2009-07-05. 国务院关于进一步繁荣发展少数民族文化事业的若干意见. http://www.gov.cn/zhengce/content/2009-07/23/content_5614.htm[2022-01-17]

涵，增强学生对中华优秀传统文化的自信心；大学阶段，以提高学生对中华优秀传统文化的自主学习和探究能力为重点，培养学生的文化创新意识，增强学生传承弘扬中华优秀传统文化的责任感和使命感。[①]这项政策从学科上将传统文化资源融入课程目标，具体到各科、各学段和各类学校。因此，以中华文化为集合的传统文化系统地被纳入具体的课程中。

纵观中华人民共和国成立以来民族教育政策的特点，可以看出，它们体现了促进民族教育发展的"四个适合"：①语言要适合民族的需要，通过双语教学、民族语文教材编写实现这一诉求；②学校课程内容要适合民族地方和民族特点，通过推行三级课程制度，由地方课程、校本课程来落实；③教师要适合民族地区学校教学的需求，通过教师培训和培养"双师型"教师达到要求；④政治思想要适合国家稳定和民族团结的需要。

总之，民族文化资源转换为教育资源不仅反映在理念层面上，更进一步体现在国家的政策实施和规划中。正是自上而下的政策保障，才使得以中华民族传统文化为主的多民族传统文化逐步进入课堂，并逐渐制度化和常规化。

第二节　多民族文化课程资源开发研究

20 世纪 90 年代以来，各行各业投入到大力发展社会主义商品经济的大潮中。在激烈的市场竞争中，文化的重要性被越来越多的人认识到，因而得到更多的关注。20 世纪 90 年代，兴起了"文化搭台，经济唱戏"和文化旅游热，产生了一批关于民族文化与经济的关系、民族文化与旅游的关系的研究[②]，学者关注更多的是对消费文化、旅游文化的开发及其经济价值。2000 年以来，除了进行大量关于旅游文化开发的研究外，学界也开始关注民族文化的教育价值和文化资源的课程开

---

① 教育部. 2014-04-02. 完善中华优秀传统文化教育指导纲要. 中国教育报，3 版

② 中共绍兴市委宣传部. 1992. 关于"文化搭台、经济唱戏"的调查和思考. 绍兴师专学报，(2)：41-47；吴鸿礼. 1995. 旅游与文化关系之我见. 旅游文化，(1)：43-47；李惠芳. 1991. 论"民俗文化"资源的研究与开发. 民俗研究，(3)：16-20；姜大谦. 1991. 侗族文化资源种类初探. 民族论坛，(3)：68-71；张艾. 1995. 对云南民族舞蹈资源开发的思考. 民族艺术研究，(5)：48-52；王军. 1997. 论旅游开发中文化资源的价值转化——兼谈怀化五溪旅游资源开发. 旅游研究与实践，(1)：45-48

发研究。①通过这些研究可以看出，一方面，学者对全球化趋势、现代化浪潮下传统文化生存空间日益狭窄表示担忧。例如，一些口传文化、传统工艺、节日等濒临消亡，出现了传承"断代"危机。其主要原因是：①相关人员没有意识到传统文化存在的价值，保护意识薄弱；②没有形成传统文化传承的有效机制。为此，有学者提出应该整合家庭教育、社会教育和学校教育，形成合力并实现功能互补，这有助于对传统文化进行有效传承。②另一方面，民族文化资源中蕴含着丰富的人文价值，如民族社区中尊老敬老、互助互济、热情好客的良好风尚；寓教于乐的民间游戏活动，让儿童在游戏中受到启发；弘扬民族气节、体现爱国主义精神、歌颂扬善贬恶的民间故事；讲述为人处世、做人道理的谚语；等等。"所有这些优秀文化遗产，都将成为社会主义精神文明建设的重要资源。"③鉴于民族文化资源的丰富人文价值，有学者提出文化资源转化要着眼于以文化"化"人，提高人的文明素质，把传统的人文精神转化为现代的城市精神；把物质形态的文化资源转化为生动活泼的教育阵地，充分发挥这些历史文化资源的教育功能。④

《基础教育课程改革纲要（试行）》颁布后，"课程资源"便成为研究热点。下面将从基本理念、内容、模式、目标、策略等几个方面综述民族文化课程资源开发方面的研究。

一、多民族文化课程资源开发的基本理念研究

20 世纪 90 年代以来，国外多元文化教育理论的引入丰富了我国的民族教育理论，打破了长期以来我国民族教育课程局限于民族语言的思维定式，加快了我国民族文化课程资源的建设步伐。国外在多元文化课程研究领域最为著名的学者是詹姆斯·班克斯（J. Banks），他为多元文化教育构筑了基本理论体系、实践方法

---

① 袁敏杰.2003. 也要"经济搭台，文化唱戏". 西部大开发，（3）：79；伍国栋，贾怡.2008. 经济搭台、文化唱戏——大理古城"洋人街"戏台"天天有戏"调查. 中国音乐，（4）：16-23；叶皓.2010. 经济搭台，文化唱戏——兼论文化与经济的关系. 南京社会科学，（9）：1-5；白音查干.2002. 应注重用蒙古族专家开发本民族文化资源. 内蒙古宣传，（10）：25；郭建兵.2014. 开发建设云南少数民族代表性民间舞蹈课程的思考. 戏剧之家，（18）：177-178

② 陈雪英.2009. 贵州雷山西江苗族服饰文化传承与教育功能. 民族教育研究，（1）：60-62；张文静.2014. 回族音乐文化传承问题及对策. 贵州民族研究，（2）：71-73

③ 魏良弢.2003. 发掘、认识、利用民族文化资源——读《哈萨克族文化大观》. 新疆社会科学，（1）：91-92

④ 周向群.2006-03-29. 关于把文化资源转化为教育资源的实践与思考. 光明日报，11 版

和课程模式。他对多元文化教育概念的界定在西方具有权威性。①受国外多元文化课程理论的影响，国内学者开始关注多元文化教育的本土化研究，涌现出了一批关于民族文化教育和课程建设的理论著作②。多元文化整合教育理论的提出为民族文化课程资源的开发提供了理论依据和基本理念。

（一）多元文化整合教育理论

多元文化整合教育理论（也称多元一体化教育理论）是由中央民族大学滕星教授提出来的，其思想来源包括如下三个方面：①美国社会族群文化理论中的"文化多元一体"思想；②费孝通的中华民族多元一体格局理论；③林耀华的"均衡论"思想。该理论形成的依据是一个多民族国家有其独特的传统文化。在人类漫长的发展历史中，由于各民族自我文化传递与民族间的文化交往，各民族在文化上形成了"你中有我""我中有你"的特点，形成了在一个多民族国家的大家庭中，多种民族文化并存，共同组成代表某一个多民族国家的"共同文化群体"，即形成了如费孝通教授所说的文化上的"多元一体格局"。

多元文化整合教育理论认为，一个多民族国家的教育在担负人类共同文化成果传递功能的同时，要担负传递本国主流民族优秀传统文化和本国各民族优秀传统文化的功能。这一理论应成为国家和地方政府制定教育方针、政策的指导思想。③

多元文化整合教育的内容不仅包括主流民族文化，还包括其他民族文化。民族地区学生不仅要学习本民族传统优秀文化，还要学习主流民族文化，提高民族地区年轻一代适应主体文化社会的能力，以使个人获得最大限度的发展。主流民族成员除了学习本民族文化外，还应学习其他民族文化。

多元文化整合教育的目的是继承各民族优秀文化遗产，加强各民族间的文化交流；促进多民族大家庭在经济上共同发展，在文化上共同繁荣，在政治上相互尊重、平等、友好与和睦相处，最终实现各民族大团结。

我们从这一理论可以看出，多元文化整合教育是未来民族教育的必然走向，

① Banks J A. 1994. An Introduction to Multicultural Education. Boston：Allyn and Bacon Press，12-32；Banks J A. 1996. Multicultural Education，Transformative Knowledge，and Action：Historical and Contemporary Perspectives（Multicultural Education Series）. New York：Teachers College Press，34-40；Banks J A. 1988. Multiethnic Education：Theory and Practice（2nd ed）. Boston：Allyn and Bacon Press，5-8；Banks J A. 1997. Multicultural Education：Characteristics and Goals. Boston：Allyn and Bacon Press，8-21

② 具体如下：滕星. 2001. 文化变迁与双语教育：凉山彝族社区教育人类学的田野工作与文本撰述. 北京：教育科学出版社；王鉴. 2002. 民族教育学. 兰州：甘肃教育出版社；滕星，王铁志. 2009. 民族教育理论与政策研究. 北京：民族出版社

③ 滕星，王铁志. 2009. 民族教育理论与政策研究. 北京：民族出版社，65

原因如下：①实施多元文化教育是由民族教育的特点决定的。从宏观上看，民族教育的文化背景包括三部分，即本民族自身的文化背景、主流民族的文化背景和其他民族的文化背景。这种复杂的文化背景决定了民族教育要兼顾各民族文化，既要认同主流文化，又要继承和保持自己民族文化的特性，同时还要学习、吸收其他优于本民族的一些异民族的文化成果。如果一个民族没有对主流文化形成认同，那么这个民族或个体想要在主流社会中得到发展都是不可能的。只有进行异文化间的交流、碰撞与吸收，取长补短，才能促进不同民族间的相互了解与尊重，才能更全面地理解本民族文化，进而继承和发扬本民族文化。②面向一体化教育是时代赋予民族教育的使命和社会发展的必然。以整合教育否定多元文化教育或以多元文化教育来否定整合教育都是不可取的，其危害也极大。"多元"与"整合"教育是相辅相成的，"多元"要围绕"整合"实施，"整合"要结合"多元"发展。多元文化整合教育是未来民族教育的必然选择。①

（二）民族文化与教育关系研究

20世纪90年代以后，学者开始从文化角度关注民族教育，代表性的论著主要有史波的《民族教育与文化变迁》（云南教育出版社1992年版）、张诗亚的《西南民族教育文化溯源》（上海教育出版社1994年版），以及郑金洲的《文化与教育：两者关系的探讨》一文、顾明远的《民族文化传统与教育的现代转化》等论文。这些研究从一般理论意义上探讨了民族文化与教育的关系，文化与教育"层层相因，袭袭相联"，文化决定教育，教育又反作用于文化，使自身体现出深刻的文化意义②；探讨了民族文化传承对于儿童成长、民族精英培养和民族凝聚力形成的特殊功能③；探讨了民族文化传统与教育现代化既有矛盾又互相依存，教育现代化就是要用民族性、时代性两个标准对民族文化传统加以批判性地继承，取其精华，去其糟粕，创建一种符合时代要求的新的民族文化④。

值得一提的是，滕星所著的《文化变迁与双语教育：凉山彝族社区教育人类学的田野工作与文本撰述》一书，运用文化人类学、文化进化论和文化相对论有机统一的观点对民族教育进行了实证研究，为民族教育研究领域广泛地运用田野工作的研究方法，把教育理论与实践、教育学与文化人类学理论相结合开展研究，

---

① 滕星，王铁志.2009.民族教育理论与政策研究.北京：民族出版社，65-68
② 郑金洲.1996.文化与教育：两者关系的探讨.上饶师专学报，（1）：1-6
③ 张诗亚.1994.西南民族教育文化溯源.上海：上海教育出版社，31-49
④ 顾明远.2001.民族文化传统与教育的现代转化.杭州师范学院学报（人文社会科学版），（6）：1-4

以及跨文化研究建立了研究范式。①之后涌现出了更多从文化人类学视角对民族教育进行研究的论著，这些论著对民族教育的概念、模式、课程改革、研究方法等做了新的解释。面对民族传统文化已发生和正在发生的变化，有学者提出学校教育应该适应民族地区文化发展和民族成员的精神需求，探讨教育的应然选择。②有学者以全球化背景下多民族国家的教育为关注点，用文化人类学叙述式方法——"详尽地深描"展开教育研究，提出了教育和民族教育的文化场域的观察视角，对文化场域的本质与结构、文化与教育的互动、民族教育的本质及理论支点等问题进行了研究。③在这方面的研究中，值得关注的还有巴战龙的博士学位论文《人类学视野中的学校教育与地方知识——中国西北一个乡村社区的现代性百年历程（1907—2007）》，该论文后以《学校教育·地方知识·现代性——一项家乡人类学研究》④为名出版，作者基于对裕固族历史文化与地方知识的考察，将学校与乡村社区的关系研究聚焦在官方知识与地方知识的关系上，对一系列现实问题做了探讨：学校教育作为现代性的产物如何嵌入边缘乡村社区？从传统到现代的历程中，乡村社区的学校教育传播什么知识？扮演什么角色？具有什么功能？如何认识和重构乡村社区学校教育与地方知识的关系？⑤

21世纪以来，一批从教育人类学角度探究民族教育与文化传承关系的研究开始涌现。吴晓蓉指出，摩梭人成人礼仪蕴含着深刻的教育内涵与教育价值，并以此对摩梭人学校教育中存在的问题进行了反思。⑥王军认为，民族文化传承对人的影响体现在知识和观念层面，民族文化传承也会对人的智力因素及非智力因素的形成产生影响。⑦张文指出，生殖崇拜对于实现早期性教育、促进儿童社会化的实现，都具有不可低估的积极作用。从传统习俗中汲取有益的文化资源，将有助于克服文明病。⑧王鉴通过对地方性知识的阐释，发掘了其教育功能和多元文

① 滕星. 2001. 文化变迁与双语教育：凉山彝族社区教育人类学的田野工作与文本撰述. 北京：教育科学出版社

② 孙杰远，黄李凤. 2007. 民族文化变迁与教育选择——对广西龙胜侗、瑶民族地区的田野考察. 西北师大学报（社会科学版），（5）：55-60

③ 孙杰远. 2007. 教育促进人力资源生长的结构方程模型研究. 教育研究，（12）：60-64

④ 巴战龙. 2010. 学校教育·地方知识·现代性——一项家乡人类学研究. 北京：民族出版社

⑤ 巴战龙. 2008. 人类学视野中的学校教育与地方知识——中国西北一个乡村社区的现代性百年历程（1907—2007）. 中央民族大学博士学位论文，7-8

⑥ 吴晓蓉. 2003. 教育，在仪式中进行——摩梭人成年礼的教育人类学分析. 重庆：西南师范大学出版社，228-230

⑦ 王军. 2006. 民族文化传承的教育人类学研究. 民族教育研究，（3）：9-14；王军. 2010. 民族教育须植根于民族文化的土壤. 中国民族教育，（11）：6-8

⑧ 张文. 2007. 教育人类学视野中的西南少数民族生殖崇拜. 西南大学学报（人文社会科学版），（2）：65-69

化教育价值。^①此外，还有有关宗教道德文化教育^②、民居教育^③等方面的研究。总之，学术界有关人类学与教育相结合的研究主要集中在学校教育与社区文化的关系，以及地方知识或传统文化的教育价值方面。

（三）文化资源转化为课程资源的理念

这方面的大量研究主要集中出现在 21 世纪初。其中代表性的有靳玉乐的《多元文化背景中基础教育课程改革的基本思路》^④，尹弘飚和靳玉乐的《课程实施的策略与模式》^⑤，靳玉乐的《多元文化课程的理论与实践》^⑥；廖辉的《多元文化背景中的课程资源开发》^⑦；王鉴的《我国民族地区地方课程开发研究》^⑧，王鉴和栾小芳的《关于我国民族地区基础教育课程改革问题的思考》^⑨，王鉴等的《我国民族地区地方课程及其政策研究》^⑩；金志远的《新一轮课程改革背景下少数民族文化传承与民族基础教育课程改革》^⑪；么加利和王小琴的《多元文化教育视野中的西部高校课程资源开发研究》^⑫。这些研究涉及幼儿园教育、基础教育、高等教育等各个层次的课程改革以及多民族文化资源的课程开发中的问题，并提出了民族地区开发课程资源的理念：①新课程改革要摆脱原有视野的局限，跨入新的视野中去，确立主流文化与其他民族文化相整合的课程文化观和方法论。要寻求主流文化与其他民族文化两极之间的平衡，在民族基础教育课程改革的文化观上，

---

① 王鉴. 2009. 地方性知识与多元文化教育之价值. 当代教育与文化，(4)：1-5；王鉴，安富海. 2012. 地方性知识视野中的民族教育问题——甘南藏区地方性知识的社会学研究. 甘肃社会科学，(6)：247-251

② 檀传宝. 1999. 宗教信仰与宗教道德——兼论学校德育的相关问题. 北京师范大学学报（社会科学版），(4)：76-83；李保平. 2007. 少数民族传统文化与民族地区高校德育教育. 宁夏社会科学，(3)：120-123；马如彪. 2012. 西北东乡族宗教对其教育的积极影响. 山西财经大学学报，(2)：272

③ 徐珊珊. 2015. 教育人类学视野中的少数民族文化遗产开发——以大理喜洲民居为例. 贵州民族研究，(7)：77-81

④ 靳玉乐. 2003. 多元文化背景中基础教育课程改革的基本思路. 教育研究，(12)：73-74

⑤ 尹弘飚，靳玉乐. 2003. 课程实施的策略与模式. 比较教育研究，(2)：11-15

⑥ 靳玉乐. 2006. 多元文化课程的理论与实践. 重庆：重庆出版社

⑦ 廖辉. 2005. 多元文化背景中的课程资源开发. 民族教育研究，(2)：5-11

⑧ 王鉴. 2006. 我国民族地区地方课程开发研究. 教育研究，(4)：24-27

⑨ 王鉴，栾小芳. 2007. 关于我国民族地区基础教育课程改革问题的思考. 西北师大学报（社会科学版），(1)：63-67

⑩ 王鉴，马金秋，安富海，等. 2006. 我国民族地区地方课程及其政策研究. 民族教育研究，(2)：10-17

⑪ 金志远. 2009. 新一轮课程改革背景下少数民族文化传承与民族基础教育课程改革. 民族教育研究，(5)：53-59

⑫ 么加利，王小琴. 2008. 多元文化教育视野中的西部高校课程资源开发研究. 民族教育研究，(4)：31-35

要树立主流文化与其他民族文化并存理念。①②民族地区多元文化课程既要进行民族文化传承和创新的教育，又要进行民族团结和文化多元理念的教育。②民族地区基础教育课程改革，一方面要在国家课程中倡导多元文化教育理念，提高各民族文化知识在国家课程中所占比例；另一方面要在地方课程和校本课程中集中反映民族性、地方性的文化知识。高校课程资源开发应大力拓展多元文化课程资源的开发主体，丰富多元文化课程资源开发模式，重视潜在课程，积极探索多元文化课程资源开发途径。③在多元文化背景中进行课程资源开发，强调自然、社会和人在课程体系中的有机统一，使自然、社会、文化和人成为课程的基本来源，使课程向自然、生活和人自身回归，同时要建设动态、平衡的课程多元文化生态环境。

二、多民族文化课程资源开发的内容研究

目前，民族教育的课程内容主要以各民族语言课程、基础教育课程资源开发和多元文化课程资源、地方课程资源和校本课程资源开发的研究为主，着重于对现行课程资源开发的理论基础、模式构建、研究方法和对象、课程资源开发的原则等进行分析。

民族地区是我国文化资源的宝库，各民族的本土文化和知识，包含地方历史、文化习俗、人物风情、生产生活经验和科技等通过民族语言教材呈现出来，这些内容既能反映群众文化心理，又有积极的教育意义。但是，"仅依赖于语言教材这一载体来展现多姿多彩的、源远流长的民族文化显然是不充分的，更何况现实民族语言教材的编写又呈现出翻译汉语文字材料的情况，把学习民族语言作为进行双语教学的基础进而作为学习汉语言的工具，使民族语言呈现出向汉语过渡的趋向"③。因而，在民族文化资源的教育转换中，课程设计者需要改变以往的以民族语言课程为主、以民族语言作为学习汉语工具的课程开发模式，让民族文化资源在课程中发挥其育人价值，让民族文化在育人中得到传承，这应当是我们需要重视的问题。

面对丰富多样的民族文化资源，选取哪些文化资源作为课程资源？学者对此

---

① 金志远. 2009. 新一轮课程改革背景下少数民族文化传承与民族基础教育课程改革. 民族教育研究，（5）：53-59

② 杜志强，靳玉乐. 2005. 民族地区多元文化课程：问题与对策. 中国教育学刊，（9）：38-40，44

③ 王鉴. 2006. 我国民族地区地方课程开发研究. 教育研究，（4）：24-27

展开了研究。王鉴和栾小芳指出："开发民族文化为主的课程资源是一个复杂而又漫长的过程，将民族文化中最为经典、具有代表性的课程资源选进国家课程的语文、历史、地理、生物、艺术、社会等科目之中，使国家课程反映所有 56 个民族较为重要的文化知识与贡献。地方课程和校本课程要较为系统、综合地反映各民族的优秀文化成果，以增强课程对民族地区和民族特点的适应性。"①校本课程的开发"理应体现多元文化教育的理念，反映民族地区文化多元的社会现实，关注学生的日常生活世界，充分挖掘各种民族文化资源，让学生获得一定质和量的民族文化知识，使学生尊重和理解民族文化的多样性和差异性，公正、客观、科学地看待主流文化与非主流文化之间的关系，培养学生跨文化运作的能力"②。校本课程开发要着力从民族文化校本课程开发入手，包括民族生产性文化、生活性文化、观念性文化、规范性文化和交流性文化等民族优秀传统文化。地方课程内容的选择要针对民族地区、学校和学生的自然社会背景与民族文化特点，充分考虑地理环境、经济条件、生活环境和民族文化因素，在内容设置和编排上要符合该民族地区的实际情况。③

有关民族地区基础教育各阶段、各学科课程资源开发的研究较为丰富。④对民族地区基础教育各学段课程资源的研究，主要集中讨论课程内容的选择、开发的原则、对策等问题。民族学校课程如何利用本民族文化教育资源，这一问题的解决有赖于学校教育与民族文化传统接续的实现，具体来说可从以下四个方面进行：一是民族学校课程视野的有效拓展；二是课程内容的扩展；三是灵活多样的与儿童生存状态相适应的课程实施方式的采纳；四是谋求有民族特色的民族学校课程体系的建立。⑤有学者分析了民族地区语文、音乐、美术、体育

---

① 王鉴，栾小芳. 2007. 关于我国民族地区基础教育课程改革问题的思考. 西北师大学报（社会科学版），（1）：63-67

② 李定仁，罗儒国. 2005. 西北民族地区校本课程开发的伦理思考. 西北师大学报（社会科学版），（1）：37-41

③ 王景. 2008. 少数民族地区民族文化校本课程开发研究. 现代教育科学，（5）：86-87, 83

④ 王国超. 2011. 关于民族地区幼儿教育课程资源开发的思考. 吉林师范大学学报（人文社会科学版），（1）：99-101；刘茜. 2005. 贵州省苗族地区中小学民族文化课程开发的现状及对策研究. 贵州民族研究，（1）：147-153；芦艳. 2007. 蒙古幼儿园课程资源开发与利用研究. 内蒙古师范大学硕士学位论文；廖伯琴. 2009. 从《普通高中物理课程标准》例析民族地区科学实验课程资源利用与开发. 民族教育研究，（1）：32-34；刘刚. 2010. 乡土课程资源中哈萨克民族文化的开发实践——以巴里坤哈萨克自治县民族中小学校为例. 昌吉学院学报，（4）：83-87；欧群慧. 2009. 民族地区校本课程资源开发研究——以云南省景洪市勐罕镇中学为例. 民族教育研究，（2）：78-81

⑤ 李姗泽. 2003. 接续学校教育与少数民族文化传统——论少数民族学校课程中民族文化教育资源的利用. 课程·教材·教法，（12）：70-73

等学科课程资源开发的特点、原则和可行性。①各民族丰富的体育文化资源也是学
者关注较多的主题，"由于其民俗性与体育性的融合，少数民族民俗体育具有广泛
的社会价值，它对民族地区全民健身运动、旅游资源开发、民族凝聚力、民族个
性彰显、农村和谐社会构建具有重要的影响"，对这些原生态的少数民族民俗体育
资源要进行挖掘、整理、认识，"在清晰界定其精华与糟粕时，再给予创新与运用"。②
要将其转换为教育资源，"必须保留其基本的价值内涵，回归以人为本的宗旨，回
归为民造福的本源"③。各民族传统文化蕴含着丰富而独特的德育资源，应当加以
充分挖掘和利用，以增强民族院校"两课"④的实效性。⑤民族舞蹈作为课程资源
的价值已得到认可："民族民间舞蹈的课堂教学不仅是一种形体动态的传授过程，
同时也是中国民族民间舞蹈文化的传授过程。"⑥

　　谈到民族文化课程的分类，值得关注的是王鉴曾参与的《藏族文化》教材开
发的内容选择。该教材广泛征求了各方意见，采纳了学者研讨的结果，确定了生
态环境、生产生活、习俗、历史、传统科学、艺术和语言文学等七个方面的内容。
每个方面又可划分为若干个类别：①生态环境，包括山川、江河、草原、动植物、
矿产、民族、政治、经济、教育、社会福利、社会建设等；②生产生活，包括饮
食、生产方式、劳动工具及其制作、节庆等；③习俗，包括婚丧嫁娶、服饰、礼
节、饮食及勤劳勇敢等传统美德；④历史，包括寓言、历史名人、名胜古迹、军
事、英雄人物、姓氏、逸事等；⑤传统科学，包括天文、历算、医学、建筑工程
等；⑥艺术，包括绘画、建筑、戏曲、陶瓷、器具、民歌等；⑦语言文学，包括

　　① 邱爱民. 2008. 幼儿园民族文化艺术主题教育课程的开发——以《民族的帽子与服饰》课程开发为
例. 教育导刊（下半月），（9）：25-27；芦平生，徐生辉. 2011. 西北少数民族传统体育与体育课程改革的问
题研究. 当代教育与文化，（2）：23-29；徐红梅，罗江华. 2009. 信息技术在民族文化课程开发中的应用研究.
民族教育研究，（5）：124-128；何祥. 2010. 新疆民族民间美术资源在高师美术课程中的应用及价值研究. 新
疆师范大学硕士学位论文；余万予，郑国华，朱小丽. 2005. 广西少数民族传统体育现状及发展对策研究. 天
津体育学院学报，（1）：28-30；肖丹. 2007. 新疆传统民族文化资源在中小学美术教育中的价值. 教学与
管理，（10）：56-57

　　② 陈永辉，白晋湘. 2009. 非物质文化遗产保护视角下我国少数民族民俗体育文化资源开发. 武汉体
育学院学报，（3）：75-80

　　③ 吴明，陈颖川. 2006. 论民族传统体育文化资源的价值考察与开发策略. 山东体育学院学报，（6）：
46-49

　　④ "两课"是指高校大学生必修的政治思想理论课，即马克思主义理论和思想品德课的简称，包括《马
克思主义基本原理》《毛泽东思想和中国特色社会主义理论体系概论》《思想道德修养和法律基础》《中国近
现代史纲要》等四门必修课

　　⑤ 唐凯兴. 2003. 应重视少数民族传统文化德育资源的挖掘利用——增强民族院校"两课"教学实效
性的研究. 广西右江民族师专学报，（5）：93-97

　　⑥ 苏京. 2008. 把民族文化渗透在民族民间舞蹈教学中. 河南教育学院学报（哲学社会科学版），（5）：
136-137

诗歌、传说、民谣、寓言故事、格言、地名、俚语、谚语、笑话与幽默、小说等。这七个方面的内容实际上是建立在对民族文化进行分类的基础上的。虽然这七个方面涵盖的内容很多，但不可能面面俱到，王鉴指出，内容所占比例应该适当：历史、传统科学、艺术、习俗应占到70%，生态环境、生产生活、语言文学应占到30%。他对每一领域不同形式的内容进行了比例分配，例如，语言文学从民谣、谚语、诗歌、寓言故事、格言、名人传记、传说、地名、笑话与幽默中划定相应比例，民谣选5首为宜，可选10—15条谚语、格言穿插到各单元中，寓言故事、名人传记、诗歌、箴言等可以多选一些。①

王鉴关于《藏族文化》教材内容七个方面的分类，对其后该领域的研究产生了一定影响。学者提出民族地区学校教育传承民族文化有三个层面的内容：①知识；②情感、态度、价值观；③能力。其中，"知识"就是基于上述王鉴对藏族文化七个方面的分类。曹能秀和王凌认为，这七个方面涵盖了各民族的基本知识，可作为民族文化传承的主要知识内容分类，可在其他民族地区推广使用。"情感、态度、价值观"包括热爱生命，自尊自信，乐观向上，意志坚强；亲近大自然，爱护周围环境，珍惜民族文化资源；热爱家乡和本民族文化，勇于创新和热爱祖国，尊重其他民族文化，具有世界眼光等。"能力"包括爱护、鉴赏和保护家乡的生态环境、民风民俗、民族艺术、语言文学的能力；观察、感受、体验、参与本民族和其他民族的活动，具有多元文化中社会交往必需的能力，通过了解本民族和其他民族的文化，理解不同文化的多元选择，对本民族文化进行思考、提出疑问和进行反思的能力等。民族学校应根据学生的年龄特点对以上三个方面的内容进行进一步细化，进而制定出由浅入深、由易到难的民族文化教育内容体系。②有学者从多元文化课程资源的分类框架和课程资源开发的角度，将民族地区多元文化课程资源分为如下几类：①民族衣食住行方面的生活文化资源；②民族婚姻家庭和人生礼仪文化资源；③民族民间传承文化资源；④民族工艺文化资源；⑤民族信仰文化资源；⑥民族节日文化资源。③

民族文化课程资源的开发普遍存在如下问题：①民族文化课程资源不被重视，主要表现为民族传统文化资源在课程内容中所占的比例小，使用频率低，开发程度不高④；②认识不到位，主要表现为"民族文化传承主体缺位问题明显；教师对

① 王鉴. 2002. 民族教育学. 兰州：甘肃教育出版社，306-307
② 曹能秀，王凌. 2007. 少数民族地区的学校教育和民族文化传承. 云南师范大学学报（哲学社会科学版），（2）：64-68
③ 廖辉. 2005. 多元文化背景中的课程资源开发. 民族教育研究，（2）：5-11
④ 黎平辉. 2014. 贵州农村幼儿教师对民族传统文化资源的利用. 教育评论，（11）：135-137

文化课程资源的认识尚不足；人们对课程资源开发的认识与实践存在矛盾。民族文化传承场域的文化性式微；现行教材无法满足学生需要；考试评价制度制约文化课程资源开发；开发主体不明确，专业人才短缺；民族文化资源的开发条件缺乏；可利用的民族文化课程资源流失严重等"[1]，以及民族文化课程资源的开发尚停留于浅层面[2]。从民族文化课程资源开发普遍存在的上述问题可知，学校并未成为民族文化传承的主要场所。

三、多民族文化课程资源开发的模式研究

根据《基础教育课程改革纲要（试行）》，有些学者提出了三级课程模式，即国家课程+民族地区地方课程+民族地区校本课程，称为新的课程模式。还有的学者指出，民族地区基础教育多元文化课程体系构建是一项系统工程，需要各级政府主管部门、民族地区中小学和社会各界积极参与和大力支持，形成"以学校为主、政府主管部门为辅、社会各界参与"的"内驱、外推"的模式。国家课程采用研制—开发—推广的课程开发模式，实施"中央—外围"即自上而下的政策。校本课程采用实践—评估—开发的课程开发模式，即自下而上的方式，以满足各民族地区、学校、学生之间客观存在的差异性需求，因而具有一定的适应性和参与性。[3]构建民族地区地方课程开发模式，需要重视教师与学生基于课程资源的教与学的过程，充分考虑学习论、教学论已经揭示出来的种种可供选择的学习模式。王鉴认为，民族地区的地方课程开发模式可以概括为"国家专门机构统一协作、多省区联合开发、不同层次民族自治区共同使用"[4]。校本课程不同于国家课程的开发，它是由校长、教师、课程专家、学生、家长，以及社区人士和宗教界人士等组成的多元主体，"校本课程开发实现了课程决策权力的分享，是教育制度内权力与资源的重新配置"[5]。多元文化课程开发可尝试以下几种模式——自下而上的"草根"模式、双语教育模式、本土化建构模式、多元一体的课程开发模式。多元

① 刘梅. 2011. 北川羌族文化课程资源开发研究. 西南大学硕士学位论文，24-43
② 刘茜，张良. 2011. 民族文化课程资源开发的现状及对策研究——基于重庆市石柱土家族自治县中小学的个案调查. 当代教育科学，（9）：22-25
③ 潘采伟. 2011. 西北少数民族地区基础教育多元文化课程体系构建的模式探究. 社科纵横，（12）：148-150
④ 王鉴. 2006. 我国民族地区地方课程开发研究. 教育研究，（4）：24-27
⑤ 李定仁，罗儒国. 2005. 西北民族地区校本课程开发的伦理思考. 西北师大学报（社会科学版），（1）：37-41

一体的课程开发要充分体现其层次性，在国家三级课程管理体制下，可分为国家统整层次、民族地区统整层次、学校（乡土）融合层次。这三个层次是中华民族多元一体课程的有机组成部分，在各个层次中，多元文化理念要不断渗透在多种课程类型中，在地方课程或校本课程的开发中，要重视课程结构的合理化，充分利用学科课程、活动课程、潜在课程和综合课程等多种课程类型，调动学生的积极性，增强学生主动参与的意识。[①]

在课程内容构成上，目前民族地区大多采用以科目本位课程为主的地方课程模式，如目前有些地方在中小学开设的由地方的地理、历史、文化、风俗等内容构成的"地方课"与其他课程并列成为课程体系的一个组成部分，这种以科目为主的地方课程模式有其特定的价值和意义，但因其本身固有的局限，有学者提出了民族地区可采用以综合实践活动为主、整合其他课程类型的统合模式[②]，在国家课程、地方课程和校本课程三级课程中，地方课程和校本课程所占比例应为10%—12%[③]。

在探索多民族文化资源教育转换中，涌现出了一些成功的典范。例如，湖南省吉首大学师范学院附属小学彭宏辉在谈到其所在学校在开发和利用民族文化资源时说："语文教师们积极开发并利用本土语文课程资源，指导学生搜集、整理、阅读、习作，将优秀的民族文化引入语文教学，既拓展了语文教学的空间，提高了学生的语文素养，又使学生逐渐了解了本土民族文化，使本土民族文化得以传承。"该校老师还探索出一套民族文化资源的利用与小学语文教学相结合的模式：①民族文化进课堂，做到"四有"，即有计划、有时间、有教材、有教案，并落实到位；②打造示范课，引领教师进行语文教学；③实践总结，探索民族文化课的教学课型，包括阅读教学、口语交际教学、网络教学、习作教学、实践活动教学等。[④]有关将民族文化引入语文课堂教学的研究发现，多民族文化资源教育转换不仅有利于增强学生学习汉语文的兴趣，提高他们的学习能力和学习成绩，而且增强了民族地区学生的文化自信心和民族自豪感。此外，将苗族歌谣运用于古诗文的教学实践也证明了多民族文化资源教育转换的积极意义，即激发了苗族学生的学习兴趣，使他们克服了对古诗文学习的畏难心理，有利于其对语文基础知识的掌握和情感态度价值观的养成，从而提高苗族学生对古诗文的鉴赏能力。湖南凤

①　廖辉，徐泽虹. 2005. 我国多元文化背景中的课程开发模式建构. 教育理论与实践，（6）：39-42

②　孟凡丽. 2007. 少数民族地区地方课程模式举要. 民族教育研究，（3）：51-55

③　王鉴. 2006. 我国民族地区地方课程开发研究. 教育研究，（4）：24-27；于影丽，孟凡丽. 2010. 西北少数民族地区三级课程实施的进一步思考. 当代教育与文化，（2）：7-10

④　彭宏辉. 2011. 开发利用民族资源，拓展语文教学空间——湖南省吉首大学师范学院附属小学民族文化进课堂特色教学专题. 语言建设，（Z1）：155-158

凰县第二民族中学初中部在一个班级进行了教学实验，从初中一年级开始，将苗族歌谣融入汉语古诗文教学中，经过三年的尝试，到毕业会考时，"该班学生在基础知识、语言运用、阅读、写作等方面的得分（含优秀率、合格率、平均得分三项）均高于其他单纯采用汉语进行常规教学的班级。而且该班学生在社会活动兴趣、语言表达能力以及精神面貌、心态上都优于其他班级"[1]。

四、多民族文化课程资源开发的目标研究

有关多民族文化课程资源开发目标的研究主要集中在对于民族地区三级课程目标和多元文化背景下地方课程目标的讨论上。

王鉴认为，三级课程目标在于将民族地区课程中的语言文字内容扩大到整个民族文化的范围，包括民族的语言文字、文学、历史、地理、艺术、生产生活、科学、民风民俗等。民族地区的地方课程目标如下：在中华民族多元一体格局理论的指导下，立足于各民族优秀的文化知识，关注多元文化教育的发展特点，培养具有多元文化知识、态度与能力的一代新人。其主要包括传承本民族的优秀文化，培养在多元文化中进行社会交往必须具备的能力，建立一套公正、合理、科学的标准。[2]在乡土教材中纳入本民族优秀文化方面的知识是在中小学实现多元文化教育的一个途径。通过学习乡土教材，民族地区学生可以了解本土和本民族生存与发展的多方面知识，增强民族认同感和自豪感，树立热爱家乡、热爱民族、热爱国家的意识。藏族基础教育乡土教材的编写，既有利于对藏族文化的传承，又有利于促进藏汉文化的交流与融合，增强民族团结。编写乡土教材可以达到如下具体目标：①以非正规课程形式体现多元一体化社会中藏族文化在区域、乡土层次的内容，并通过地方统整的价值取向，完成多元文化教育理念下的乡土教育任务；②为学生提供学习母语、掌握母体文化的专门材料，进而教导学生认识乡土、了解乡土、体验乡土，并通过对本民族的普遍文化与乡土文化的学习和掌握，培养民族学生正确对待乡土文化、民族文化、中华民族文化、异文化的态度以及处理不同文化之间冲突的能力；③培养多元的价值观和良好的态度行为；④培养学生课外自学的习惯和能力；⑤反映并传递关于本地区和本民族生产、生活方面的基本知识和技能。[3]

---

[1]　龙建杰. 2012-05-24. 论苗族歌谣在古诗文教学中的运用. http://www.chinamzw.com/WebArticle/ShowContent?ID=221[2022-02-17]

[2]　王鉴. 2006. 我国民族地区地方课程开发研究. 教育研究，（4）：24-27

[3]　王鉴. 2002. 民族教育学. 兰州：甘肃教育出版社，301

　　在一些民族地区，多元文化课程由于缺乏多元文化理念作为支撑，存在目标取向偏狭的现象，表现为文化熔炉的课程目标取向和激进的多元文化目标取向。针对这一问题，多元文化课程必须把民族文化置于中华文化的背景中，不能仅凸显"差异"而否定"一体"，要能够在二者之间寻求适当的平衡，民族地区多元文化课程必须追求"多元一体"的目标。①地方课程目标要让学生通过对民俗文化的了解、感悟与反思，认识自己所属文化和其他不同民族文化的成就、特点，认识本民族文化的独特性，获得积极的自我认同、民族认同，对本民族的民俗文化持理性态度，并培养学生具备多元文化素养和跨文化交流的能力，培养学生综合运用知识的能力，激发学生的参与精神、进取精神。②地方课程开发要重视培养学生掌握民族知识，传承优秀民族文化；培养学生掌握多民族共存与多元文化共存的理念，帮助学生从不同的角度理解兄弟民族文化；培养学生的跨文化适应能力，使其逐渐掌握处理民族文化多元发展问题的知识和技能；课程内容要与学生的生活相联系，培养学生的创新精神和实践能力；多元一体课程应考虑民族地区学生的学习风格，从内容、方法到评价体系建立一套公正、合理、科学的标准。③

五、多民族文化课程资源开发的策略研究

　　从策略研究上看，地方课程、校本课程、多元文化课程、民族文化传承与保护四个方面的研究占主导地位，研究者分别从教育行政部门政策实施、学校建设和开发、家校合作、教育者培训、理念确立和软硬件设施等方面提出了具体的实施方案和路径。这些策略研究中提及的值得关注的策略有两类：一是注重文化差异的开发策略；二是分学科和划阶段的开发策略。

（一）注重文化差异的开发策略

　　有学者从不同民族、不同地区的文化特殊性和课程资源开发的特殊性出发，提出了针对本民族或地区的课程资源开发策略。例如，刘茜和邱远以贵州苗族为例，提出苗族多元文化课程资源的筛选原则包括价值性原则、开放性原则、现代性原则、针对性原则、需求性原则和公正性原则，认为苗族多元文化课程资源的

---

① 杜志强，靳玉乐. 2005. 民族地区多元文化课程：问题与对策. 中国教育学刊，（9）：38-40，44
② 赵红. 2008. "回族民俗文化"地方课程开发的思考. 宁夏大学学报（人文社会科学版），（6）：232-237
③ 王鉴，马金秋，安富海，等. 2006. 我国民族地区地方课程及其政策研究. 民族教育研究，（2）：10-17

选择方式为文化分析①；刘梅在对北川羌族中小学民族文化课程资源开发的研究中指出，应充分发挥多元开发主体的作用，综合实践活动课程要在课程内容上体现民族地区的特点，以本民族的生活活动和环境为背景，以信息技术为辅助手段，从生活实际中发现问题②；龙泉良以湖南湘西为例，认为民族文化课程资源开发的前提是树立多元教育理念，关键是提升教师素质，保障是完善管理制度，突破口是强化教育科研③；李宪勇和罗平，还有学者王标以民族地域文化资源为基本出发点，提出了开发乡土课程、开发多元文化课程资源、保护民族文化传承、培养骨干师资力量等建议④。

（二）分学科和划阶段的开发策略

这一类研究主要是以学科或学习阶段为视角，在考察民族文化课程资源在该学科、该学习阶段的开发利用现状的基础上，提出了对应的措施。有学者提出，在民族传统文化课程资源选择和运用中要做到"适度、适用、适切、适体"，应当"寻求多途径获取知识的方法，改变从书本到书本的学习途径，养成从发生在身边的资源中搜集文化信息获取新知识的学习习惯，形成'文化就在我们身边'的理念，培养学生终身学习的习惯和能力"⑤。关于民族传统体育文化资源开发，黄银华和龚群提出应该将研究重点转移到市场开发、场地器材、体育文化内涵等方面，使少数民族传统体育文化资源开发的理论体系具有指导性和可操作性⑥；胡海鹰提出，从各民族的民间传统舞（操）、民间体育游戏、民间生活及劳动中搜集农村学校体育教材，并根据少数民族地区的地理环境条件，因地制宜，设计适合农村中、小学校体育和学生喜爱的体育与健康课教材⑦；杨莉君和曹莉以苗族地区幼儿园为例，提出了以主题为核心的整合性开发、以经验为基点的活动性开发、以环境为依

① 刘茜，邱远. 2007. 贵州苗族多元文化课程资源的开发与利用. 贵州民族研究，（6）：195-202
② 刘梅. 2011. 北川羌族文化课程资源开发研究. 西南大学硕士学位论文，52
③ 龙泉良. 2008. 少数民族课程资源开发存在的问题与对策——基于湖南湘西自治州中小学民族文化资源开发现状的调查. 重庆三峡学院学报，（1）：142-145
④ 李宪勇，罗平. 2009. 西藏地区藏族多元文化课程资源的开发和利用. 湖北民族学院学报（哲学社会科学版），（1）：46-50；王标. 2013. 少数民族文化的课程资源价值及开发利用路径——以黎族为例. 当代教育理论与实践，（2）：111-113
⑤ 罗绍良. 2012. 民族传统文化课程资源在《文化生活》中的应用研究. 民族教育研究，（4）：98-102
⑥ 黄银华，龚群. 2009. 少数民族传统体育文化资源开发中存在问题及对策探析. 中南民族大学学报（人文社会科学版），（1）：78-80
⑦ 胡海鹰. 2009. 开发西部少数民族地区农村学校体育课程资源与传承民族文化的研究. 贵州民族研究，（4）：159-162

托的隐性课程开发策略，认为应该有效利用苗族地区的传统文化资源①；刘梅认为羌族文化课程资源开发，可以基于不同学段学生的能力和兴趣特点，选取不同的选题，如以"可爱的家乡"为主题，可以按照年级的不同，从低年级到高年级分别确定选题为家乡的自然环境、家乡的人文环境、我和我的家乡三个梯度，引导学生寻求研究课题，激发学生的民族情怀②；还有的学者以民族为个案进行研究，提出应该树立多元文化理念、加强民族教育支持系统、培养师生民族认同感、注重学科特点和学生身心发展特点等策略③。

已有研究反映出三个方面的问题：①在研究内容方面，课程内容的汉化取向较大，很多地区仍以主流文化价值观为主导；在反映地方性知识方面表现出支离化，缺乏系统性，使民族文化课程丧失了其文化价值；民族文化知识传授表面化，教学多停留在为让学生了解民族文化知识而教的层面，忽视了应从民族文化是各个体赖以成长与生存、发展的背景出发挖掘其教育资源，教学活动在一定程度上脱离了实际生活，使学生的学习兴趣大大降低。②在研究对象方面，多以西南、西北地区的民族为主，集中在藏族、蒙古族、彝族、苗族、羌族、回族、土家族等民族，对于人数较少或居住较分散的民族的研究较少。已有研究主要是关于民族地区基础教育中的幼儿园、小学、中学阶段的，关于高等教育、职业教育、成人教育等阶段的研究较为缺乏，各民族、各地区和各学科的研究者之间缺少交流合作，很多具有教育意义的民族文化课程资源没有得到充分研究。③对政策的研究较为滞后，不能及时为政策的制定提供切实有效的理论支持，使国家、地方和学校之间，教育行政人员、教育理论研究者和教育实践者之间缺乏双向互动的关系，进而影响政策的制定以及课程的设计和实施。

我国民族文化的独特性和教育价值的取向性，要求我们应当在新的课程改革背景下意识到：开发民族文化课程资源是民族地区学校挖掘和积累课程资源、优化课程结构、传承民族优秀文化的重要途径。这需要在多元文化理念的指导下，抓住三级课程实施的良好契机，开发和实施地方课程、校本课程及综合实践活动课程，满足学生的实际要求。

---

① 杨莉君，曹莉. 2010. 幼儿园在开发利用地方民族文化资源过程中存在的问题及其解决策略——以沅陵县幼儿园对当地苗族文化课程资源的开发为例. 学前教育研究，（7）：51-53

② 刘梅. 2011. 北川羌族文化课程资源开发研究. 西南大学硕士学位论文，52

③ 林雪红. 2004. 临夏东乡族地区语文校本课程资源开发与利用研究. 西北师范大学硕士学位论文，28-41；郭玮. 2008. 基于蒙古族文化的幼儿园课程资源开发与利用研究. 内蒙古师范大学硕士学位论文，29-37；侯杰. 2007. 湘西多民族杂居地区中小学音乐课程资源开发与利用研究. 湖南师范大学硕士学位论文，70-76

第三节 多民族文化资源在第二课堂的转化实践

第二课堂①是相对于第一课堂而言的。第一课堂是按照教学计划，以班级授课制为基本组织形式的教学活动，也就是通常所说的课堂教学，学习国家规定的必修科目。第二课堂则是指学生在第一课堂之外，在教师的指导和组织下独立自主地学习与进行实践活动。第二课堂主要通过学校开办的兴趣班（组）、表演、比赛、体育项目、文艺队、艺术节等多种形式开展学习。多年来，民族地方中小学的第二课堂，主要通过"民族文化进校园（课堂）"或"校园民族文化建设"项目等形式开展教学。下文分别以贵州省、湖北省和福建省为例介绍多民族文化资源在第二课堂的转化实践。

一、贵州省的转化实践

贵州省依托世界非物质文化遗产、国家级非物质文化遗产、省级非物质文化遗产，除了将民族文化资源转化为经济资源，发展各县的民族文化旅游经济外，还通过在中小学开展"民族文化进校园（课堂）"活动，将民族文化资源转化为教育资源，成效显著。"不仅有效传承了民族文化，夯实了民族团结的思想基础，还丰富了校园文化生活，提升了教育教学质量，促进了学生综合素质的全面提高。"②早在20世纪80年代，黔东南的黎平、榕江、从江等县的部分中小学就开展了民族文化进校园活动的实验和推广。经过多年的摸索和发展，贵州省民族民间文化进校园活动已形成良好的发展态势，据统计，2000年，贵州省开展民族民间文化教育活动的学校有100所，到2005年增加到500所，2007年增加到1500所，2010年增加到4000所。③

---

① 关于"第二课堂"的名称，还有的称为"校外活动""课外活动""第二渠道"。参见：辜伟节. 1991. 第二课堂学概论. 南京：东南大学出版社，1-2

② 杨蕴希. 2017. 贵州特色开展民族文化进校园工作. 教育文化论坛，（4）：2

③ 杜再江. 2010-12-03. 贵州"民族文化进校园"独树一帜. 贵州民族报，A04版

2002 年，台江县按照贵州省教育厅、贵州省民族事务委员会《关于在我省各级各类学校开展民族民间文化教育的实施意见》的要求，成立了"苗族文化进课堂"领导小组，制定了《台江县苗族文化进课堂实施方案》，开展"苗族文化进课堂"活动，2002 年秋季开学，苗族文化进课堂活动在城关 6 所小学开展试点，苗族飞歌、木鼓舞、苗族剪纸等被纳入中小学音乐、体育和美术课堂教学中，同时各学校成立了刺绣、舞蹈、剪纸等兴趣小组，还组建了民族歌舞表演队，让学生在课外活动、兴趣小组活动中进一步学习苗族民间文化。①从江县是以点带面地开展工作，在侗族地区，以小黄侗寨侗族大歌为中心开展侗歌进课堂活动，县教育局编制了"侗族民间文化进入课堂"的实施方案等，组织专家编写了乡土文化教材，培养培训教师等，组建了小黄侗族大歌队；在苗族地区，以岜沙为中心开展了民族芦笙舞进课堂；在翠里中学，开展了瑶族长鼓舞教学；在龙图小学、贯洞镇中心小学等学校，开展了民族刺绣进校园活动。

黎平县村级以上学校成立了侗歌队（如岩洞中学的侗歌表演队）、民族艺术班或课外侗族文艺兴趣活动小组，举办了全县中小学生文艺会演，举办了唱侗族大歌比赛等活动。黎平县编写了侗族文化乡土教材，在城关四小面向全县招生，开办了民族艺术班，在岩洞中学创建了侗族大歌人才培训基地，黎平一中开设了侗语课，学校从标志性建筑、校服到音乐课教学独具民族特色。②2004 年，岩洞、口江侗族大歌童声合唱团首次参加在昆明举办的第三届中国童声合唱节，并获得了金奖和 5 个单项奖。2005 年，岩洞中学侗族大歌队参加了在北京举办的全国中学生文艺会演，并获得了二等奖。③

铜仁市制定了《铜仁市"民族文化进校园"活动实施方案》，提出"一县一特色，一县一品牌"的原则，建立了一批民族教育示范基地。石阡县通过在民族中学举办"校园民族文化艺术节"，将"石阡木偶戏"（国家级非物质文化遗产项目）引进校园；玉屏民族中学将侗族箫笛和侗族山歌引入课堂，组建了箫笛艺术班，从 2007 年开始举办两年一届的"校园箫笛艺术节"；松桃民族中学将苗族的民歌、四面鼓舞、金钱杆引入校园；土家族的民歌、花灯、唢呐、打溜子被沿河民族小学引入学校。④通过开办民族民间工艺美术班、民族民间音乐舞蹈班、民族武术班、

---

①　中国新闻网. 2007-10-08. 贵州台江将苗族民间文化资源引进中小学课堂. https://www.chinanews.com. cn/edu/dxxy/news/2007/10-08/1043298.shtml[2022-04-21]

②　廖锦. 2008. 苗岭教育春光美——改革开放 30 年黔东南自治州教育事业发展扫描. 贵州教育，（22）：4-7

③　陈娟. 2007. 对侗族大歌进入黔东南州各级学校音乐课堂的思考. 凯里学院学报，（5）：49-50

④　张泉. 2016. 走向文化自信的道路——贵州中小学少数民族音乐教育传承的调查与反思. 艺术评鉴，（10）：130-135

民歌采风班等兴趣班，石阡县民族中学的教育教学取得了一定的实效。2002年，按照贵州省教育厅、贵州省民族事务委员会《关于在我省各级各类学校开展民族民间文化教育的实施意见》的要求，榕江县开展了"民族文化进校园（课堂）"活动，成立了民族文化进校园工作领导小组，制定了《榕江县民族文化进校园实施方案》，组建了"榕江民族民间文化进课堂"课题科研小组，组织熟悉当地民族民间文化的"土专家"帮助挖掘整理民族传统文化，编写了一批侗族大歌乡土教材，如《长大要当好歌手》。邀请民间艺人为专兼职教师，教授学生民间音乐、舞蹈、戏剧、绘画、剪纸、刺绣等技艺，挖掘和传承优秀民族文化，编印乡土教材800余本。采用校内外和课内外相结合的方式，开展民族民间文化教学，并结合实际，各学校组织开展民族体育活动、双语教学活动等民族、民俗文化活动，成立芦笙队、侗族大歌队、绘画组、刺绣组等课外活动兴趣小组。其中，车民小学成立了金蝉侗族少儿艺术团，栽麻镇宰荡村加所小学和加利小学成立了少儿文艺队，古州镇高文小学成立了金芦笙表演队，栽麻镇宰荡村加所小学开设了侗汉双语教学实验班等，注重把保护和传承寓于文艺活动中，全面提升学生的学习兴趣，积极打造学校的品牌特色。①2015年，侗族大歌已经在古州镇、栽麻镇等8个侗族聚居乡镇的53所中、小学校得到推广。②贵州民族大学"教育部中华优秀传统文化侗族大歌传承基地"文化交流巡演团于2022年7月前往贵州榕江县宰荡村、黎平县三龙村、从江县州级非物质文化遗产传习所和广西三江县岑旁村与当地侗族歌师、侗歌队成员及村民进行了音乐交流，一方面让学生了解到更原生的侗族音乐文化，另一方面加强了贵州民族大学"教育部中华优秀传统文化侗族大歌传承基地"的影响力与辐射带动作用，增强了桂黔两地侗族音乐文化的交流互动，有助于侗族音乐文化的繁荣与创新，助推侗族音乐文化的多样性传承与发展。③

丹寨民族高级中学结合近年来申报的国家级非物质文化遗产"苗族蜡染""石桥古法造纸""苗族锦鸡舞"和省级非物质文化遗产"苗族给哈舞"等民族文化优秀资源，开办了民族特长班，以传承民族优秀文化艺术。丹寨县的一些学校面向民族地区女生开设了"蜡染工艺"选修课，通过蜡染工艺班传承濒危消失的苗族

① 张丽. 2021-06-11. 榕江：创新民族特色课程 积极开展民族文化进校园. https://www.sohu.com/a/471713082_121106902[2022-02-18]

② 王炳真. 2015-06-11. 榕江：侗族大歌校园传承. http://blog.sina.com.cn/s/blog_9e851d020102vye8.html[2022-02-18]

③ 贵州民族大学音乐舞蹈学院. 2022-07-11. 传承民族文化，坚守一份情怀——贵州民族大学教育部中华优秀传统文化《侗族大歌》传承基地交流展演纪要. http://yywdxy.gzmu.edu.cn/info/1007/2309.htm[2023-02-03]

古老印染工艺；组建了苗族芦笙学生歌舞队，对有兴趣、有特长的学生进行严格、有序的系统训练。[①]

二、湖北省的转化实践

湖北省虽不是少数民族最集中的省份，少数民族人口占全省总人口的 4.8%（湖北第七次全国人口普查数据），但其唯一的少数民族自治州——恩施土家族苗族自治州开展的民族文化知识进课堂活动也是卓有成效的。2005 年，《湖北恩施土家族苗族自治州民族文化遗产保护条例》[②]颁布，为推动非物质文化遗产的保护和传承工作，恩施土家族苗族自治州的各民族中小学以不同形式开展了民族文化进校园活动。例如，巴东县在全县民族中小学实施了以保护和弘扬民族文化遗产为目标的"五个一"工程[③]，在巴东县民族实验中学、大支坪民族中学、茶店子民族中学、绿葱坡民族中学、沿渡河镇民族中心小学分别成立了巴东县民族传统体育项目陀螺、蹴球、竹马、押加、旱船训练基地；教学生学习土家族民间传统舞蹈撒叶儿嗬；在巴东县民族实验小学建起百米民族文化长廊；在溪丘湾乡中心小学推广"巴东堂戏"（非物质文化遗产项目）的教学；将清江舞（非物质文化遗产项目）纳入该县中考考试的内容。

长阳土家族自治县深入挖掘巴土文化艺术教育素材，编写了以"山歌、南曲、巴山舞"为主题的巴土文化教材，并引进课堂。其先后编订了关于长阳山歌的《丰收调》《山路十八弯》《家乡盛开着鸽子花》《清江清，长阳长》《泡米花茶》等校本教材，编印了《希望》《民俗采风》《民间故事集》等课外读物。资丘小学组织教师编写了《土家撒叶儿嗬教材》《长阳南曲入门》等民族民间文化校本教材，还支持国家级非物质文化传承人张言科结合在校传承民族文化的实践编写了《撒叶儿嗬传承教材》，以供教学使用。资丘小学多次组织学生参加资丘镇组织的比赛活动并取得了不错的成绩，如全镇土家少儿民间文艺大赛一等奖和全县中小学文艺会演一等奖。该校根据教学大纲规定课时，合理安排民族文化课程，利用体育课、

---

① 吴正彪. 2008. 民族文化知识进课堂教育与发挥学校教育在保护和传承非物质文化遗产中的作用. 民族教育研究，(6)：52-55

② 恩施土家族苗族自治州人民代表大会常务委员会. 2017-02-23. 恩施土家族苗族自治州民族文化遗产保护条例. http://www.esrd.gov.cn/flfg/bjfg/201702/t20170223_769456.shtml[2022-02-18]

③ "五个一"工程，即学校内有一栋标准民族建筑、一台地方特色节目、一个民族传统体育项目、一本反映地方民族文化特点的教材、一套地方的民族服装

阳光体育锻炼和课间操时间合理安排民族体育项目。①"这些民族文化知识进校园，使民族文化教育与素质教育有机地融通，充分地发挥了学校教育这个平台在保护和传承非物质文化遗产中的重要推动作用。"②

三、福建省的转化实践

2004 年,《福建省民族民间文化保护条例》③出台后，民族学校多渠道、多形式地开展了校园民族文化建设活动。福州民族中学成立了民族题材校本课程资源开发领导小组，聘请畲族专家指导，充分利用畲族文化资源开发校本课程，编写了校本教材《畲族文化读本》（初中、高中）④、体育校本教材《毽球》、音乐校本教材《畲族民歌精选》。在传承民族传统体育方面，除了体育课之外，福州民族中学通过第二课堂，如举行民族传统体育专项比赛、学校运动会和建立传统民族体育运动队等，弘扬民族传统体育。这项工作的开展已成为该校课程改革工作的一个亮点，校队曾多次代表福州市参加福建省少数民族运动会和福建省农民运动会民族传统体育项目比赛，并取得了优异成绩。在传承民族音乐方面，该校结合第二课堂活动和夏令营活动，教唱畲歌，抢救濒临消亡的优秀畲族歌曲，组建了畲族文艺队，参加校内外各种演出活动，比如，校艺术节民族歌舞蹈表演、大型节日文艺活动、社区踩街宣传活动、畲族传统文化节活动、少数民族文艺调演等。在传承民俗文化方面，该校组织师生观摩畲族传统节日"三月三乌饭节""二月二会亲节"等，参加畲乡村居的畲族联谊活动、歌咏比赛等。此外，该校与畲族乡签订协议，利用夏令营活动组织学生深入畲居民宅调查畲族民俗民风、了解民族文化、参加当地民俗文化节活动。在传承民间美术方面，该校举办了畲族民间美术绘画写生作品展览会等。⑤

---

① 向世兵. 2015. 打造特色教育基地 培育民族文化传人——湖北长阳土家族自治县资丘小学开展民族民间文化进校园活动侧记. 民族大家庭，（2）：44-45

② 吴正彪. 2008. 民族文化知识进课堂与发挥学校教育在保护和传承非物质文化遗产中的作用. 民族教育研究，（6）：52-55

③ 福建省人民代表大会常务委员会. 2004. 关于颁布施行《福建省民族民间文化保护条例》的公告. 福建省人民政府公报，（29）：4-8

④ 该教材是根据初、高中学生的不同认知水平编写而成的，初中册内容涉及畲族历史、畲族语言、畲族音乐、畲族舞蹈、畲族美术、畲族服饰、畲族山歌、畲族农业、畲族教育等；高中册内容涵盖畲族斗争史、畲族发展史、畲族伦理道德、畲族习俗、畲族体育、畲族婚俗、畲族山歌鉴赏、畲族文学艺术、畲医畲药等

⑤ 周天彬. 2008. 校本课程资源开发与少数民族文化传承. 才智，（15）：131-132

第四节　校外非正式教育中民族文化传承的现状

　　校外非正式教育是指非学校组织的教学活动，而是通过家庭生活教育、社区活动情景式教育等进行的家庭教育或社会教育活动。相对于学校教育这种有计划、有组织的正式教育而言，家庭教育、社区或社会教育就是非正式教育。这类教育是在校外开展的，所以属于校外教育。

　　家庭教育、社区或社会教育这两种教育形式是由文化传统自身特点决定的。家庭与社区是民族文化传统存在的主要空间。民族文化传统是一个民族经过长期的历史积淀而形成的，是仍然在该民族现实社会生活中起作用的文化特质和文化模式。这些文化靠什么来继承和发展？在现代教育推行之前，靠的是家庭教育和社会教育。虽然今天我们认识到学校教育在传承民族文化方面具有重要作用，但是由于学校教育的局限性，这种非正式教育依然是民族传统文化教育的主要形式。同时，社会教育作为一种社会现象，其一切活动都是由社会需要决定的。美国教育家杜威提出，教育要以儿童的活动为中心，即让学生在实际的社会性活动中学习和锻炼，以适应急剧变化的现实生活。他认为直接接触自然和社会实际以及培养学生自己动手，"这一切，都在不断地培养观察力、创造力、建设性的想象力、逻辑思维，以及通过直接接触实际而获得的那种现实感"①。

一、家庭教育

　　家庭教育是在家庭环境中发生的教育活动。在儿童的成长中，父母等长辈会有意或无意地通过言传身教对其身心产生的影响，以及孩子在家庭生活实践中潜移默化地受到的教育，就是家庭教育。家庭教育的内容主要包括生活和生存等多方面的知识和技能，即生产劳动、宗教、艺术及传统习俗、道德礼仪、价值观念等，对儿童的成长和个性发展有着重要作用。

　　家庭教育作为非正式教育，学者主要从两个角度对其进行了研究——文化传

---

　　① ［美］杜威.1981.杜威教育论著选.赵祥麟，王承绪，编译.上海：华东师范大学出版社，16-18

承，以及民族文化的教育价值。

从文化传承角度，有学者认为，民族地区家庭教育与民族文化传承的关系密切，"家庭教育是民族传统文化的必然产物，民族文化制约或促进着家庭教育的各方面，同时家庭教育反过来丰富和不同程度地改造着民族文化。民族文化是家庭教育的基础，家庭教育是民族文化的有机组成部分。家庭教育是继承民族传统和保持民族特征的需要"[1]。少数民族非物质文化遗产，很多是依靠家庭教育方式传承的，比如，新疆维吾尔自治区非物质文化遗产项目——哈萨克族毡绣和布绣、眉户戏等，主要是通过家传教育进行传承的。[2]在传承民族文化方面，家庭环境的熏陶和影响发挥了关键作用，各地涌现的音乐世家、舞蹈世家等，就是家庭教育在传承民族文化方面的重大作用的最好体现。[3]学者归纳了民族文化在家庭教育中的传承特性，表现在四个方面：不平衡性、断层性、适应性和家庭选择上的现实性。[4]

从民族文化的教育价值角度，黄洁指出，"家庭中传承的东西往往是本民族文化的精神内核，对此，儿童最难忘记，并影响其终身"[5]。谢芳利在对畲族乡家庭传承畲族传统文化的案例研究中指出，畲歌"是文化传承、深化民族认同的工具，通过畲歌，一代代畲族人敬神、娱乐、教化后代、讲述民族历史"[6]。

对于家庭教育的方式和内容，有学者指出，在家庭中，孩子们在聆听儿歌、本民族史诗、传说、故事及观看手工艺制作的过程中，通过模仿大人的行为，在长辈的教育和家庭环境的熏陶下，也就自然地习得了这些生产生活技能、民间工艺与表演艺术等。家长通过让子孙后代学习有关本民族的语言文化、生产生活技能、传统习俗、家庭伦理和道德礼仪等方面的知识，在言传身教中传承了民族文化。[7]例如，苗族家庭教育"主要通过语言教育、生产生活技能教育、伦理道德教育、民间习俗教育和审美教育等形式来传承和发展民族传统文化"[8]。新疆维吾尔

① 范婷婷. 2009. 多元文化背景下家庭教育与少数民族文化传承问题. 黑龙江民族丛刊（双月刊），（6）：169-172

② 薛洁，韩慧萍. 2013. 家庭教育传承对于"非遗"保护的价值和意义——以新疆少数民族民间文化传统为例. 民俗研究，（1）：45-50

③ 黄洁. 2015. 家庭教育在民族文化传承中的作用——以红河州建水县普雄乡大罗家哈尼族寨为例. 课程教材教学研究（教育研究），（Z1）：94-96

④ 向瑞，张俊豪. 2014. 湘西苗族传统文化在家庭教育中的传承特性. 民族教育研究，（2）：99-102

⑤ 黄洁. 2015. 家庭教育在民族文化传承中的作用——以红河州建水县普雄乡大罗家哈尼族寨为例. 课程教材教学研究（教育研究），（Z1）：94-96

⑥ 谢芳利. 2015. 畲族青少年家庭教育中的民族文化传承——以福建宁德、龙岩三个畲族乡为例. 宁德师范学院学报（哲学社会科学版），（1）：2-7

⑦ 薛洁，韩慧萍. 2013. 家庭教育传承对于"非遗"保护的价值和意义——以新疆少数民族民间文化传统为例. 民俗研究，（1）：45-50

⑧ 罗连祥. 2015. 家庭教育在苗族传统文化传承和发展中的作用. 文山学院学报，（1）：16-19

自治区的塔塔尔族主要从事农牧业，居住分散，该族个体的生活常识绝大部分是通过父母的言传身教习得的。例如，掌握自然知识和植物、矿物、野生动物的属性，要学会分辨田野地头的哪些东西可以吃，哪些东西不能吃。生活习俗方面的知识更是要通过家庭，经由父母的言传身教传授给下一代。例如，家长经常告诫孩子们：对长者要尊敬，对待客人要有礼貌。禁忌也是通过家庭教育一代代传承的，例如，不准吃猪肉，禁食动物的血，吃饭和与人交谈时不能掏耳朵、打哈欠等。父母会向子女传授与本民族生存和个人生存及发展息息相关的生产劳动的常识和技能。男孩子不仅要从父亲那里学会骑马，还要跟随父亲学会放牧，看牲口，使用马绊子、马嚼子、马鞍等备马要领，掌握套马的本领等。①

学者对民族文化资源利用的实证研究，让我们认识到可以通过家庭教育将民族文化转化为社会资源。贺然通过对陈埭回族社区经济发展模式进行研究发现，"这种陈埭回族的社会资本是由民族身份所带来的，是以民族文化为载体的，一方面在回族文化影响下的经营行为可以带来可观的经济效益，同时也能在现代企业竞争中获得优势。另一方面通过对回族文化的复归和认同，能够带来可观的社会资源"②。

对于家庭教育的功能和意义，学者一致予以肯定："对实现民族整合、传承民族优秀传统文化具有不可取代的重要意义。""对青少年的文化认同、审美观、价值观的形成具有启蒙作用和积极影响。"③"以家庭教育的方式培养苗族文化主体，不仅可以降低培养费用，促进苗族文化主体的自然生成，而且可以有效解决苗族文化主体的代际断层问题，确保苗族文化的传承与发展后继有人。"④然而，在现代化进程中，民族地区家庭教育的弱化导致的民族文化传承和儿童教育问题也引起了学者的关注。例如，有学者认为"家长对自己家庭教育的方式和手段没有信心……蒙古族的语言文化以后谁来支撑这些问题值得我们深思"⑤。

民族文化的传承过程就是民族文化的教育与被教育的过程，换言之，是长辈向下一代传递文化和下一代向长辈学习文化的过程，也是杜威所称的"形式教育"，即从教育人类学的视角看，这种教育是培养人的主要形式和重要手段。孩子在成

---

① 张巧云. 2010. 新疆塔塔尔族的家庭教育. 才智，（16）：160

② 贺然. 2010-11-19. 现代化进程中民族文化资源利用之研究——以福建晋江市陈埭镇回族社区的发展为观察点. http://sociology.cssn.cn/xscg/ztyj/shfz/201011/t20101109_1980685.shtml[2022-04-21]

③ 薛洁，韩慧萍. 2013. 家庭教育传承对于"非遗"保护的价值和意义——以新疆少数民族民间文化传统为例. 民俗研究，（1）：45-50

④ 罗连祥. 2015. 家庭教育在苗族传统文化传承和发展中的作用. 文山学院学报，（1）：16-19

⑤ 阿拉塔. 2015. 关于蒙古族语言文化在家庭教育中的传承研究——以内蒙古巴林右旗为例. 赤峰学院学报（汉文哲学社会科学版），（1）：31-33

长过程中，在其所生活的家庭和社区中需要参加包括劳动在内的各种社会实践活动，他便从中学会了各种生活常识和生存技能，掌握了各类相关知识，这些常识、技能和知识构成了家庭教育与社区教育的主要内容，而孩子所参加的这些实践活动便是家庭和社区培养孩子的主要形式和手段，家庭和社区便是培养孩子的主要场所。虽然这种教育是一种非正式教育，但正是这种非正式教育，对孩子的知识和观念、智力因素（观察力、记忆力等）和非智力因素的形成起到了十分重要的作用。家庭生活教育和参与到社会活动中受到的教育不仅仅是知识学习的过程，更重要的是人成长和发展的过程，在这个过程中，人的基本人格、秉性、才智和技能逐渐形成。

鉴于此，学者对民族传统文化的家庭教育做了大量研究。有学者认为，每一种民族文化具有什么样的教育功能，如何借用这些功能促进人的发展，这些都是教育人类学研究的范畴。虽然学校开展的一般性体育项目都能够强身健体，但蒙古族马背上的灵巧运动、壮族的织锦及侗族大歌的无伴奏合唱，却未必是现代学校教育所能教授的。而正是这些独特的文化传承，造就了这些民族的特殊才能和难能可贵的品格。学习刺绣能够培养人的精细观察力，学习围棋有益于人的整体观察力的发展；背诵化学周期表可以培养人的抽象记忆，研习绘画能够强化形象记忆；学习音乐有益于人的情感的丰富，学习哲学有助于人的逻辑思维的加强；而绕口令对语言智能、踢踏舞对节奏智能、心算对数理智能、绘画对空间智能、马术对动觉智能、宗教对自省智能、山歌对唱对交流智能、中医诊断对观察智能有着明显的促进作用。[1]还有学者指出，人们参与不同的实践活动，可以培养和发展人的不同记忆力：刺绣、剪纸、蜡染发展了人的形象记忆力；民歌发展了人的听觉记忆力；长期与各种动物打交道的生活方式发展了人的嗅觉记忆力。乐手演奏弦乐，不用眼睛，就能准确找到指尖的位置，这归功于通过长期演奏而形成的动觉记忆。手工艺制造、舞蹈、美术、音乐、体育培养了人的程序性记忆；神话故事、史诗、歌谣、民间故事等口耳相传的民间文学培养了人的陈述性记忆。心理学研究表明，儿童如果长期在缺乏感觉刺激的环境下生活，容易出现肢体不平衡和不协调等问题，而且注意力涣散，学习能力较低。然而，从小会骑马、会玩蛤喇哈、打沙包、跳竹竿舞和荡秋千的孩子在肢体的平衡和手、眼、脑协调方面却得到了很好的锻炼。[2]

---

[1] 王军. 2006. 民族文化传承的教育人类学研究. 民族教育研究，（3）：9-14
[2] 董艳. 2006. 民族文化传承对智力发展的影响. 民族教育研究，（6）：5-11

二、社区或社会教育

社区或社会教育是学校教育之外，承担民族文化传承的一种非正式教育形式。社区教育是指在各民族所在区域内，如村寨、寺庙开展的各种民间自发组织的传统文化实践活动或培训活动，让年轻一代参与节日活动、人生礼仪、婚丧嫁娶、宗教仪式等，从中获得本族传统文化的教育。社会教育包括社区教育，但是开展社会教育时可以在村寨区域以外的地方，比如，民族文化传习所（馆）就是一种最常见的社会教育场所。

民族文化传习所（馆）是 20 世纪 90 年代后期兴起的一种非物质文化遗产传承方式，也是一种社会教育方式。随着这种教育形式的出现，涌现了一批对各地传习所进行研究、介绍的学者。①在云南，较有影响的民族传统文化保护与传承模式有七类：①以舞蹈艺术为文化传承途径的田丰云南民族文化传习馆模式；②以音乐艺术为文化传承途径的大研古乐会模式；③以传统民族文字典籍为文化传承途径的丽江东巴文化研究所模式；④以本民族传统教育形式为文化传承途径的傣族寺庙教育模式；⑤以现代学术研究为文化传承途径的刘尧汉彝族文化学派模式；⑥以介入现代旅游业为文化传承途径的云南民族村模式；⑦以建设社会主义新文化为导向及文化传承途径的"边疆文化长廊建设"模式。②在这七类模式中，田丰创立的云南民族文化传习馆受到研究者较多的关注。云南民族文化传习馆由各民族中的老年艺人带领本族青年以脱产方式经过半年或一年时间到馆系统整理、研习、表演。该传习馆开设有哈尼族班、彝族班和佤族班，课程设置除了文化课外，还有传统工艺，如民族语言、民间工艺、彝族花腰、彝族"三道红"、佤族木鼓等课程。这些课程均以口传心授的方式为主，其教学内容自由、形式开放。③云南民族文化传习馆舞蹈艺术传授的范围从最初的彝族、哈尼族扩展到纳西族等民族，

①　黄泽. 1998. 云南少数民族文化保护与传承的几种模式——略谈云南建设民族文化大省的基础工程. 思想战线，（7）：82-86；洪江. 2010. 云南少数民族非物质文化遗产的传承与保护——以田丰"云南民族文化传习馆"为个案研究. 民族音乐，（2）：21-22；李灿梅，王晓丹. 2007-03-24. 白族文化传习所培训 39 位唢呐手. 大理日报，1 版；朱家芬. 2009-01-12. 中国彝族梅葛文化传习所、中国彝族刺绣研习所、云南画院写生基地、青州马游坪梅葛希望小学揭牌. 楚雄日报，1 版；夏平容. 2011-06-17. 走进藏茶技艺传习所感受"非遗"魅力. 雅安日报，6 版；保广梅. 2013-07-16. 全省首家"土族花儿传习所"在丹麻成立. 海东时报，1 版；沈仕卫. 2017-03-31. 传习所：让多彩文化薪火相传. 贵州日报，9 版

②　黄泽. 1998. 云南少数民族文化保护与传承的几种模式——略谈云南建设民族文化大省的基础工程. 思想战线，（7）：82-86

③　江倩倩. 2015. 云南原生民族歌舞乐在当代传承与传播中的社会力量. 黄河之声，（16）：104-105

舞蹈艺术因其传习过程通过电视、报刊等媒介的宣传而享有较高的知名度。1995 年初，云南民族文化传习馆首次在云南提出了"文化传习"这一在海外较流行的概念，该传习馆以抢救、挖掘云南各民族濒于失传的舞蹈艺术珍品为目标，秉持传承、研习原汁原味的民族舞蹈的宗旨，反对商业气息和过重的表演痕迹，反对从事商业性餐饮歌舞表演。[①]传习馆所秉持的"求真禁变""活化传承"理念是对传统传承理念的重大突破。也有研究者认为，传习馆倡导"求真禁变"的初衷是好的，但是彻底的"禁变"也许只是一种理想。在非物质文化遗产传承中，我们不仅要处理好"变"与"不变"的关系，也要处理好非物质文化遗产保护和商业运作的关系。[②]

21 世纪以来，民族文化传习所也成为民族文化入高校的一种方式。2008 年 8 月，全国 50 个高等师范院校启动了特色专业建设，目的是培养民族文化人才和传承民族文化。例如，玉溪师范学院湄公河次区域民族民间文化传习馆下设民族刺绣实验室、民族语言人类学实验室、民间绘画实验室等 13 个实验室，开设了具有本土特色的蜡染、刺绣、陶艺、绝版木刻等十余门专业实验课程与公选课，自 2004 年 9 月创立起，短短三年培养了 3200 名学生。[③]

有学者指出，民族文化传习所为彝族海菜腔的传承提供了平台，延续和保存了彝族海菜腔的文化"基因"，"彝族海菜腔社会教育传承创新得益于民族文化传习所"[④]。北川古羌茶艺传习所运用现代化手段再现了羌族茶文化发展历程和羌族饮茶习俗，通过传承古羌茶叶制作技艺及冲泡技艺，学习传统加工技术精髓，指导今天的羌茶产品开发与创新，推动了北川茶业及文化产业的发展，便于本地羌族中小学生学习、认识羌茶文化，为传承本民族文化提供了条件。[⑤]

还有一些与民族文化传习所称谓不同的民间组织，比如，刘晓津创立的云南民族源生坊也承担了民族传统文化的社会教育任务。云南民族源生坊依靠居住于云南农村的优秀民族民间艺人，在乡村基层开展抢救和传承民族传统音乐、舞蹈的教学工作。云南民族源生坊还借助舞台和传媒的力量，向世界展示民族艺术及

---

① 黄泽. 1998. 云南少数民族文化保护与传承的几种模式——略谈云南建设民族文化大省的基础工程. 思想战线，（7）：82-86

② 洪江. 2010. 云南少数民族非物质文化遗产的传承与保护——以田丰"云南民族文化传习馆"为个案研究. 民族音乐，（2）：21-22

③ 张建新. 2009. 民族文化课程开发探究——以玉溪师范学院湄公河次区域民族民间文化传习馆为例. 学园，（5）：37-43

④ 普丽春，赵伦娜，董雅婷. 2015. 彝族海菜腔社会教育传承现状调查分析. 民族教育研究，（3）：132-138

⑤ 王烈娟. 2015. 传承羌茶文化，发展羌茶产业——以北川县"古羌茶艺传习所"为例. 包装世界，（5）：98-99

其优秀传承人，通过演出活动提高了民间艺人对自身文化的认同和理解，在增强本民族文化自信，展示、传承民族文化等方面做了进一步的尝试。①

另外，还有由各个村寨非物质文化代表性传承人主持的传承培训活动，比如，贵州丹寨县腊尧村开展的苗族"祭尤节"传承培训活动，由州级代表性传承人龙永超主持培训活动。②这类社区教育是对"教育即生活""生活即教育"理念的实践。

与学校教育相比，社区教育与家庭教育一样，是民族文化保护与传承的主要方式，它将民族传统文化转化为教育资源，使年轻一代在传承中习得、在习得中传承，这是一种更自然而然、润物细无声的方式。民族地区社区教育在某些方面是学校教育无法替代的，因为它是与本民族人民的日常生活及传统文化活动融为一体的，是与其生产方式相适应的一种村寨教育形式，它是植根于本民族人民体内，完全由本民族参与、组织、实施的属于该民族自己的教育。③然而，这种被认为最接地气的传统文化传承方式也不能独立肩负民族文化传承的重任。要利用社区教育来扭转传统文化的发展弱势，就需要加强学校与社区民族文化的联系，充分利用社区资源增强民族认同感，注重社区教育治理主体的多元化。④

---

① 江倩倩. 2015. 云南原生民族歌舞乐在当代传承与传播中的社会力量. 黄河之声，（16）：104-105

② 熊懿. 2021-12-14. 拜谒丹寨蚩尤祠｜这里的苗族为何祭尤千年？ https://new.qq.com/rain/a/20211214A05XA300[2022-04-22]

③ 程世岳，叶飞霞. 2014. 少数民族社区对民族传统文化的传承教育探讨. 教育文化论坛，（1）：105-110

④ 鲍海丽. 2011. 社区教育：少数民族文化传承的有效途经（径）. 中国农村教育，（8）：31-33

第二章
民族文化资源分类

    我国地域辽阔、人口众多，生活在 56 个民族。每一个民族在其共同地域、语言、经济生活及宗教信仰、习俗环境中形成的独特民族文化，都对中华文化多样性产生了十分重要的影响。"民族文化渗透于社会生活的方方面面，对人们的世界观、价值观、人生观、审美观等的形成具有不可替代的作用。"[①]但是，随着经济全球化、科技现代化、世界网络化的到来，各民族文化的生存和发展面临着严峻挑战。"随着人类交往的扩大，社会的发展，任何一个民族，任何一种文化所处的外部社会环境都不可避免地要发生变化。"[②]因此，挖掘、传承、弘扬民族文化，形成文化自觉，是我们面临的一项重要任务。对民族文化的资源进行分类，有利于挖掘、传承和弘扬民族文化，促进多民族文化资源转换，更好地为社会经济发展服务。

[①] 马旭，赵绮娣. 2011. 孔子学院：全球化视野中的中国文化传播. 新闻界，（2）：31-32
[②] 郑晓云. 1992. 文化认同与文化变迁. 北京：中国社会科学出版社，207

第一节　民族文化资源分类的目的与意义

以马林诺夫斯基（B. K. Malinowski）和拉德克利夫-布朗（Radcliffe-Brown）为代表的英国功能主义文化学派认为，文化是一个有机整体，由各个相互联系的文化要素构成，其中每一个要素都起着一定的作用，执行着自己的功能。有学者认为，文化具有满足需要的功能、认知的功能、规范的功能、凝聚的功能、调控的功能。①也有学者认为，文化具有记录、储存的功能，认知、助识的功能，传播、交流的功能，教化、培育的功能，聚合、凝结的功能，调节、控制的功能，变异、革新的功能。②我国民族文化资源众多，对民族文化进行分类，便于民族文化资源的转换，便于在大数据时代更好地为社会经济发展服务。

一、集合成类，认知民族文化，体现民族性

民族文化具有地域性、历史性、多样性等特点。《国语》云："和实生物，同则不继。"③"和"是一个包含了差异性和多样性的存在，是在差异性和多样性基础上的平衡、协调与统一，和能生万物，如果缺乏差异性、多样性，事物就不能继续发展，因此我国民族文化的多样性对于中华民族文化的发展与繁荣具有重要的作用。在民族地区，一些人不重视民族文化，没有从全局高度认识到民族文化对全社会产生的影响。另外，有一些人对民族文化很重视，但不知道如何发展民族文化。我国有 56 个民族，每个民族都有其独特的民族文化资源，我们对民族文化的众多资源进行分类，就是要让更多的人了解民族文化，了解民族文化的类别，以便对各类别的民族文化进行分类保护。"分类是指以事物的本质属性或其他显著特征为依据，把各种事物集合成类的过程，是人们认识事物、区分事物、组织事物的一种逻辑方法。"④因此，对民族文化的分类就是要以民族文化的本质属性和

---

① 陈华文. 2001. 文化学概论. 上海：上海文艺出版社，56-61
② 杨镜江. 1992. 文化学引论. 北京：北京师范大学出版社，131-144
③ （战国）左丘明. 2015. 国语·郑语. 卷十六.（三国吴）韦昭，注，胡文波，校点. 上海：上海古籍出版社，347
④ 俞君立，陈树年. 2001. 文献分类学. 武汉：武汉大学出版社，2

显著特征为依据，充分体现民族文化的民族性，把民族文化集合成类，让更多的人认识、区分不同类别的民族文化，以强化人们对民族文化的保护意识。

二、教育为本，传承民族文化，体现传承性

随着全球化趋势的加强和现代化进程的加快，我国的文化生态发生了巨大变化，许多民族地区青年人通过外出务工，使用网络、电视、电影等媒体，逐渐接受和青睐本民族之外的生活与文化娱乐方式，忽视了本民族文化，致使许多富有特色的民族民间工艺已经失传或正在消失，一些依靠口授和行为传承的文化遗产正在消失，许多民族文化项目的传承人年龄较大，后继乏人，还有一些地方的过度市场化运作侵蚀了民族文化的本真性。此外，民族传统文化资源流失现象非常严重，甚至还存在非法买卖民族文物的现象，导致形成一股变相的文化掠夺浪潮，造成文化资源的大量流失。[1]顾明远先生认为，"民族文化传统作为一个民族的特征总是有它的合理的内核。这种内核反映了民族性和人类性，代表了民族发展的方向和人类进步的方向。虽然它存在于民族文化传统之中，但它具有旺盛的生命力，它不仅不会阻碍现代化的发展，而且会促进现代化的发展"[2]。因此，如何通过教育主渠道，发扬民族文化中最有价值的部分并加以传承？保存民族文化的核心价值是最重要的途径。

三、促进发展，弘扬民族文化，体现创新性和时代性

全球化、信息化、现代化是文化发展的大势所趋，我们不能因为保存民族文化而违背时代发展趋势。因此，要弘扬民族文化，就必须体现弘扬民族文化的创新性与时代性，要在保证民族文化本真性的同时，对民族文化进行创新，赋予民族文化强烈的时代气息。作家莫言认为，一个民族的艺术，如果只是停留在坝子里或寨子里，不可能有很好的发展，不可能产生新的生机，必须让它活起来、用起来、走出去，才能让更多人知道。继承老祖宗留下来的东西不是保护非物质文化遗产的目的，我们的目的是创新和超越，但创新也要讲究方法，不是漫无边际地创新，而是应该有选择地创新，让非物质文化遗产更加适应现代社会。要想创

---

① 吴磊. 2012. 我国少数民族非物质文化遗产政策研究. 中央民族大学博士学位论文, 33
② 顾明远. 2001. 民族文化传统与教育的现代转化. 杭州师范学院学报（人文社会科学版），（6）：1-4

新，只有一条路：广泛学习，吸收本行当的精髓和别的艺术门类的元素，和当下结合，逐渐扩充本行当的题材。①

四、形成机制，达到文化自觉，体现制度性和经常性

对民族文化的传承、创新与发展，需要从社会环境、政策法规、制度措施、传承人等方面形成长效机制，形成文化自觉。自觉就是"通过教育、理论、系统化的道德规范、有意树立的社会典范等而自觉地、有意识地、有目的地引导和左右着人们的行为"②。要形成文化自觉，就必须发挥政府、专家学者、企业和民众等各方面的积极性，形成政府政策主导机制、专家学者指导机制、企业投资合作机制、民众参与机制，以及其他配套机制，共同构建民族文化的长效保护机制。在社会环境方面，要唤醒文化主体对自己文化的保护意识，自觉保护本民族文化及其生存发展空间，使其在自己的土壤继续生长，使保护工程贯彻、深入到日常工作中；在政策法规方面，要制定社会保障的有关法律制度和地方性条规；在制度措施方面，要充分发挥政府的职能和作用，创办各种社会公益服务机构，设立民族文化保障基金，划定民族文化资源保护区，建立民族生态博物馆、民族文化保护村落等；在传承人方面，应对各类别的民族文化实行分类保护，确保民族文化得到传承。

第二节　民族文化资源分类的原则与依据

一、分类的原则

关于文化的层次或者文化的分类有多种。郭齐勇主张文化结构的层次性、开放性与动态性、可分性与不可分性。③刘守华等认为，文化结构的特性主要表现在

---

① 莫言. 2013-11-20. 让云南民族文化资源活起来. 昆明日报，4 版
② 衣俊卿. 2004. 文化哲学十五讲. 北京：北京大学出版社，62
③ 郭齐勇. 1990. 文化学概论. 武汉：湖北人民出版社，230-234

两个方面：层次性与整体性的统一；稳定性与变异性的统一。一方面，文化系统"是由诸多要素逐层逐级按逻辑的统一性组合而成的有机整体"，"把文化系统当作是动态的'过程的集合体'进行分析，就不难理解，文化是具有表层（物质文化）、中层（制度文化和行为文化）、里层（精神文化）结构的整体，在动态中表现出了明显的层次"；另一方面，"文化大系统的结构，是在文化形成和发展的历史进程中，由文化各要素、各子系统相互作用、相互适应而逐渐形成，一旦形成，各要素、各子系统之间的联系是确定的，牢固的"。当某种文化要素或子系统超出了原结构的稳定性的承受范围时，"原文化系统的结构也就会在各要素的相互作用中发生显著乃至根本性的变化"。"任何文化大系统，都正是在结构的稳定性与变异性的辩证统一中，得以保存，得以变革，得以不断地发展。这是文化发展的法则。"[①]黄永林和王伟杰则提出了文化分类的科学性原则、本真性原则、适用性原则、全面性原则。[②]在此笔者借鉴黄永林和王伟杰的非物质文化遗产分类原则，根据我国民族文化特点及其形成过程，在尊重其历史和社会发展需要的基础上，把民族文化的分类原则归纳为如下四项。

（一）科学性原则

我国民族地域分布较广，民族文化也多种多样，对民族文化的分类必须本着严肃认真、实事求是的态度，根据民族文化工作者和研究者在民族文化实践中的观察和分析，建构能较为全面、合理地涵盖所有民族文化并契合我国具体国情的传承分类体系。科学性就是符合客观事实，具有科学依据，反映事物的本质和内在规律。对我国民族文化进行分类就一定要符合民族文化发展的客观事实，反映民族文化类别的本质属性和内在规律。随着科学技术的发展，对民族文化的保护和传承也会将我们带入文化与科技相融合的一个新领域，面对新领域内的一切技术难题和文化传统，我们也要坚持科学的态度和方法。

（二）本真性原则

任何一个民族都是与其所在的自然系统密切相关的，在这样的一个天地系统中，人们顺应天时，发挥地利，形成了区别于其他地方、具有当地独特天地系统的人文系统。这样的人文系统与当地的自然环境具有明显的关联性，因此人们常

---

① 刘守华，周光庆，王绍玺，等. 1992. 文化学通论. 北京：高等教育出版社，35-38

② 黄永林，王伟杰. 2013. 数字化传承视域下我国非物质文化遗产分类体系的重构. 西南民族大学学报（人文社会科学版），（8）：165-171

说"一方水土养一方人"。例如,我国的地形是西高东低,西部多高山、高原,畜牧业非常发达,对畜产品的利用、加工的能力就比较强;而东部地区具有得天独厚的农业资源和商业资源优势,这在民族文化资源的分类中体现得比较明显。民族文化分类的本真性原则就是要保持民族文化的这种原生态,保护其生存的自然环境和文化空间,主要包括民族文化区域的地理环境、文化环境、社会环境、适应群体等多方面。我们在对民族文化资源的分类中,也不能脱离民族文化产生的土壤,要有效、合理地进行分类,这样才有利于我国民族文化原汁原味地得到长期有效保护和传承。

(三)适用性原则

建构民族文化的分类目的是要让大家了解民族文化的不同资源,对民族文化资源进行保护和传承,保持文化的多样性,实现"和实生物"的目的。因此,对民族文化的分类就要充分考虑不同应用主体的需求,探索适合于各类群体的分类体系。例如,如果我们要运用现代技术手段,运用大数据的平台和资源来建设民族文化的数字资源库,则我们可以采用单线索式的分类方式,这样便于资料的收集、整理、归类、查阅和运用,让更多没有到过现场的人能够了解和学习相关内容。但如果我们要研究民族文化的形成、发展、传承、创新,则不能使用简单的分类,必须考虑民族文化的自然环境、人文环境、传承机制和传承人等问题,不能简单地采用单线索式的分类方式。因此,分析不同的人对民族文化的不同需求,既有利于民族文化的保护与传承,也有利于民族文化的发展。

(四)全面性原则

要对民族文化进行分类,必须对民族文化进行全面的考察与了解。客观存在的物质世界相对来说要简单一点,因为它看得见、摸得着,但物质世界背后的制度文化、价值联系、精神意识等方面则难以捉摸,而这一类隐性文化则更加重要。这就需要我们在观察物质世界的同时,发现和透视人与自然之间的关系、人与人之间的关系、人与群体之间的关系,发现他们的行为方式、制度体系、精神追求,从而全面了解民族文化。我们只有全面了解和掌握民族文化,尽可能涵盖全部的民族文化类别,并能预测未来可能出现的民族文化形式的归属问题,才能正确、合理地对民族文化进行分类。

二、分类的依据

人类文化包罗万象，不胜枚举，既有日用器物方面的各种生产工具及其技艺，也有各种生活器具和使用这些器具的方式；既有社会组织方面的各种团体机构和组织这些团体机构的规程，也有各种社会制度和形成这些社会制度背后隐藏的理论，还有各类风俗习惯、伦理道德、哲学、宗教、文学、艺术等。在这个文化系统中，一些具有特定功能、相互之间有着有机联系的文化要素按照一定层次和方式构成一个整体。文化的结构是指文化系统内部诸多要素及其组成的子系统相互联系、相互作用的方式和秩序，它是文化系统得以在发展过程中保持整体性并具有强大功能的内在根据。无论哪一种文化系统，它的诸多要素都要按照一定的次序排列和组合。文化要素大体相同，文化结构可能不一样；文化结构基本相同，文化要素也可能不一样。民族文化是人类文化的一个重要组成部分，目前还没有一个统一的标准对民族文化进行分类。有人提出以文化的层次为分类标准，有人认为对文化进行分类的标准是文化的结构，有人提出以文化的成分为分类标准，也有人认为以文化的类别为分类标准，还有人认为按照文化的区域对文化进行分类等，这里都归为文化的分类。

（一）国外学者关于文化分类的观点

文化的成分是指组成一种文化的要素或元素，当然这种文化的单位并不像自然科学那样准确、有规则，也就是说它不是绝对的，只是假定的、相对的。英国"人类学之父"爱德华·泰勒将文化定义为："文化，或文明，就其广泛的民族学意义来说，是包括全部的知识、信仰、艺术、道德、法律、风俗以及作为社会成员的人所掌握和接受的任何其他的才能和习惯的复合体。"①

德国的牟勒来挨尔（T. Muller-Lyer）把文化分为下层结构和上层结构。下层包括经济（个人生存相关的）、生殖（支配生命的风俗与制度）、社会组织（个人与个人、社会与社会，以及社会与世界的种种关系），上层包括语言、科学、宗教与哲理的信仰、道德、法律、美术。②

提克松（R. B. Dixon）在《文化的构造》（*The Building of Culture*）中将文化分

① ［英］爱德华·泰勒. 1992. 原始文化. 连树声，译. 上海：上海文艺出版社，1
② 转引自：陈序经. 1947. 文化学概观（第3册）. 上海：商务印书馆，39-41

为物质的文化、社会的文化、精神的文化。与此相近的还有克罗伯（A. L. Kroeber）与沃特门（T. T. Watermen），他们在其合著的《人类学的材料来源》（*Source Book in Anthropology*）一书中将文化分为物质的文化、社会的文化、审美与宗教的文化。沃利斯（W. D. Wallis）在《人类学引言》（*An Introduction to Anthropology*）中将文化分为经济与工商活动、科学魔术和宗教、社会形态与文化。①马林诺夫斯基在《文化论》中提出了关于文化形态的分类，包括物资设备、精神方面的文化、语言、社会组织。②

美国人类学家博厄斯（F. Boas）也对文化进行了分类，将其分为物质文化、社会关系，以及艺术和宗教。伦理态度和理性行为在文化中涉及较少，语言也很少被包括在文化的描述中。物质文化包括食物的获得、保存、加工，房屋，衣服，产品的制造和工艺，运输方法等。社会关系包括一般性经济状态、财产权、战争与和平时的部落关系、个人在部落中的地位、部落组织、交流形式、个体在性别和其他方面的关系。艺术包括装饰、绘画、造型艺术、歌谣、故事、舞蹈。宗教既包括对神圣的或超自然存在状态的态度及行动，也包括习惯行为，涉及对善与恶的判断、合理或不合理以及其他基本伦理观念及行为。③

日本学者水野祐在其《日本民族文化史》中将文化的范围确定为如下 10 个方面：①时代论；②景观论；③民族论；④语言论；⑤国家论；⑥日常生活论；⑦宗教论；⑧社会组织论；⑨经济论；⑩艺术论。④

英国著名历史学家汤因比（A. J. Toynbee）提出了文化类型学、文化形态学，他认为人类历史可以分成 26 个"文明"或"社会"，其中包括 5 个发展停滞的文明——波利尼西亚、爱斯基摩、游牧、斯巴达、奥斯曼。其余 21 个"文明"或"社会"是西方基督教、基督教的东正教（包括拜占庭东正教社会和俄罗斯东正教社会）、印度、远东（包括中国社会、朝鲜与日本社会）、希腊、叙利亚、古代印度、古代中国、米诺斯、苏美尔、赫梯、巴比伦、埃及、安第斯、墨西哥、尤卡坦、玛雅等。⑤

普列汉诺夫提出了"五项论"公式："一定程度的生产力的发展；由这个程度所决定的人们在社会生产过程中的相互关系；由这些人的关系所表现的一种社会

---

① 转引自：陈序经. 1947. 文化学概观（第 3 册）. 上海：商务印书馆，44-45

② ［英］马林诺夫斯基. 1987. 文化论. 费孝通，等，译. 北京：中国民间文艺出版社，4-7

③ Boas F. 1938. The Mind of Primitive Man（revised edition）. New York：Macmillan Company，159-160

④ 转引自：庄锡昌，顾晓鸣，顾云深，等. 1987. 多维视野中的文化理论. 杭州：浙江人民出版社，375

⑤ ［英］阿诺尔德·汤因比. 1989. 历史研究. 石础，缩编. 杭州：浙江人民出版社，5-6

形式；与这种社会形式相适应的一定的精神状况和道德状况；与这种状况所产生的那些能力、趣味和倾向相一致的宗教、哲学、文学、艺术——我们不愿意说这个'公式'是无所不包的——还离得很远！"①

美国人类学家乔治·默多克（G. P. Murdock）对文化进行了分类，包括基础资料、历史及文化接触、文化整体之情形、语言、传播、利用资源的活动、技术、资本、住房、食物、饮料及嗜好品、衣服和装饰品、生活之日常过程、劳动、分工、交换、财政、运输、旅行、娱乐、艺术、数和计量、继承和学习、对自然的反应、宗教、伦理、财产和契约、社会阶层、家族、亲族、血缘和地缘集团、政治组织、法律和社会制度、集团的抗争、战争和和平、关于身体的概念、性、生殖、幼儿、儿童、青年、结婚、成年、老年、疾病、死亡等46个方面。②

（二）国内学者关于文化结构（成分）的观点

古代的人们也主要是从物质、精神两个方面来认识文化的，将形而下称为物质，将形而上称为精神。《周易·系辞》有言，"形而上者谓之道，形而下者谓之器"③。子曰："君子不器"④，说明孔子更加注重道，更注重精神文化。《易·贲·彖》言，"观乎天文，以察时变；观乎人文，以化成天下"⑤。"天文"指自然秩序，"人文"指人事条理。汉代刘向的《说苑·指武》云："圣人之治天下也，先文德而后武力。凡武之兴为不服也。文化不改，然后加诛。"⑥此处文武相对，指通过文德不能教化的，而后才开始使用武力。近代学者梁漱溟在《东西文化及其哲学》中把文化分为三个层面："①精神生活方面，如宗教、哲学、科学、艺术等是。宗教、文艺是偏于情感的；哲学、科学是偏于理智的。②社会生活方面，我们对于周围的人——家族，朋友，社会，国家，世界——之间的生活方法都属于社会生活一方面，如社会组织、伦理习惯、政治制度及经济关系是。③物质生活方面，如饮食、起居种种享用，人类对于自然界求生存的各种是。"⑦张岱年认为，"文化包含哲学、宗教、科学、技术、文学、艺术以及社会心理、民间风俗等等。在这中间，又可分为三个层次。社会心理、民间风俗属于最低层次；哲学、宗教属于最高层

① 转引自：郭齐勇.1990. 文化学概论. 武汉：湖北人民出版社，225
② 转引自：陈华文.2001. 文化学概论. 上海：上海文艺出版社，18
③ （唐）李鼎祚.1991. 周易集解·第十四卷. 陈德述，整理. 成都：巴蜀书社，291
④ （春秋）孔子.1996. 论语. 程昌明，注译. 沈阳：辽宁民族出版社，15
⑤ 李兴，李尚儒.2018. 周易·国学经典10本. 西安：三秦出版社，69
⑥ （汉）刘向.1985. 说苑疏证. 赵善诒，疏证. 上海：华东师范大学出版社，420
⑦ 梁漱溟.1923. 东西文化及其哲学. 北京：商务印书馆，11

次，科学技术、文学艺术属于中间层次"①。陈华文在《文化学概论新编》中指出，文化构成的形态有物质文化、行为文化、制度文化、精神文化。②赵文广在《论民族文化资源开发与保护》一文中将民族文化分为物质文化层、行为文化层、精神文化层、制度文化层四个方面。③刘守华等认为，文化分为物质文化、制度文化、行为文化和精神文化。物质文化处于文化结构的表层，制度文化和行为文化居于文化结构的中层，精神文化潜沉于文化结构的里层。④陈建宪在《文化学教程》中主张将文化分为物质文化、精神文化、制度文化与行为文化、信息文化四大部类。陈建宪尤其提到了信息文化，认为贯穿文化系统表里的是信息文化，如语言、文字、姿势及其他信息符号，它们是人类用来创造、保存、积累和传播文化的媒介。⑤郭齐勇的《文化学概论》将文化系统从外层到内核分为物质文化系统、社会关系系统、风俗习惯与艺术文化系统和精神文化系统。⑥冯天瑜提出物质文化层（由人类加工自然创制的各种器物，即"物化的知识力量"构成）、制度文化层（由人类在社会实践中组建的各种社会规范构成）、行为文化层（由人类社会实践，尤其是人际交往中约定俗成的习惯性定势构成）、心态文化层（由人类在社会实践和意识活动中长期孕育出来的价值观念、审美情趣、思维方式等主体因素构成，这是文化的核心部分，大体相当于"精神文化"或"社会意识"这类概念）的分类观点。⑦

　　从以上中外古今学者对文化的层次、结构、分类等多个方面进行的全面解析，可以发现，文化内部相互之间都有连带及密切的关系，从不同的角度可以进行不同的分类。有的学者将文化分为两个方面，即物质文化、精神文化；或显性文化、隐性文化；或主文化、亚文化。有的学者将其分为三个方面，即物质生活文化、社会生活文化、精神生活文化；或主文化、亚文化、反文化。有的学者将其分为四个方面，即物质文化、行为文化、制度文化、精神文化；或科技、规范、语言、价值；或物质文化、精神文化、语言、社会组织。还有的学者将其分为五个方面，即物质文化、行为文化、制度文化、精神文化、信息文化；或物质文化、行为文化、制度文化、精神文化、活动文化；或物质文化、行为文化、制度文化、道德及精神状况、更高层次的精神文化等。此外，如前文所述，日本学者水野祐则将文化分为10个方面，英国历史学家汤因比将文化分为26个方面，默多克将文化

---

① 张岱年. 1988. 文化与哲学. 北京：教育科学出版社，82
② 陈华文. 2009. 文化学概论新编. 北京：首都经济贸易大学出版社，21-23
③ 赵文广. 2007. 论民族文化资源开发与保护. 中共贵州省委党校学报，(2)：93-95
④ 刘守华，周光庆，王绍玺，等. 1992. 文化学通论. 北京：高等教育出版社，40
⑤ 陈建宪. 2004. 文化学教程. 武汉：华中师范大学出版社，17
⑥ 郭齐勇. 1990. 文化学概论. 武汉：湖北人民出版社，230
⑦ 冯天瑜. 1988. 关于"文化"与"文化史"的思考. 湖北大学学报（哲学社会科学版），(5)：1-9

分为 46 个方面。

按照科学性、本真性、适用性、全面性的分类原则，并结合我国民族文化的具体情况，本书按照物质文化、行为文化、制度文化、精神文化四个方面进行分类，其中物质文化作为文化的表层，表达人与自然界的关系；行为文化和制度文化作为文化的中层，表达人与社会的接触而规范人的行为、构建社会的秩序；精神文化作为文化的内核，表达人的自我意识和情感需求，四者构成了文化这一整体。

三、文化分类原则在民族文化资源分类中的运用

（一）物质文化内涵及特点

物质文化又称器物文化，由物化的知识力量构成，是人们物质生产活动方式和产品的总和，是可触知的具有物质实体的文化事物，是人类在满足自我生存需要并改造自然、战胜自然的过程之中创造的文化形态。[①]物质文化包括生产工具、生活工具等诸多要素和内容，包括动物养殖和植物种植以及加工工具的形态、衣饰的材料及其加工与制作、饮食、建筑、交通工具等可以感知的形态和内容。这类文化是文化中最基础的部分，是文化中最活跃而又变动不居的因素。马林诺夫斯基认为，"人因为要生活，永远地在改变他的四周。在所有和外界重要接触的交点上，他创造器具，构成一个人工的环境"[②]。

物质文化有如下特点。

1. 物质文化反映生产力水平

在漫长的历史发展过程中，人类一直都在运用所在区域的自然环境、自然资源来为自身的生存服务。例如，在改造自然的过程中，人类为了获取衣、食、住、行这些必需的生存资料，就要在一定的生产关系中使用和创造生产工具，同自然界作斗争，创造出社会需要的物质财富，并随着社会生产力发展水平的变化而使物质财富不断丰富。例如，人们非常重视的建筑，俗语说"安居乐业"，先要安居才能乐业。在武陵山区，最早的住房主要是山洞，反映出人类原始的生存状态；之后用木头搭建，反映出住房得到了改善，但非常潮湿；此后相当长的一个阶段，人们搭建起了干栏式的建筑，既可以防潮，也有利于保证安全；现阶段，许多人家盖起了砖木结构的住房，更加坚固、结实。由此可以看出，每个时期的物质文

---

① 陈华文. 2009. 文化学概论新编. 北京：首都经济贸易大学出版社，21
② [英]马林诺夫斯基. 1987. 文化论. 费孝通，等，译. 北京：中国民间文艺出版社，4

化水平反映了当时人与自然的物质变换关系，表现为一定的社会生产力的发展水平，是当时劳动者的工艺技术与劳动工具的结合。因此，可以这样说，每个时期的物质文化都代表了当时社会的发展状况。

2. 物质文化具有时代性

随着时代的变化，生产力发展水平的提高，经济基础、工艺水平、劳动技术也会随之发生变化。随着人们的生活水平不断提高，居住条件不断改善，穿着打扮从为了御寒到注重美化，饮食结构发生了变化，交通、运输工具不断改进，衣、食、住、行及使用的物品不断发生变化，这些无不打上了时代烙印，具有浓郁的时代气息。

3. 物质文化具有民族性

物质文化是特定民族在认识自然、改造自然的过程中逐渐形成并发展起来的，它与各个民族所在区域的天地系统、人文系统有着密不可分的联系。各个民族所处的天地系统不同，其生产方式、生活方式也不一样，所表现出来的民族心态乃至民族性格特征自然也就不一样。比如，游牧民族生活在广袤的草原上，逐水草而居，随气候、环境辗转迁徙，形成了一种慷慨豪爽的民族心态；经商的民族与外界交往频繁，在经济活动中富于理智和进取精神，生活节奏较快，使得他们对美食、服饰等较为随意，其物质文化中时时处处体现出一种自由的个性；农耕民族主要依赖土地，围绕土地定居，其衣、食、住、行诸方面的生活情趣均与自然相联系，连节日也大多是与二十四节气相关的、与农业生产相联系的。各个民族生活在不同的天地系统之中，过着不同的生活，创造出来的物质文化自然也不一样。

4. 物质文化隐含制度文化

生产力的水平制约着物质文化的各个方面，特别是当生产力水平较低，人们创造出来的物质产品还不能完全满足人们的需要时，就需要通过各种社会关系、社会制度来进行分配，实现社会的稳定与和谐。在传统的农业宗法社会里，由各种社会关系衍生出来的阶层差别，就明确限定了人们的衣、食、住、行等方面的规制和等级。例如，住房方面，帝王的宫廷豪华富丽，达官贵人的府邸门高院深，而平民百姓的茅舍常是夏不蔽风雨，冬不御严寒，贫富悬殊。又如，服饰方面，中国封建社会官员的级别不同，其服饰的颜色、形制、质地也有明显差别。再如，饮食方面，存在"朱门酒肉臭，路有冻死骨"的现象。这些均表明物质文化受到了制度文化的影响。

5. 物质文化隐含精神文化

物质文化中往往凝聚着人们对天地系统的认识，从而形成了某个民族或某些民族的自然崇拜和一些固有观念。比如，中国古代的建筑物在构造上常常是有主有从、有正有偏，楼阁亭榭相互连接，多用围墙将大大小小的建筑物圈起来，形成独立、封闭的空间，使之与外界隔绝，体现出封建制度的保守性。又如，有些民族赋予某些自然物特殊的内涵，并对其进行崇拜，出现了神山、神树、神水、神物，以及在自家堂屋设立神龛等情况。这可以充分体现出精神文化的强大作用。

（二）行为文化内涵及特点

行为文化主要通过人类在社会实践中尤其是在人际交往中以约定俗成方式构成的行为规范——风俗习惯来体现[①]，包括人们的交往、生产、生活、婚姻、丧葬等方面。它虽然不是以文字的形式记录的，却是每一个生活在其中的人必须习得的知识和传统。没有这种知识与传统，人们不仅不能适应其所在地区、所在族群的生活，更不能融入该地区和族群的生活，也不能被该地区和族群的文化所接受。当然，不同区域、不同民族的人的行为方式是有差异的，甚至在不同时期，同一民族的某些行为方式也是相差很大的。一般来说，人的行为除了会受到来自外界的种种有形的、物质的、他律的、带有强制性的规范的制约外，还会受到种种无形的、非物质的、自律的和不带任何强制性的内在良知（比如，道德观念、价值观念、审美观念）的制约。

行为文化有如下特点。

1. 行为文化具有时代性

随着时代的变迁及思想观念的变化，人们在社会交际中的行为关系也会随之发生变化。在原始社会，由于生产力水平十分低下，社会物质财富极为匮乏，人们只有联合起来依靠集体的智慧和力量，共同与恶劣的自然条件作斗争，才能够保证自己的生存。因而，原始社会，人们多是因血缘、姻亲聚族而居，共同劳动、共同生活的，相互间的交往关系也是平等、自由的。到了封建专制社会，封建的神权、君权、族权、夫权等伦理纲常将社会成员按职位、血缘辈分、年龄分成尊卑、长幼等若干森严的等级，人们在社会交往中必须严格遵守封建的伦理道德规范，这时候的交往关系就变成了上下关系、等级关系，形成了"君为臣纲、父为子纲、夫为妻纲"的"三纲"和"仁义礼智信"的"五常"，以维护社会的伦理道德、政治制度。今天，人们的行为文化则受到法律、道德的约束。在不同的时代，

---

① 刘守华，周光庆，王绍玺，等. 1992. 文化学通论. 北京：高等教育出版社，44-45

行为文化体现了不同的行为规范。

2. 行为文化具有民族性

不同的民族具有不同的行为方式和行为文化。一方面，同样的行为方式在不同的民族文化中具有不同的内容。例如，中国人见面打招呼常会说"你吃了吗？"，西方人见面则多谈论天气。同样是对人表示尊敬、亲热和友好，各民族表现出来的行为方式却不同，东方民族多用握手或微笑点头表示，西方民族则以拥抱或亲吻表示。同样是摇头，有的民族习惯用摇头表示"否"，而有的民族习惯用摇头表示"是"。另一方面，同样的内容在不同的民族文化中具有不同的行为表现。在我国古代，各个民族制作衣服的材料也不相同，东北鄂伦春族用桦树皮制作，也有用狍皮来制作的，赫哲族用鱼皮来制作，海南省保亭黎族苗族自治县的黎族则用树皮布来制作。

3. 行为文化具有传统性

人们的行为方式受到时代的传统观念、精神文化的影响。例如，在渝东南，孕妇生产有很多习俗，这些习俗大多是通过行为文化表现出来的。例如，有一种习俗称为"踩生"或"逢生"。婴儿出生后，全家人对生产的消息不在周边声张，并准备好烟、茶、糯米甜酒，等待第一个不请自到的客人，客人进门后就会受到款待，客人也要说一些诸如"大福大贵""长命富贵"之类的祝福语，到孩子满月时又被邀请吃满月酒。当地人认为踩生人的品行、智慧、财运、性情会影响到这孩子的将来，预示着这孩子的未来。与踩生相对应的是"守生"习俗。如果遇到产妇准备生孩子，家中有客人来访时，主人就会留住客人，等到婴儿出生以后才让客人离开，称为"守生"。留住客人的目的是不让来客告诉别人这家有人在生孩子，以免增加产妇生子的痛苦和难堪。[①]还有的地方，主人家一旦要生小孩，就会在自家房屋上挂上衣物，表明不被打扰。当然，到了现阶段，大多是产妇到医院生产，但一些习俗仍然被保留了下来。

（三）制度文化内涵及特点

制度文化是指通过规范的习惯或文字文本形式固定下来的，作为人们生产、生活典范的文化成果。[②]以文字规范形式出现的文化是制度文化的重要组成部分。此外，还有一些民间习惯性规定的制度文化。制度文化具有很强的层次性，国家

---

① 陈彤，范才成. 2015. 重庆市少数民族生命之礼. 重庆：西南师范大学出版社，7
② 陈华文. 2009. 文化学概论新编. 北京：首都经济贸易大学出版社，22-23

层面的法律制度适用于全体国民，区域层面的法律制度适用于所在区域或团体成员。适用范围、适用人群有着很大差异的法律、制度、规章、条例，在很大程度上规范着不同群体的生产和生活，保证人们通过彼此可以接受的方式进行交往、沟通，并以有序的形态使群体或社会和谐地存续与运行。马林诺夫斯基特别强调了社会制度在整个文化中的重要地位，提出要以社会制度作为文化的真正要素。"文化的真正要素有它相当的永久性、普遍性及独立性，是人类活动有组织的体系，就是我们所谓的社会制度……在这定义下的社会制度，是构成文化的真正组成部分。"①

制度文化有如下特点。

1. 制度文化具有权威性

人们在参与社会活动的过程中，为了调节人与人之间的各种关系，逐渐形成了一系列要求所有社会成员必须共同遵守的办事规程和行动准则，这就是制度，如政治、经济、文化、教育、军事、法律、婚姻等制度，包括实施这些制度的各种具有物质载体的机构设施，以及个体对社会事务的参与形式，都属于制度文化的范畴。例如，贵州榕江县苗族有"栽岩"习俗（也叫"埋岩"，就是将一块长方形的石条埋入泥中，一半露出地面）以进行公众议事和"立法"活动。再如，"盗窃岩""财礼岩"等，实际上就是对盗窃犯罪案件处理后的备忘碑和商定婚姻财礼数目的纪念碑。苗族过去没有文字，所以只能立无文字的石头，但实际上它和刻有法律内容的石碑的作用是一样的，当地人们了解当时立碑的目的和实情，谙熟立碑的内容，并以此规范自己的行为，这些制度都是人的主观意识创造的，制度一旦确定后，便带有一种主观性，并强制人们来服从它，因此制度文化成为文化系统中最具权威性的因素，它规定着文化的性质。②

2. 制度文化具有时代性

每个时代形成的制度都是这个时代社会生产力、行为方式、精神追求的体现。例如，在中国封建社会，由于长期受封建传统文化的熏陶，知识分子一般以"修身、齐家、治国、平天下"为目标，以"穷则独善其身，达则兼济天下"为准则；官员强调"为天下理财，为百姓造福，为地方保安，为子孙垂范"；普通百姓除希望皇帝圣明、官员清廉和天下太平外，对政治的态度历来比较冷漠，体现出的是一种臣民型的封建主义的政治文化，这就从制度上规定了知识分子、官员、普通

---

① [英]马凌诺斯基. 2002. 文化论. 费孝通，译. 北京：华夏出版社，19-20. 因音译不同，本书对"马凌诺斯基""马林诺夫斯基"不做统一

② 刘守华，周光庆，王绍玺，等. 1992. 文化学通论. 北京：高等教育出版社，43

百姓的行为规范和道德标准。例如，重庆酉阳土家族苗族自治县的《冉氏家谱·家规》共十三条，内容丰富，涵盖了个人修养、家庭、邻里、社会等多个方面，对当地的冉氏后人有较强的约束力和影响力。家谱中的家规内容体现了当时酉州直隶府的社会经济和社会关系。比如，第一条"孝顺父母"、第二条"尊敬长上"、第三条"友于兄弟"至今仍有一定的影响力。然而，随着社会的发展，许多家规的内容失去了意义，失去了存在的价值。比如，第七条"禁止争讼"、第十一条"致谨坟墓"①等则随着时代的变化而失去了意义。

3. 制度文化隐含精神文化

一定的制度文化是以一定的社会理论基础为指导，从而为统治阶级服务的。政治法律制度就是统治阶级以一定的思想观念为指导，为维护占统治地位的经济关系而自觉建立的。例如，中国唐宋以后对民族地区实行的土司制度，是在总结宋代羁縻制度的基础上发展而来的。宋朝的羁縻制度是一种松散的统治制度，各羁縻州与宋王朝实际上是一种若即若离的关系。宋王朝统治力量强大时，各羁縻州酋长愿意服从宋王朝的统治。到宋王朝衰微、统治力量削弱时，各羁縻州酋长开始不服从宋王朝的控制，而宋、元交替之际的土司制度就把过去松散的统治变为严格的控制，在承袭、纳贡、征调等政策方面，土司制度均有严格的规定。这样一项制度延续了数百年，直到清朝改土归流后才废止。土司制度既体现了中央政府"大一统"的思想，又给予了地方一些自主权，加强了对民族地方的控制，促进了民族地区的发展。因此，从某种程度而言，制度文化反映了国家对民族地区的管理思想和管理方式。

（四）精神文化内涵及特点

精神文化由人类在社会实践和意识活动中长期育化出来的价值观念、思维方式、道德情操、审美趣味、宗教感情、民族性格等构成，是文化的核心部分。②精神文化是一种看不见、摸不着的东西，它一方面通过人类所有的文化进行表达，另一方面通过一些特殊的文化形态来展示人类不同于其他动物的观念、意识、信仰、心理等需求，如宗教信仰层面、价值观念层面、文学艺术层面、语言文字层面、健身娱乐层面等。精神文化是文化的灵魂和中枢，决定了一个国家、一个地区、一个民族的特色和差异，决定了一个国家、一个地区、一个民族的文化的发展方向，决定了人们的生活方式、道德伦理、价值观念、审美习惯和思维方式，

---

① 转引自：杨如安. 2015. 民族文化传承研究文集. 重庆：西南师范大学出版社，9
② 刘守华，周光庆，王绍玺，等. 1992. 文化学通论. 北京：高等教育出版社，46-47

决定和支配着其他文化的存在。因此，马林诺夫斯基认为，精神文化包括种种知识，道德上、精神上及经济上的价值体系，社会组织的方式，以及语言，这些我们可以总称为精神方面的文化。[①]

精神文化有如下特点。

1. 精神文化具有内在性

精神文化也称"心态文化""社会意识"，它所反映的是人与自身的关系，即人的内心世界。它不是一般的愿望、风尚、情感、兴趣爱好，而是凝练成为信仰、观念、思想的理性体系。这种思想体系一般可分为社会心理和社会意识形态两个层次。社会心理是指尚未经过理论加工和艺术升华的流行的大众心态或者社会思潮，如人们日常的愿望、要求、感觉、知觉、想象、情绪、风尚等道德面貌和精神状态，它是社会存在通向社会意识形态的桥梁。例如，在西南民族地区，由于自然环境的原因，人们形成了对大自然的崇拜、敬畏的社会心理。社会意识形态是指社会心理经过系统的理论整理或艺术升华，在深刻地反映社会存在的同时，以物化的形态（如文学、音乐、绘画、雕塑、节日、书籍、制度等）固定了下来，并能向他人、后世、世界传播，这个时候的社会意识是人们可以看得见、摸得着了的，逐渐在人们的内心深处固定下来了，逐渐成为激励人们发展、奋斗、拼搏、向上、进取的精神财富和强大的精神动力。

2. 精神文化具有层次性

精神文化隐藏于人的内心深处，对人产生了巨大的影响力和推动力，有的影响力和推动力是一时的、短暂的、表面的、基层的，而有的影响力和推动力则是长远的、一生的、深层的、高层的。短暂的意识形态主要指一些政治理论、法权观念、道德伦理学说等，它是经济基础、社会风俗的集中体现。长远的意识形态主要指科学、文学、艺术、美学、宗教、哲学等，它具有相对的独立性和稳定性，是更高层次的、远离物质经济基础的意识形态。尽管长远的意识形态与社会存在本身的物质存在条件的联系不太明显，但这种联系是客观存在的，只不过社会存在对长远的意识形态的作用，是通过社会心理和短暂的意识形态这些中间介质来实现的，而短暂的意识形态则需要经过实践检验才能被证明。

3. 精神文化具有时代性

唯物辩证法认为，社会存在决定社会意识，各种社会意识也同样体现着当时社会文化心理的一般状况。任何一种民族文化的形成、发展、成熟都是在一定的

---

① [英]马林诺夫斯基.1987. 文化论. 费孝通，等，译. 北京：中国民间文艺出版社，5

社会历史阶段进行的，并以时间作为其基本的存在形式。民族文化的存在是时代性的，文化的创造是时代性的，文化的传承和淘汰也取决于时代。例如，民族地区的文学艺术，特定时代的人们的愿望、要求、理想以及审美趣味等文化心理要素的特点，都是直接通过生动的感性观照等形式体现出来的，特定时期的社会精神状况决定着文学艺术作品表现的内容、思想情感和艺术风格，不同时代的文学艺术作品无不打上了时代的烙印。

4. 精神文化具有民族性

一个民族群体及其文化在发展中自然而然地要形成自己本民族的文化传统，也就必然要使自己群体的文化具有本民族文化的特征。随着时代的变迁，要使本民族群体的文化更好地得到发展，就应当自觉地把本民族优秀的传统文化和社会现实要求有机结合起来，确保本民族的文化不脱离时代、不脱离群众。由于各个民族生活在不同的自然环境中，受到不同天地系统的影响，其文化心理自然不同，不同民族的精神文化自然具有不同的特点，这种特点又是以语言符号系统的形式从观念形态的文化中体现出来的。例如，同样是表现生活的音乐和舞蹈，由于各民族的生活环境、文化水平、生活节奏、欣赏习惯、欣赏能力等方面的差异，其体现出来的审美趣味也就不同。

5. 精神文化隐含制度文化

制度文化是人类为了自身生存、社会发展的需要而主动创造出来的有组织的规范体系，它在协调个人与群体、群体与社会的关系，保证社会的凝聚力、向心力方面起着非常重要的作用。制度文化作为精神文化的产物和物质文化的工具，一方面构成了人类行为的习惯和规范，另一方面制约或主导了精神文化与物质文化的变迁。因此，在一定时期的精神文化中，制度文化占有较高比例，许多精神文化需要通过制度文化得以落实。我国民族地区通过制度的制定、实施、惩处、奖励，让民众共同参与，使民众享受到制度带来的益处，对违背制度者给予一定的惩戒，对所有民众形成震慑和教育，使人们自觉遵守并将其转化为一种内在意识，逐步把制度文化上升为精神文化，成为一种自觉行动。

（五）各层级之间的关系

从文化系统形成、发展的过程来看，人类在积极开展生命活动的过程中，首先是与自然发生物质变换的关系，创造出物质文化，并在这一过程中形成社会；其次又与社会发生行为转化的关系，创造出制度文化和行为文化，并在这两个过程中形成自我意识；最后又与自我意识发生交换的关系，创造出精神文化，并使之与物质文化、制度文化、行为文化相互作用、相互结合，构成文化这一有机整体。从文化之间的交流、接触过程而言，首先容易发现的是物质文化，之后才是制度文化和行为文化，随着交流的深入和接触的增多，各自的精神文化才能够被逐渐认识到。文化之间的交流过程启示人们，物质文化因为处于文化系统的表层，因而最为活跃、最易交流；制度文化和行为文化因为居于文化系统的中层，是最权威的要素，因而稳定性强、不易交流；精神文化是文化系统的核心，规定着文化发展的方向，因而最为保守，较难交流和改变。物质文化、制度文化、行为文化和精神文化诸层次虽各有重点，但在特定的结构-功能系统中融为一个有机整体，这个有机整体的各层次之间既有联系又有区别。文化结构的诸层次在发展、变化过程中，由外部到中层再到内核呈逐步深入的趋向，同时又相互依存、相互渗透、相互制约、相互推动，构成一个完整的有机整体。正如郭齐勇所说，文化结构由外层到内核是由"器"（物质体系）而"象"（符号体系，如语言、风俗、艺术体系），由"象"而"道"（制度结构和价值体系）的过程；也可以说是由"物"（物质人生）而"人"（社会人生），由"人"而"心"（精神人生）的过程。在这里，重要的是文化的创造者、文化的主体——人。文化结构的层次性反映了人自身在文化创造和变化过程中不断升华的阶段性。[①]

第三节 民族文化资源的具体分类

民族文化资源分类以民族文化的四个层次为一级指标，以一级指标所含类别为二级指标，以二级指标下的具体项目为三级指标，以全国民族文化的具体项目作为例证。这种分类标准是集中了中外文化分类标准后并根据我国民族文化的具体实际进行规定的。其中，一级指标主要包括物质文化（包括 10 个二级指标、55 个三级指标，详见表 2-1）、行为文化（包括 11 个二级指标、27 个三级指标，详见表 2-2）、制度文化（包括 6 个二级指标、6 个三级指标，详见表 2-3）、精神文化（包括 6 个二级指标、15 个三级指标，详见表 2-4）四个方面。

---

① 郭齐勇.1990.文化学概论.武汉：湖北人民出版社，231

表 2-1　物质文化

指标分类				例证
一级指标	二级指标	三级指标		民族文化举例
物质文化	（一）生产工具	1	农具类	（省）那桐农具　（广西隆安县） 灌阳农具　（广西灌阳县） 点葫芦　（内蒙古、辽宁） 弯棍　（云南）
		2	耕具类	穰耙　（辽宁） 犁头　（广西柳州市） 耒耜　（四川）
		3	刀具类	（省）阿昌刀　（云南陇川县） （省）喜德彝族叶形双耳腰刀　（四川喜德县） （省）拉孜县藏刀　（西藏拉孜县） （省）错那县卡达藏刀　（西藏错那县） （省）波密易贡藏刀　（西藏波密县） （省）达斡尔猎刀　（内蒙古莫力达瓦达斡尔族自治旗） （省）玉树安冲藏腰刀　（青海玉树藏族自治州） （省）后安刀　（海南万宁市） （省）保安族腰刀　（甘肃积石山县） （省）王氏镰刀　（甘肃古浪县） （省）维吾尔族传统小刀　（新疆英吉沙县、沙雅县） （省）石南小刀　（广西兴业县） （省）平南三利小刀　（广西平南县）
		4	磨具类	Ⅷ-47 拉萨甲米水磨坊　（西藏） 水磨（水磨古镇为 5A 级景区）　（四川汶川县）
		5	渔具类	（省）赫哲族传统渔具　（黑龙江省）
		6	猎具类	（省）米林工布毕秀　（西藏米林县） （省）蒙古族弩　（新疆博尔塔拉蒙古自治州） （省）苗族射弩　（贵州织金县、普定县，云南大关县） （省）锡伯族弓箭　（新疆察布查尔县） （省）蒙古族传统牛角弓　（内蒙古呼和浩特市） （省）东辽弓箭　（吉林东辽县）
	（二）生活工具	1	炊具类	（省）墨脱石锅　（西藏墨脱县） （省）达布石锅　（西藏桑日县） （省）鼎罐（广西凤山县） （省）仫佬族煤砂罐（广西罗城县） （省）壮族夹砂陶（广西靖西县） （省）朝鲜族石锅（吉林和龙市）
		2	餐具类	（省）木碗　（云南香格里拉市） （省）吉隆县吉隆镇木碗　（西藏吉隆县） （省）察隅木碗　（西藏察隅县） （省）加查木碗　（西藏加查县） （省）来凤漆筷　（湖北来凤县） （省）藏族民间车模　（四川得荣县） （省）维吾尔族木质器具　（新疆阿克苏市、特克斯县） （省）藏式竹制茶具　（四川木里县） （省）藏式木制茶具　（四川木里县） （省）藏式烧制茶具　（四川木里县）

续表

指标分类			例证
一级指标	二级指标	三级指标	民族文化举例
物质文化	（二）生活工具	3 卧具类	Ⅷ-26 白族扎染技艺 （云南大理市） （省）西兰卡普 （湖北来凤县、重庆黔江区、酉阳县） （省）黎族传统纺染织绣（含麻纺织、缬染、双面绣、龙被织造） （海南陵水县、乐东县、白沙县等）
		4 量具类	（省）松溉熊氏杆秤 （重庆永川区）
		5 雨具类	（省）苗族马尾斗笠 （贵州凯里市） （省）东坡笠 （海南琼海市） （省）手工制作纸伞 （云南龙陵县） （省）宾阳油纸伞 （广西宾阳县）
		6 用具类	（省）海南黄花梨家具 （海南海口市） （省）黎族独木家具 （海南保亭县） （省）藏族牛羊毛手工编织品 （四川色达县） （省）拉祜族竹编 （云南澜沧县） （省）凉山彝族毛纺织及擀制品 （四川昭觉县） （省）纳西族传统纺麻品 （云南香格里拉市） （省）布朗族传统纺织品 （云南双江县） （省）维吾尔族帕拉孜纺织 （新疆拜城县） （省）长白山木瓢 （吉林白山市） （省）维吾尔族地毯 （新疆洛浦县） （省）准格尔地毯 （内蒙古准格尔旗） （省）加牙藏族织毯 （青海湟中县） （省）天水丝毯 （甘肃天水市） （省）民勤毛毡 （甘肃民勤县） （省）山南杰德秀围裙 （西藏山南市） （省）柯坪维吾尔族库休克（木勺） （新疆柯坪县） （省）清水河瓷 （内蒙古清水河县） （省）民间绣活（土家族苗族绣花鞋垫） （湖北咸丰县、宣恩县） （省）藏香 （四川壤塘县） （省）沉香造香 （海南屯昌县） （省）尼木吞巴藏香 （西藏尼木县） （省）直孔藏香 （西藏墨竹工卡县） （省）德勒勉崇藏香 （西藏日喀则市） （省）庆阳香包 （甘肃庆阳市） （省）傣族手工造纸 （云南临沧市、孟连县） （省）纳西族东巴造纸 （云南香格里拉市） （省）白族传统手工造纸 （云南鹤庆县） （省）土法造纸 （贵州长顺县、惠水县、盘州市、三穗县） （省）尼木县藏纸 （西藏尼木县） （省）金东藏纸 （西藏朗县）
		7 娱乐类	（省）苗族芦笙 （贵州雷山县、云南大关县） （省）拉祜族葫芦笙 （云南澜沧县） （省）傈僳族葫芦笙 （四川德昌县） （省）侗族芦笙 （湖南通道县） （省）玉屏箫笛 （贵州玉屏县） （省）茂县羌笛 （四川茂县） （省）藏族鹰笛 （西藏）

指标分类			例证
一级指标	二级指标	三级指标	民族文化举例
物质文化	（二）生活工具 7	娱乐类	（省）安多鹰笛（西藏安多县） （省）苗族三眼箫（贵州织金县、六枝特区） （省）朝鲜族洞箫（黑龙江宁安市，吉林珲春市、延吉市） （省）南月琴（云南南华县） （省）腾冲扬琴（云南腾冲市） （省）扎念琴（西藏拉孜县） （省）蒙古族马头琴（内蒙古） （省）侗族牛腿琴（贵州从江县） （省）鄂伦春族口弦琴（黑龙江黑河市） （省）朝鲜族伽耶琴（黑龙江牡丹江市、吉林前郭尔罗斯县） （省）朝鲜族奚琴（吉林延吉市） （省）赵家传统古筝（吉林长春市） （省）口弦（四川北川县、布拖县） （省）回族口弦（宁夏西吉县、同心县） （省）羌族羊皮鼓（四川茂县） （省）傣族象脚鼓（云南临沧市临翔区） （省）雪拉鼓（西藏尼木县） （省）岫岩东北大鼓（辽宁岫岩县） （省）玉溪竹乐器（云南玉溪市） （省）南坪土琵琶（四川九寨沟县） （省）椰胡（海南琼海市） （省）阿拉其热瓦甫（新疆且末县） （省）刀郎热瓦甫（新疆阿瓦提县） （省）哈萨克族冬不拉（新疆伊犁州） （省）西藏拉萨风筝（西藏） （省）唢呐（甘肃庆阳市、民勤县） （省）大号唢呐（四川会理市） （省）云州唢呐（云南云县） （省）瑶山秋千（浙江淳安县） （省）蒙古族呼麦（内蒙古） （省）侗族大歌（贵州黎平县、从江县、榕江县，湖南通道县）
	（三）衣饰 1	服装类	X-65 昌宁苗族服饰（云南保山市） X-66 回族服饰（宁夏） X-67 瑶族服饰（广西南丹县、贺州市） X-108 蒙古族服饰（内蒙古、甘肃肃北县、新疆博湖县） X-109 朝鲜族服饰（吉林延边州） X-110 畲族服饰（福建罗源县） X-111 黎族服饰（海南） X-112 珞巴族服饰（西藏隆子县、米林县） X-113 藏族服饰（西藏措美县、普兰县、安多县，青海玉树州等） X-114 裕固族服饰（甘肃肃南县） X-115 土族服饰（青海互助县） X-116 撒拉族服饰（青海循化县） X-117 维吾尔族服饰（新疆于田县） X-118 哈萨克族服饰（新疆伊犁州） X-144 塔吉克族服饰（新疆塔什库尔干县） X-154 达斡尔族服饰（内蒙古呼伦贝尔市）

续表

指标分类			例证
一级指标	二级指标	三级指标	民族文化举例
物质文化	（三）衣饰	1 服装类	Ⅹ-155 鄂温克族服饰 （内蒙古陈巴尔虎旗） Ⅹ-156 彝族服饰 （四川昭觉县、云南省楚雄州） Ⅹ-157 布依族服饰 （贵州） Ⅹ-158 侗族服饰 （贵州黔东南州） Ⅹ-159 柯尔克孜族服饰 （新疆乌恰县） （省）鄂伦春族兽皮 （黑龙江黑河市、大兴安岭地区）
		2 头饰类	Ⅷ-26 白族扎染技艺 （云南大理市） （省）高坡苗族银饰 （贵州贵阳市） （省）凉山彝族银饰 （四川布拖县）
		3 鞋帽类	Ⅷ-114 维吾尔族卡拉库尔胎羔皮帽 （新疆沙雅县） （省）维吾尔族花帽 （新疆阿图什市） （省）柯尔克孜族白毡帽 （新疆阿克陶县） （省）戏剧头帽 （甘肃宁县） （省）藏靴 （西藏拉萨市） （省）维吾尔族乔鲁克（靴） （新疆叶城县） （省）俄罗斯族鞋靴 （新疆塔城市） （省）蒙古族香牛皮靴 （内蒙古呼和浩特市） （省）拉加藏靴 （青海果洛州）
		4 配饰类	（省）康巴藏族服装配饰 （四川甘孜州） （省）传统制作西兰卡普 （重庆酉阳县、黔江区，湖北来凤县） （省）夏河金属饰品 （甘肃夏河县）
		5 布类	（省）麻布制作 （四川汶川县） （省）傈僳族火草织布 （四川德昌县） （省）米林珞巴织布 （西藏米林县） （省）维吾尔族模戳印花布 （新疆英吉沙县） （省）维吾尔族驼毛切克曼布 （新疆叶城县） （省）仫佬族土布 （广西罗城县） （省）苗族亮布 （广西融水县） （省）黎族树皮布 （海南保亭县） （省）畲族苎布 （福建福州市） （省）蓝印花布 （湖南凤凰县） （省）岷县传统织麻布 （甘肃岷县） （省）裕固族织褐子 （甘肃肃南县） （省）苗族蜡染 （贵州、云南文山州） （省）白族布扎 （云南剑川县） （省）瑶族蓝靛 （云南丘北县）
	（四）饮食	1 谷物类食品	（省）布依族糯食 （贵州望谟县、贵定县） （省）过桥米线 （云南蒙自市） （省）饵块手工制作 （四川会理市） （省）全州红油米粉 （广西全州县） （省）南宁生榨米粉 （广西南宁市） （省）桄榔粉 （广西龙州县） （省）壮族五色糯米饭 （广西南宁市武鸣区） （省）朝鲜族冬至红豆粥 （吉林延吉市） （省）扶绥壮族酸粥 （广西扶绥县） （省）横县大粽 （广西横州市）

指标分类			例证
一级指标	二级指标	三级指标	民族文化举例
物质文化	（四）饮食	1 谷物类食品	（省）灵山大粽 （广西灵山县） （省）郁山擀酥饼 （重庆彭水县） （省）古荣糌粑 （西藏拉萨市堆龙德庆区） （省）"玛散"糌粑干粮 （西藏） （省）芒康加加面 （西藏昌都市） （省）畲族乌饭 （福建福安市） （省）丽江粑粑 （云南丽江市） （省）维吾尔族恰皮塔(薄馕) （新疆柯坪县） （省）麦香村烧卖 （内蒙古呼和浩特市） （省）马家烧卖 （辽宁沈阳市） （省）莜面饮食 （内蒙古武川县） （省）中宁蒿子面 （宁夏中宁县） （省）秋林大面包（大列巴） （黑龙江哈尔滨市） （省）杨麻子大饼 （吉林长春市、白城市） （省）延边朝鲜族冷面 （吉林延边州） （省）朝鲜族米肠 （吉林图们市） （省）朝鲜族打糕 （吉林汪清县） （省）蒙古族馅饼 （吉林前郭尔罗斯县）
		2 杂粮类食品	（省）濯水绿豆粉 （重庆黔江区） （省）日喀则"朋必"凉粉 （西藏日喀则市） （省）喇嘛庙月饼 （内蒙古多伦县） （省）马营传统豌豆手工粉条 （青海民和县） （省）长安芙蓉酥 （广西融安县） （省）京族风吹饼 （广西东兴市） （省）都安旱藕粉丝 （广西都安县） （省）海南粉 （海南海口市） （省）柳城云片糕 （广西柳城县） （省）杨美豆豉 （广西南宁市） （省）桂林豆腐乳 （广西桂林市临桂区） （省）郁山鸡豆花 （重庆彭水县） （省）克东腐乳 （黑龙江克东县） （省）龙岗山蜊蛄豆腐 （吉林柳河县） （省）柏杨豆干 （湖北利川市） （省）五香豆干 （湖北巴东县） （省）彭水灰豆腐 （重庆彭水县） （省）豆制品 （贵州大方县、习水县） （省）朝鲜族大酱 （吉林延边州） （省）满族盘酱 （黑龙江哈尔滨市） （省）长白山满族豆瓣酱 （吉林通化市） （省）甩湾子豆瓣酱 （吉林敦化市） （省）朝鲜族臭酱 （吉林延吉市） （省）松城酱油 （黑龙江牡丹江市） （省）妥甸酱油 （云南双柏县） （省）禄丰醋、剥隘七醋 （云南禄丰市、富宁县） （省）绥棱米醋 （黑龙江绥棱县） （省）湟源陈醋 （青海湟源县） （省）扶余老醋 （吉林松原市）

续表

指标分类			例证
一级指标	二级指标	三级指标	民族文化举例
物质文化	（四）饮食	2 杂粮类食品	（省）晒醋 （贵州赤水市） （省）蒙古族荞面食品 （吉林前郭尔罗斯县） （省）库伦荞面食品 （内蒙古呼和浩特市） （省）传统制作荞酥 （贵州威宁县） （省）朝鲜族糕饼 （吉林延吉市） （省）萨迦传统榨油 （西藏日喀则市） （省）酸汤子 （吉林白城市）
		3 果蔬类食品	（省）独山盐酸菜 （贵州独山县） （省）小万庄酱菜 （吉林敦化市） （省）长白山山野菜 （吉林靖宇县） （省）朝鲜族咸菜 （吉林前郭尔罗斯县） （省）松溉盐白菜 （重庆永川区） （省）大足冬菜酿 （重庆大足区） （省）黔江斑鸠蛋树叶绿豆腐 （重庆黔江区） （省）哈密瓜 （新疆哈密市） （省）葡萄干 （新疆吐鲁番市） （省）马记鹿茸 （吉林东丰县） （省）长白山叶裹食品 （吉林通化市） （省）长白山黑木耳 （吉林白山市） （省）雕花蜜饯 （湖南靖州县）
		4 水产类食品	（省）苗族酸汤鱼 （贵州麻江县、凯里市） （省）俊巴鱼烹饪 （西藏曲水县） （省）横县鱼宴 （广西横州市） （省）福贵铁锅鸭绿江鱼 （吉林集安市） （省）庆岭活鱼烹饪 （吉林蛟河市） （省）赫哲族鱼皮 （黑龙江省） （省）南海传统养殖珍珠 （海南陵水县）
		5 奶系列食品	（省）"拉拉"奶酪 （西藏聂荣县） （省）维吾尔族乳制品 （新疆伊犁州） （省）新疆蒙古族奶酒 （新疆布尔津县、和静县、博乐市等） （省）骆驼奶食品 （内蒙古阿拉善盟） （省）蒙古族策格（酸马奶） （内蒙古阿巴嘎旗） （省）昌都强巴林寺酥油花 （西藏昌都市） （省）康雄酥油花 （西藏仁布县） （省）塔尔寺酥油花 （青海西宁市湟中区） （省）吉隆县酥油 （西藏吉隆县）
		6 肉类食品	（省）腌制猪肉 （云南宁蒗县、元阳县） （省）陇西腊肉 （甘肃陇西县） （省）城口老腊肉 （重庆城口县） （省）诺邓火腿 （云南云龙县） （省）无量山火腿 （云南南涧县） （省）吉庆祥云腿月饼 （云南昆明市） （省）工布江达县藏香猪烹饪 （西藏工布江达县） （省）牛干巴 （云南鲁甸县、寻甸县） （省）牛马行传统牛肉饸饹 （吉林吉林市） （省）前郭尔罗斯蒙古族牛肉干 （吉林前郭尔罗斯县）

指标分类			例证
一级指标	二级指标	三级指标	民族文化举例
物质文化	（四）饮食	6 肉类食品	（省）鹿肉食品 （吉林辉南县） （省）锡伯族全羊席 （新疆） （省）石焖烤全羊 （青海贵南县） （省）维吾尔族卡瓦甫（烤全牛）（新疆策勒县） （省）新疆羊羔肉 （新疆乌鲁木齐市） （省）黄渠桥羊羔肉 （宁夏平罗县） （省）老毛手抓羊肉 （宁夏吴忠市） （省）卓资山熏鸡 （内蒙古卓资县） （省）沟帮子熏鸡 （辽宁北镇市） （省）静宁烧鸡 （甘肃静宁县） （省）梧州纸包鸡 （广西梧州市） （省）铧草鸡 （吉林敦化市） （省）文昌鸡养殖与烹调 （海南文昌市） （省）临桂回族板鸭 （广西桂林市临桂区） （省）全州醋血鸭 （广西全州县） （省）宜良烤鸭 （云南宜良县） （省）满族八大碗 （黑龙江海林市） （省）巴里坤八大碗 （新疆巴里坤县） （省）回族宴席九碗三行子 （新疆昌吉市、鄯善县） （省）满族年猪菜 （黑龙江牡丹江市） （省）满汉全席北派菜 （黑龙江） （省）满汉全席 （河北承德市） （省）仡佬族三幺台 （贵州道真县、务川县） （省）哈尔滨红肠 （黑龙江哈尔滨市） （省）太盛园白肉血肠 （吉林吉林市） （省）朝鲜族狗肉 （吉林图们市） （省）百年恒记饺子 （吉林敦化市） （省）老边饺子 （辽宁沈阳市） （省）鸡肉抄手 （重庆合川区）
		7 蛋类食品	（省）保靖松花皮蛋 （湖南保靖县） （省）五里源松花蛋 （河南修武县） （省）刘景峰蛋雕 （吉林通榆县） （市）顺昌仁寿灌蛋 （福建南平市） （市）东阳童子蛋 （浙江东阳市）
		8 饮料食品（茶）	（省）都匀毛尖茶 （贵州都匀市） （省）云雾手工贡茶 （贵州贵定县） （省）蒙山茶 （四川雅安市名山区） （省）黔江珍珠兰茶罐窨 （重庆黔江区） （省）传统制宜居乡茶 （重庆酉阳县） （省）凤冈茶 （贵州凤冈县） （省）六堡茶 （广西苍梧县） （省）古丈毛尖茶 （湖南古丈县） （省）绿茶（仙人掌茶、恩施玉露、宜恩伍家台贡茶）（湖北当阳市、恩施市、宜恩县） （省）滇红茶 （云南凤庆县） （省）传统制作普洱茶 （云南临沧市、宁洱县、西双版纳州） （省）玉林茶泡 （广西玉林市）

续表

指标分类			例证
一级 指标	二级 指标	三级指标	民族文化举例
物质 文化	（四） 饮食	8 饮料食品 （茶）	（省）南山白毛茶 （广西横州市） （省）下关沱茶 （云南大理市） （省）油茶 （贵州正安县、玉屏县） （省）油茶 （湖南城步县） （省）苗族油茶 （广西融水县） （省）灌阳瑶族油茶 （广西灌阳县） （省）恭城油茶 （广西恭城县） （省）油茶汤 （湖北咸丰县、来凤县） （省）白族三道茶 （云南大理市） （省）德昂族酸茶 （云南芒市） （省）西山虫茶 （贵州息烽县） （省）仡佬族三幺台 （贵州道真县、务川县） （省）维吾尔族保健茶 （新疆策勒县）
		9 饮料食品 （酒）	（省）传统工艺酿造茅台酒 （贵州仁怀市） （省）董酒 （贵州遵义市） （省）传统酿造北大仓酒 （黑龙江齐齐哈尔市） （省）富裕老窖酒 （黑龙江富裕县） （省）奇台古城窖酒 （新疆奇台县） （省）老泥窖酒 （黑龙江双城市） （省）大安老窖酒 （吉林白城市） （省）积德泉烧锅 （吉林长春市） （省）糜儿酒 （黑龙江牡丹江市） （省）大泉源酒 （吉林通化市） （省）酒鬼酒 （湖南湘西州） （省）老龙口白酒 （辽宁沈阳市） （省）道光廿五白酒 （辽宁锦州市） （省）桃山白酒 （辽宁法库县） （省）源升河大米酒 （黑龙江庆安县） （省）两步法玉泉酒 （黑龙江哈尔滨市） （省）德惠大曲 （吉林德惠市） （省）榆树大曲 （吉林榆树市） （省）朝鲜族马格力酒 （吉林延吉市） （省）黎族酐（biang，黎语）酒 （海南琼中县） （省）甘肃黄酒 （甘肃临夏市、庆城县） （省）大连老黄酒 （辽宁大连市） （省）鹿龟酒酿泡技艺 （海南海口市） （省）青稞酒、窖酒、杨林肥酒 （云南迪庆州、丽江市） （省）江洛康萨青稞酒 （西藏日喀则市） （省）青海传统酿造青稞酒 （青海互助县） （省）洞藏青酒 （贵州镇远县） （省）水族九阡酒 （贵州三都县、荔波县） （省）丹巴民间藏酒 （四川丹巴县） （省）彝族杆杆酒 （四川甘洛县） （省）彝族民间泡水酒 （四川峨边县） （省）龙脊水酒 （广西龙胜县） （省）摩梭人苏里马酒 （四川盐源县） （省）羌族咂酒 （四川茂县）

续表

指标分类			例证
一级指标	二级指标	三级指标	民族文化举例
物质文化	（四）饮食	9 饮料食品（酒）	（省）角弓咂杆酒 （甘肃陇南市） （省）彝族燕麦酒 （四川会东县） （省）嘉绒藏区民间酿制 （四川阿坝州） （省）"芒羌"鸡爪谷酒 （西藏日喀则市） （省）羊羔酒 （宁夏灵武市） （省）传统酿造花园酒 （黑龙江双城市） （省）鸿茅药酒 （内蒙古鸿茅药业有限责任公司） （省）蒙古族奶酒 （内蒙古东乌珠穆沁旗） （省）威远酩馏酒 （青海互助县） （省）俄罗斯族比瓦 （新疆阿勒泰地区） （省）王氏橡木酒桶 （黑龙江七台河市）
		10 饮料食品（其他）	（省）平川朱苦拉咖啡 （云南宾川县） （省）福山咖啡 （海南澄迈县） （省）芒康县盐井食盐 （西藏芒康县） （省）礼县井盐 （甘肃礼县） （省）海盐晒制 （海南儋州市） （省）土法制糖 （海南海口市） （省）王录拉板糖 甘肃正宁县 （省）青岩玫瑰糖 （贵州贵阳市） （省）核桃麻糖 （新疆策勒县、叶城县）
	（五）建筑	1 住所类	（省）重庆吊脚楼 （重庆石柱县） （省）侗族鼓楼 （贵州从江县） （省）纳西族民居 （云南丽江市） （省）藏族砌石建筑 （四川丹巴县） （省）踏板房建筑 （四川九寨沟县、北川县） （省）羌家石雕房 （四川九寨沟县、北川县、新龙县） （省）羌族碉楼 （四川汶川县、理县、茂县、松潘县、黑水县、北川县、平武县） （省）木雅石砌 （四川雅江县） （省）林芝民居 （西藏林芝市） （省）哈萨克族毡房 （新疆塔城地区） （省）柯尔克孜族毡房 （新疆乌恰县） （省）俄罗斯族民居与建筑 （新疆塔城地区） （省）蒙古包 （内蒙古西乌珠穆沁旗、陈巴尔虎旗） （省）鄂温克族柳条包 （内蒙古鄂温克旗） （省）撒拉族寺院古建筑 （青海循化县） （省）循化孟达撒拉族古篱笆楼 （青海循化县） （省）班玛藏家碉楼 （青海班玛县） （省）青海藏族黑牛毛帐篷 （青海天峻县） （省）苗族吊脚楼 （广西融水县） （省）满族传统民居 （黑龙江海林市） （省）乌拉满族民居 （吉林吉林市） （省）长白山满族木屋 （吉林通化市、白山市） （省）朝鲜族民居 （吉林延吉市） （省）黎族干栏建筑 （海南五指山市） （省）黎族船型屋 （海南东方市） （省）临夏穆斯林建筑 （甘肃临夏州） （省）永靖白塔乡古建筑 （甘肃永靖县） （省）榻板房 （甘肃迭部县）

续表

指标分类			例证
一级 指标	二级 指标	三级指标	民族文化举例
物质 文化	（五） 建筑	2　桥梁类	（省）伸臂桥　（四川新龙县） （省）木拱廊桥　（福建政和县、顺昌县） （省）侗族鼓楼花桥　（贵州黎平县） （省）赵州桥　（河北赵县）
		3　村落类	（世）皖南古村落——西递、宏村　（安徽黟县） （省）千户苗寨建筑　（贵州雷山县） （省）丙中洛乡怒族传统文化保护区　（云南贡山县） （省）糯福乡南段村拉祜族传统文化保护区　（云南澜沧县） （省）拖姑村回族文化生态保护区　（云南鲁甸县） （省）大过口乡彝族传统文化生态保护区　（云南楚雄市） （省）芒景村布朗族传统文化生态保护区　（云南澜沧县） （省）拉伯乡普米族传统文化生态保护区　（云南宁蒗县） （省）岳宋村永老寨佤族传统文化保护区　（云南西盟县）
		4　景观类	（世）红河哈尼梯田文化景观　（云南元阳县） （省）化屋苗族文化空间　（贵州黔西市）
	（六） 出行及 交通 工具	1　桥梁类	（省）伸臂桥　（四川新龙县） （省）木拱廊桥　（福建政和县、顺昌县） （省）侗族鼓楼花桥　（贵州黎平县） （省）赵州桥　（河北赵县）
		2　舟车类	（省）蒙古族勒勒车　（内蒙古东乌珠穆沁旗、阿鲁科尔沁旗） （省）达斡尔车　（内蒙古莫力达瓦旗） （省）通古斯鄂温克木制四轮车　（内蒙古陈巴尔虎旗） （省）满族悠摇车　（黑龙江牡丹江市） （省）萨嘎牛皮船　（西藏日喀则市） （省）钦州造船　（广西钦州市） （省）临高广船造船　（海南临高县） （省）鄂伦春族桦树皮船　（黑龙江大兴安岭地区） （省）撒拉族皮筏子　（青海循化县） （省）羊皮筏子　（宁夏中卫市） （省）马拉雪橇　（新疆布尔津县） （省）长白山满族冰雪爬犁　（吉林通化市） （省）维吾尔族畜力车　（新疆沙雅县） （省）黎族独木舟　（海南保亭县）
		3　其他类交通 工具	（世）丝绸之路：长安-天山廊道的路网　（陕西、河南、甘肃、新疆） 溜索　（云南泸水市） 过江索道　（重庆市）
	（七） 遗址、 遗迹	1　遗址类	（世）拉萨布达拉宫历史建筑群　（西藏拉萨） （世）平遥古城　（山西平遥县） （世）丽江古城　（云南丽江市） （世）土司遗址　（湖北、湖南、贵州） （世）元上都遗址　（内蒙古锡林郭勒盟） 尼雅遗址（全国文物保护单位）　（新疆于田县）
		2　墓葬类	（世）明清皇家陵寝［明显陵（湖北钟祥市）、清东陵（河北遵化市）、清西 陵（河北易县）、明孝陵（江苏南京市）、十三陵（北京市）、盛京三陵（辽宁 新宾县、沈阳市）］ （世）高句丽王城、王陵和贵族墓葬　（吉林集安市、辽宁桓仁县）

指标分类			例证
一级指标	二级指标	三级指标	民族文化举例
物质文化	（七）遗址、遗迹	3　岩画类	（世）广西左江花山岩画　（广西崇左市）
		4　窑藏类	（省）吉林榆树市徐家窑　（吉林榆树市）
		5　生活建筑遗存类	（世）开平碉楼与村落　（广东开平市） （世）福建土楼　（福建） （省）千户苗寨建筑　（贵州雷山县） （省）坎儿井　（新疆吐鲁番市） （省）伊通满族萨满文化遗存　（吉林伊通县）
	（八）碑刻、石刻、壁画类	1　碑刻类	（世）武夷山摩崖石刻　（福建武夷山市） 草庭书院摩崖石刻　（贵州黄平县） 天理良心碑（清光绪年刻）　（重庆黔江区） 贵州彝文碑刻　（贵州大方县） 成吉思汗陵碑刻（全国重点文物）　（内蒙古鄂尔多斯市） 长孙无忌墓志碑（国家一级文物）　（重庆彭水县） 秦良玉陵园墓群基碑（重庆市文物保护单位）　（重庆石柱县） 杨世昌夫妻合葬墓　（四川平武县）
		2　石刻类	（世）敦煌莫高窟　（甘肃敦煌市） （省）藏族格萨尔彩绘石刻　（四川色达县） （省）壤塘藏经石刻　（四川壤塘县） （省）湟源民居建筑石刻　（青海湟源县） （省）桂林石刻　（广西桂林市） （省）毛南族石刻　（广西环江县） 元谋卡莫摩崖桃源峡彝文石刻　（云南元谋县）
		3　壁画类	（省）纳西族东巴画　（云南丽江市） （省）傣族壁画　（云南勐海县） （省）晋城圣贤画　（云南昆明市晋宁区） （省）毕摩绘画　（四川美姑县） （省）昌都嘎玛嘎赤画　（西藏昌都市） （省）墨竹工卡直孔刺绣唐卡　（西藏墨竹工卡县） （省）藏族唐卡（勉萨派）　（西藏） （省）湟中壁画　（青海西宁市湟中区） （省）藏娘唐卡　（青海玉树州） （省）藏族唐卡　（甘肃甘南州） （省）白族民居彩绘　（云南大理市） （省）纳西族建筑彩绘　（云南丽江市） （省）古建筑彩绘　（辽宁沈阳市）
	（九）工艺品	1　合金类	Ⅶ-121 错金银（福建莆田市、新疆乌鲁木齐市） （省）乌铜走银　（云南昆明市） （省）湟中银铜器及鎏金工艺　（青海西宁市湟中区） （省）岷县铜铝铸　（甘肃岷县） （省）蒙古族金银器　（内蒙古四子王旗） （省）扎西吉彩金银锻铜　（西藏日喀则市） （省）安图隋氏铁制品　（吉林安图县） （省）永靖王氏铁器铸造　（甘肃永靖县） （省）维吾尔族铁器制作　（新疆于田县） （省）藏族金属制品　（四川阿坝州）

续表

指标分类			例证
一级指标	二级指标	三级指标	民族文化举例
物质文化	（九）工艺品	1 合金类	（省）白玉河坡藏族金属手工艺品 （四川白玉县） （省）鹤庆、祥云银器 （云南鹤庆县、祥云县） （省）傣族银器 （云南潞西市） （省）凉山彝族银饰 （四川布拖县） （省）羌族银饰 （四川茂县） （省）昌都嘎玛银器 （西藏昌都市） （省）维吾尔族金银首饰 （新疆喀什市） （省）苗族银饰 （广西融水县）
		2 玉石类	（省）玉雕 （云南腾冲市） （省）维吾尔族传统玉雕 （新疆和田市） （省）西藏黑玉石雕刻 （西藏拉萨市） （省）仁布玉器雕刻 （西藏日喀则市） （省）岫岩玉雕 （辽宁岫岩县） （省）黑龙碧玉雕刻 （黑龙江佳木斯市） （省）水族石雕 （贵州榕江县） （省）金华镇梅园村白族石雕 （云南剑川县） （省）拉日马玛尼石雕 （四川新龙县） （省）灵川县阳氏石雕 （广西灵川县） （省）防城彩石雕刻 （广西防城港市） （省）白山松花石雕刻 （吉林白山市） （省）塔卧石雕 （湖南永顺县） （省）杨柳石雕 （湖南泸溪县） （省）石雕 （甘肃宁县、合水县） （省）传统工艺大理石 （云南大理市） （省）思州石砚 （贵州岑巩县） （省）贺兰砚 （宁夏银川市） （省）通化松花砚雕刻 （吉林通化市） （省）隆德魏氏家族砖雕 （宁夏隆德县） （省）砖雕 （甘肃临夏县）
		3 竹木植物类	（省）土家族竹雕 （湖南龙山县） （省）天水竹雕 （甘肃天水市） （省）竹编 （贵州三穗县） （省）柳江壮族竹编 （广西柳州市） （省）苗族竹编书画 （广西融水县） （省）木雕 （贵州镇远县） （省）佤族木雕 （云南澜沧县） （省）剑川木雕 （云南剑川县） （省）德格麦宿木雕 （四川德格县） （省）德沙旋木 （四川稻城县） （省）拉萨木雕 （西藏拉萨市） （省）扎囊县木雕 （西藏扎囊县） （省）海西蒙古族木雕 （青海格尔木市） （省）湟中陈家滩传统木雕 （青海西宁市湟中区） （省）毛南族木雕 （广西环江县） （省）西吉民间木雕 （宁夏西吉县） （省）木雕重彩 （黑龙江哈尔滨市） （省）沙氏石木雕 （吉林辽源市）

续表

指标分类			例证
一级指标	二级指标	三级指标	民族文化举例
物质文化	（九）工艺品	3 竹木植物类	（省）木雕（花瑰艺术）（海南澄迈县） （省）湘西木雕（湖南永顺县） （省）木雕（甘肃卓尼县） （省）长白山红松根雕（吉林通化市） （省）葫芦雕刻（新疆洛浦县） （省）蒙古族骨雕（新疆和静县）
		4 陶瓷类	（省）砂陶（贵州织金县） （省）大通桥儿沟砂罐（青海大通县） （省）阿西土陶（四川稻城县） （省）湘西土陶（湖南龙山县、永顺县、保靖县） （省）德格麦宿塑像（四川德格县） （省）德格麦宿传统土陶（四川德格县） （省）窑上古法制陶（贵州贞丰县） （省）维吾尔族模制法土陶（新疆英吉沙县、伽师县、喀什市） （省）黎族原始制陶（海南白沙县、昌江县） （省）牙舟陶器（贵州平塘县） （省）绿釉陶瓷品（四川会理市） （省）景泰蓝（河北大厂县） （省）碗窑村紫陶（云南建水县） （省）香格里拉藏族黑陶（云南迪庆州） （省）囊谦藏黑陶（青海囊谦县） （省）绥棱黑陶（黑龙江绥化市） （省）西藏红陶（西藏拉萨市） （省）傣族传统制陶（云南耿马县） （省）拉萨墨竹工卡制陶（西藏拉萨市） （省）谢通门县"牛"村陶器（西藏谢通门县） （省）曲松县陶器（西藏曲松县） （省）扎囊县陶器（西藏扎囊县） （省）邹圩陶器（广西宾阳县） （省）六盘山抟土瓦塑（宁夏固原市） （省）吉林缸窑（吉林吉林市）
		5 琉璃类	Ⅷ-90 琉璃工艺品（北京市门头沟区，山西太原市、阳城县） Ⅷ-94 唐三彩（河南洛阳市） Ⅷ-12（扩展项目）大庄琉璃瓦（山东曲阜市、淄博市）
		6 锡铜类	（省）苗族锡绣（贵州剑河县） （省）铜器（云南玉龙县、牟定县） （省）南木林县铜器（西藏南木林县） （省）白纳锻铜（西藏拉萨市达孜区） （省）维吾尔族铜器（新疆喀什市） （省）壮族铜鼓（广西环江县） （省）王氏铜铸（甘肃临夏市） （省）斑铜（云南会泽县）
		7 书画剪纸类	Ⅶ-8 滩头木版年画（湖南省隆回县） （省）纸织画（宁夏彭阳县） （省）传统炭像画（海南澄迈县） （省）湘西苗族服饰绘画（湖南保靖县）

续表

指标分类			例证
一级指标	二级指标	三级指标	民族文化举例
物质文化	（九）工艺品	7 书画剪纸类	（省）木版窗花年画 （甘肃岷县） （省）水陆画 （甘肃武威市、定西市） （省）彝族彩布贴花 （贵州六盘水市水城区） （省）苗族剪纸 （贵州剑河县） （省）维吾尔族剪纸 （新疆乌鲁木齐市、克拉玛依市、哈密市） （省）回族剪纸 （宁夏海原县、同心县、隆德县） （省）海伦剪纸 （黑龙江绥化市） （省）鄂伦春族剪纸 （黑龙江呼玛县） （省）赫哲族剪纸 （黑龙江佳木斯市） （省）长白山满族剪纸 （吉林通化市） （省）满族剪纸 （吉林珲春市） （省）乌拉满族赫舍里氏刻纸与剪纸 （吉林吉林市） （省）乌拉黄氏满族民俗剪纸 （吉林吉林市） （省）东佳江满族剪纸 （吉林通化市） （省）老怀德满族剪纸 （吉林公主岭市） （省）河湟剪纸 （青海海晏县） （省）岫岩剪纸 （辽宁岫岩县） （省）医巫闾山满族剪纸 （辽宁锦州市） （省）黎族传统剪纸 （海南乐东县） （省）丰宁满族剪纸 （河北丰宁县） （省）长白山满族撕纸 （吉林通化县）
		8 树脂类	（省）森布日制胶 （西藏贡嘎县） （省）石氏面塑 （贵州兴仁县） （省）吉林面人胡 （吉林吉林市） （省）沈阳面人汤 （辽宁沈阳市） （省）合水面塑 （甘肃合水县） （省）泥塑 （新疆乌鲁木齐市） （省）湟中民间彩绘泥塑 （青海西宁市湟中区） （省）杨氏家族泥塑 （宁夏隆德县） （省）泥塑 （黑龙江哈尔滨市） （省）粗陶泥塑 （黑龙江依安县） （省）西峰泥塑 （甘肃庆阳市） （省）竹篮寨泥玩具 （甘肃成县） （省）哈萨克族桦树皮工艺品 （新疆阿勒泰市） （省）拉萨布制面具 （西藏拉萨市）
		9 贝壳类	（省）海南贝雕 （海南海口市）
		10 丝帛锦布类	Ⅶ-76 羌族刺绣 （四川汶川县） Ⅶ-78 彝族（撒尼）刺绣 （云南石林县） Ⅶ-79 维吾尔族刺绣 （新疆哈密市） Ⅶ-80 满族刺绣 （辽宁岫岩县、锦州市，吉林通化市） Ⅶ-81 蒙古族刺绣 （新疆博湖县） Ⅶ-82 柯尔克孜族刺绣 （新疆温宿县） Ⅶ-83 哈萨克毡绣和布绣 （新疆生产建设兵团） （省）水族马尾绣 （贵州三都县） （省）白族刺绣 （云南大理市） （省）河湟刺绣 （青海） （省）海西蒙古族刺绣 （青海德令哈市）

续表

指标分类			例证
一级指标	二级指标	三级指标	民族文化举例
物质文化	（九）工艺品	10　丝帛锦布类	（省）兴安瑶族刺绣　（广西兴安县） （省）壮族刺绣　（广西马山县） （省）苗族刺绣　（广西融水县） （省）瑶族织绣　（广西金秀县） （省）回族刺绣　（宁夏隆德县、同心县、海原县） （省）鄂伦春族刺绣　（黑龙江大兴安岭地区） （省）克东满绣　（黑龙江克东县） （省）长白山满族枕头顶刺绣　（吉林通化市） （省）岫岩满族民间刺绣　（辽宁岫岩县） （省）黎族双面绣　（海南陵水县） （省）瑶族刺绣　（广东连南县） （省）湘西苗绣　（湖南花垣县、凤凰县） （省）阿克塞哈萨克族刺绣　（甘肃阿克塞县） （省）裕固族刺绣　（甘肃肃南县） （省）苗族挑花　（贵州贵阳市） （省）阿昌族织锦　（云南梁河县） （省）曼暖典傣族织锦　（云南景洪市） （省）傣族手工织锦　（云南西双版纳州） （省）景颇族织锦　（云南德宏州） （省）苗族织锦　（贵州麻江县、雷山县，广西融水县） （省）侗锦　（湖南通道县） （省）维吾尔族艾提莱斯绸　（新疆洛浦县） （省）畲族彩带　（浙江景宁县）
		11　特种工艺类	（省）大方漆器　（贵州大方县） （省）凉山彝族漆器　（四川喜德县） （省）金银错技艺（玉器金银错）　（新疆乌鲁木齐市） （省）漆糊酒容器技艺（絭漆）　（黑龙江穆棱市） （省）踏虎凿花　（湖南泸溪县） （省）东乡族钉匠工艺　（甘肃东乡县）
	（十）医药	1　各个民族的医药	IX-9　藏医药　（西藏、四川甘孜州） IX-12　蒙医药　（内蒙古） IX-13　畲族医药　（浙江丽水市、福建罗源县） IX-14　瑶族医药　（贵州从江县） IX-15　苗医药　（贵州雷山县、黔东南州） IX-16　侗医药　（贵州黔东南州） IX-17　回族医药　（宁夏吴忠市、银川市） IX-18　壮医药（壮医药线点灸疗法）　（广西南宁市） IX-19　彝医药（彝医水膏药疗法）　（云南楚雄州） IX-20　傣医药（睡药疗法）　（云南西双版纳州、德宏州） IX-21　维吾尔医药　（新疆和田地区、莎车县） IX-22　布依族医药（益肝草制作技艺）　（贵州贵定县） IX-23　哈萨克族医药　（新疆阿勒泰地区） （省）擦窝　（四川木里县） （省）摩梭人青娜油　（四川盐源县）

表2-2 行为文化

指标分类			例证
一级指标	二级指标	三级指标	民族文化举例
行为文化	（一）传统服饰工艺	1 各民族传统服装制作工艺	Ⅷ-83 桦树皮制作技艺 （内蒙古鄂伦春旗、黑龙江） Ⅷ-84 黎族树皮布制作技艺 （海南保亭县） Ⅷ-85 赫哲族鱼皮制作技艺 （黑龙江） Ⅷ-111 滩羊皮鞣制工艺 （山西交城县） Ⅷ-112 鄂伦春族狍皮制作技艺 （内蒙古鄂伦春旗、黑龙江黑河市）
		2 饰品制作工艺	Ⅷ-40 苗族银饰锻制技艺 （贵州雷山县、剑河县、台江县，湖南凤凰县） Ⅷ-114 维吾尔族卡拉库尔胎羔皮帽制作技艺 （新疆沙雅县） Ⅷ-128 彝族漆器髹饰技艺 （四川喜德县） Ⅷ-196 银铜器制作及鎏金技艺 （青海西宁市湟中区） （省）康巴藏族服装配饰工艺 （四川甘孜州） （省）西兰卡普传统制作工艺 （重庆酉阳县、黔江区，湖北来凤县） （省）夏河金属饰品制作工艺 （甘肃夏河县）
	（二）传统饮食技艺	1 传统饮食烹饪与技艺	Ⅷ-166 火腿制作技艺（宣威火腿制作技艺） （云南宣威市） Ⅷ-228 泡菜制作技艺（朝鲜族泡菜制作技艺） （吉林延吉市） （省）布依族糯食制作技艺 （贵州望谟县、贵定县） （省）过桥米线制作技艺 （云南蒙自市） （省）维吾尔族卡瓦甫（烤全牛）制作技艺 （新疆策勒县） （省）满族八大碗烹饪技艺 （黑龙江海林市） （省）百年恒记饺子制作技艺 （吉林敦化市）
		2 茶的制作技艺	Ⅷ-63 武夷岩茶（大红袍）制作技艺 （福建武夷山市） Ⅹ-107 茶艺 （广东潮州市） Ⅷ-152 黑茶制作技艺（下关沱茶制作技艺） （云南大理市） （省）都匀毛尖茶制作技艺 （贵州都匀市） （省）云雾贡茶手工制作技艺 （贵州贵定县） （省）油茶制作技艺 （贵州正安县、玉屏县） （省）西山虫茶制作技艺 （贵州息烽县） （省）蒙山茶传统制作技艺 （四川雅安市名山区） （省）滇红茶制作技艺 （云南凤庆县） （省）普洱茶传统制作技艺 （云南临沧市、宁洱县、西双版纳州）
		3 酒的酿造技艺	（省）茅台酒传统酿造工艺 （贵州仁怀市） （省）董酒酿制技艺 （贵州遵义市） （省）鹿龟酒酿泡技艺 （海南海口市） （省）彝族杆杆酒酿制技艺 （四川甘洛县） （省）洞藏青酒酿制技艺 （贵州镇远县） （省）青海青稞酒传统酿造技艺 （青海互助县） （省）江洛康萨青稞酒酿造技艺 （西藏日喀则市） （省）蒙古族奶酒酿造技艺 （内蒙古东乌珠穆沁旗） （省）龙脊水酒酿造技艺 （广西龙胜县） （省）源升河大米酒酿造技艺 （黑龙江庆安县） （省）朝鲜族马格力酒酿造技艺 （吉林延吉市） （省）桃山白酒酿造技艺 （辽宁法库县） （省）酒鬼酒酿制技艺 （湖南湘西州） （省）甘肃黄酒酿制技艺 （甘肃临夏市、庆城县） （省）水族（九阡酒）酿酒技艺 （贵州三都县、荔波县） （省）奇台古城窖酒酿造技艺 （新疆奇台县） （省）俄罗斯族比瓦酿造技艺 （新疆阿勒泰地区）

续表

指标分类			例证
一级指标	二级指标	三级指标	民族文化举例
行为文化	（二）传统饮食技艺	4 烟叶烤制技艺	（省）穆棱晒烟种植技术 （黑龙江穆棱市） （省）兰州青城水烟制作技艺 （甘肃榆中县）
	（三）传统建筑技艺	1 木质结构房屋营造技艺	Ⅷ-30 侗族木构建筑营造技艺 （广西柳州市、三江县） Ⅷ-31 苗寨吊脚楼营造技艺 （贵州雷山县） Ⅷ-184 俄罗斯族民居营造技艺 （新疆塔城地区） Ⅷ-211 土家族吊脚楼营造技艺 （湖北咸丰县、湖南永顺县、重庆石柱县） （省）黎族干栏建筑技艺 （海南五指山市） （省）长白山满族木屋营造技艺 （吉林通化市、白山市）
		2 竹质结构房屋营造技艺	Ⅷ-185 撒拉族篱笆楼营造技艺 （青海循化县）
		3 土石结构房屋营造技艺	Ⅷ-212 维吾尔族民居建筑技艺（阿依旺赛来民居营造技艺） （新疆和田地区） Ⅷ-28 客家土楼营造技艺 （福建龙岩市、江西龙南市） Ⅷ-186 碉楼营造技艺（羌族碉楼营造技艺、藏族碉楼营造技艺） （四川汶川县、茂县，青海班玛县） （省）藏族建筑砌石技艺 （四川丹巴县）
		4 其他材质结构房屋营造技艺	Ⅷ-181 蒙古包营造技艺 （内蒙古西乌珠穆沁旗、陈巴尔虎旗） Ⅷ-182 黎族船型屋营造技艺 （海南东方市） Ⅷ-183 哈萨克族毡房营造技艺 （新疆塔城地区） （省）柯尔克孜族毡房营造技艺 （新疆乌恰县） （省）鄂温克族柳条包营造技艺 （内蒙古鄂温克旗）
	（四）出行及交通工具制作工艺	1 桥梁建筑技艺	Ⅷ-176 石桥营造技艺 （浙江绍兴市） （省）木拱廊桥营造技艺 （福建政和县、顺昌县） （省）侗族鼓楼花桥营造技艺 （贵州黎平县）
		2 舟车建造技艺	Ⅷ-46 蒙古族勒勒车制作技艺 （内蒙古东乌珠穆沁旗） Ⅷ-137 传统木船制造技艺 （江苏兴化市、浙江舟山市） （省）萨嘎牛皮船制作技艺 （西藏日喀则市） （省）鄂伦春族桦树皮船制作技艺 （黑龙江大兴安岭地区） （省）撒拉族皮筏子制作技艺 （青海循化县） （省）马拉雪橇制作技艺 （新疆布尔津县） （省）黎族独木舟制作技艺 （海南保亭县）
		3 其他出行与交通工具制作技艺	Ⅷ-123 蒙古族马具制作技艺 （内蒙古科尔沁左翼后旗） （省）肃北雪山蒙古族马上用具制作技艺 （甘肃肃北县） （省）蒙古族马鞍制作技艺 （新疆精河县）
	（五）交往	1 各个民族的交往方式	X-69 女书习俗 （湖南江永县） X-70 水书习俗 （贵州黔南州） Ⅶ-118 蒙古文书法 （内蒙古） Ⅶ-119 满文、锡伯文书法 （新疆乌鲁木齐市） X-138 月也 （贵州黎平县） （省）苗族赶秋 （湖南花垣县） （省）土家族舍巴日 （湖南湘西州） （省）苗侗芦笙节 （湖南靖县） （省）畲族三月三 （浙江景宁县）

续表

指标分类			例证
一级指标	二级指标	三级指标	民族文化举例
行为文化	（六）生产技艺	1 农业生产	Ⅷ-236 坎儿井开凿技艺 （新疆吐鲁番市） Ⅷ-42 保安族腰刀锻制技艺 （甘肃积石山县） Ⅷ-47 拉萨甲米水磨坊制作技艺 （西藏） Ⅷ-221 藏族鎏钻技艺 （青海） Ⅷ-120 扎西吉彩金银锻铜技艺 （西藏日喀则市） Ⅷ-122 维吾尔族传统小刀制作技艺 （新疆英吉沙县） Ⅷ-41 阿昌族户撒刀锻制技艺 （云南陇川县） （省）隆安县那桐农具制作工艺 （广西隆安县） （省）喜德彝族叶形双耳腰刀制作技艺 （四川喜德县） （省）拉孜县藏刀制作技艺 （西藏拉孜县）
		2 畜牧业生产	Ⅷ-91 鄂温克族驯鹿技艺 （内蒙古根河市） Ⅷ-92 蒙古族养驼技艺 （内蒙古阿拉善盟） Ⅷ-143 柯尔克孜族驯鹰技艺 （新疆阿合奇县） Ⅹ-93 长白山采参习俗 （吉林抚松县） （省）乌拉满族鹰猎技艺 （吉林吉林市） （省）纳西族驯鹰技艺 （云南玉龙县）
		3 渔猎业生产	Ⅷ-44 蒙古族牛角弓制作技艺 （内蒙古呼和浩特市） Ⅹ-94 查干淖尔冬捕习俗 （吉林前郭尔罗斯县） （省）洱海鱼鹰驯养捕鱼技艺 （云南大理市） （省）赫哲族传统渔具制作技艺 （黑龙江饶河县、抚远市）
		4 纺、染、编织技艺	Ⅷ-19 黎族传统纺染织绣技艺 （海南五指山市、白沙县、保亭县、乐东县、东方市） Ⅷ-20 壮族织锦技艺 （广西靖西市） Ⅷ-21 藏族邦典、卡垫织造技艺 （西藏山南市、日喀则市） Ⅷ-22 加牙藏族织毯技艺 （青海西宁市湟中区） Ⅷ-23 维吾尔族花毡、印花布织染技艺 （新疆吐鲁番市） Ⅷ-25 苗族蜡染技艺 （贵州丹寨县） Ⅷ-26 白族扎染技艺 （云南大理市） Ⅷ-33 苗族芦笙制作技艺 （贵州雷山县、云南大关县） Ⅷ-100 维吾尔族帕拉孜纺织技艺 （新疆拜城县） Ⅷ-101 毛纺织及擀制技艺（维吾尔族花毡制作技艺） （新疆柯坪县） Ⅷ-104 侗锦织造技艺 （湖南通道县） Ⅷ-105 苗族织锦技艺 （贵州台江县、凯里市） Ⅷ-106 傣族织锦技艺 （湖南通道县） Ⅷ-107 香云纱染整技艺 （广东佛山市） Ⅷ-108 枫香印染技艺 （贵州惠水县、麻江县） Ⅷ-109 新疆维吾尔族艾德莱斯绸织染技艺 （新疆洛浦县） Ⅷ-110 地毯织造技艺 （新疆洛浦县、内蒙古阿拉善左旗） Ⅶ-51 毛南族花竹帽编织技艺 （广西环江县） Ⅶ-54 哈萨克族芨芨草编织技艺 （新疆托里县）
		5 生活技能技艺	Ⅷ-4 黎族原始制陶技艺 （海南昌江县） Ⅷ-5 傣族慢轮制陶技艺 （云南西双版纳州） Ⅷ-6 维吾尔族模制法土陶烧制技艺 （新疆英吉沙县、喀什市、吐鲁番市） Ⅷ-98 陶器烧制技艺（黎族泥片制陶技艺） （海南白沙县） （省）朝鲜族石锅制作工艺 （吉林和龙市） （省）察隅木碗制作工艺 （西藏察隅县） Ⅷ-67 皮纸制作技艺 （贵州贵阳市、贞丰县、丹寨县）

续表

指标分类			例证
一级指标	二级指标	三级指标	民族文化举例
行为文化	（六）生产技艺	5 生活技能技艺	Ⅷ-68 傣族、纳西族手工造纸技艺 （云南临沧市、香格里拉市） Ⅷ-69 藏族造纸技艺 （西藏） Ⅷ-70 维吾尔族桑皮纸制作技艺 （新疆吐鲁番市） Ⅷ-80 藏族雕版印刷技艺 （四川德格县） Ⅷ-87 黎族钻木取火技艺 （海南保亭县） Ⅷ-199 藏族矿植物颜料制作技艺 （西藏拉萨市） （省）独山盐酸菜制作技艺 （贵州独山县）
		6 提高生活质量技能	Ⅷ-34 玉屏箫笛制作技艺 （贵州玉屏县） Ⅷ-124 民族乐器制作技艺之蒙古族拉弦乐器制作技艺 （内蒙古科尔沁右翼中旗） Ⅷ-124 民族乐器制作技艺之马头琴制作技艺 （吉林前郭尔罗斯县） Ⅷ-124 民族乐器制作技艺之苗族芦笙制作技艺 （贵州凯里市） Ⅷ-124 民族乐器制作技艺之傣族象脚鼓制作技艺 （云南临沧市） Ⅷ-141 藏香制作技艺 （西藏尼木县、墨竹工卡县）
	（七）婚姻	1 各民族的婚俗	Ⅹ-55 鄂尔多斯婚礼 （内蒙古鄂尔多斯市） Ⅹ-56 土族婚礼 （青海互助县） Ⅹ-57 撒拉族婚礼 （青海循化县） Ⅹ-139 婚俗之朝鲜族回门礼 （吉林延边州） Ⅹ-139 婚俗之达斡尔族传统婚俗 （黑龙江齐齐哈尔市） Ⅹ-139 婚俗之彝族传统婚俗 （四川美姑县） Ⅹ-139 婚俗之裕固族传统婚俗 （甘肃张掖市） Ⅹ-139 婚俗之回族传统婚俗 （宁夏） Ⅹ-139 婚俗之哈萨克族传统婚俗 （新疆伊犁州） Ⅹ-139 婚俗之锡伯族传统婚俗 （新疆） Ⅹ-99 朝鲜族传统婚礼 （吉林延边州） Ⅹ-100 塔吉克族婚俗 （新疆塔什库尔干县）
	（八）丧葬	1 各民族的丧葬习俗	（省）朝鲜族丧葬习俗 （吉林延边州） （省）玉树天葬 （青海玉树州） （省）布依族丧葬礼俗 （贵州贞丰县） （省）杜寨布依族丧葬砍牛习俗 （贵州贵阳市） （省）彝族丧葬习俗 （贵州金沙县） （省）塔吉克族丧俗 （新疆塔什库尔干县） （省）昭通甲马 （云南昭通市）
	（九）喜庆	1 各民族的喜庆方式	Ⅷ-88 风筝制作技艺 （山东潍坊市、西藏拉萨市） （省）长白山满族高跷大秧歌 （吉林通化市） （省）海龙鼓吹乐 （吉林梅河口市） （省）满族地秧歌 （辽宁抚顺市） （省）本溪全堡寸跷秧歌 （辽宁本溪市） （省）铁岭二人转 （辽宁铁岭市） （省）白清寨传统唢呐 （辽宁沈阳市） （省）山花儿 （宁夏西吉县、同心县） （省）马腿琴制作技艺 （云南景洪市） （省）大鼓制作技艺 （云南龙陵县）
	（十）民风民俗	1 民族节日	Ⅹ-7 京族哈节 （广西东兴市） Ⅹ-8 傣族泼水节 （云南西双版纳州） Ⅹ-9 锡伯族西迁节 （新疆察布查尔县） Ⅹ-10 火把节 （四川凉山州）

续表

指标分类			例证
一级指标	二级指标	三级指标	民族文化举例
行为文化	（十）民风民俗	1 民族节日	X-10 彝族火把节 （云南楚雄州） X-12 黎族三月三节 （海南五指山市） X-13 鄂伦春族古伦木沓节 （黑龙江） X-14 瑶族盘王节 （广西贺州市、广东韶关市） X-15 壮族蚂𧊅节 （广西河池市） X-16 仫佬族依饭节 （广西罗城县） X-18 羌族瓦尔俄足节 （四川阿坝州） X-19 苗族鼓藏节 （贵州雷山县） X-20 水族端节 （贵州三都县） X-21 布依族查白歌节 （贵州） X-22 苗族姊妹节 （贵州台江县） X-23 独龙族卡雀哇节 （云南贡山县） X-24 怒族仙女节 （云南贡山县） X-25 侗族萨玛节 （贵州榕江县） X-26 仡佬毛龙节 （贵州石阡县） X-27 傈僳族刀杆节 （云南泸水市） X-28 塔吉克族引水节和播种节 （新疆塔什库尔干县） X-29 土族纳顿节 （青海民和县） X-31 雪顿节 （西藏） X-75 苗族独木龙舟节 （贵州台江县） X-76 苗族跳花节 （贵州安顺市） X-77 苗族四月八姑娘节 （湖南绥宁县） X-78 德昂族浇花节 （云南德宏州） X-79 江孜达玛节 （西藏江孜县） X-80 塔塔尔族撒班节 （新疆奇台县） X-82 羌年 （四川茂县、汶川县、理县、北川县） X-83 苗年 （贵州丹寨县、雷山县） X-124 俄罗斯族巴斯克节 （内蒙古额尔古纳市） X-125 鄂温克族瑟宾节 （黑龙江讷河市） X-126 诺茹孜节 （新疆塔城地区） X-145 望果节 （西藏） X-146 苗族花山节 （云南屏边县）
		2 民族祭祀	X-17 毛南族肥套 （广西环江县） X-34 成吉思汗祭典 （内蒙古鄂尔多斯市） X-40 祭敖包 （内蒙古锡林郭勒盟） X-41 白族绕三灵 （云南大理州） X-86 青海湖祭海 （青海海北州） X-90 祭祖习俗 （山西洪洞县） X-147 察干苏力德祭 （内蒙古乌审旗） X-148 博格达乌拉祭 （内蒙古扎赉特旗）
		3 民族习俗	X-11 景颇族目瑙纵歌 （云南陇川县） X-43 热贡六月会 （青海同仁市） X-45 瑶族耍歌堂 （广东清远市） X-46 壮族歌圩 （广西南宁市） X-47 苗族系列坡会群 （广西融水县） X-48 那达慕 （内蒙古锡林郭勒盟） X-49 维吾尔刀郎麦西热甫 （新疆麦盖提县） X-51 秀山花灯 （重庆秀山县）

续表

指标分类			例证
一级指标	二级指标	三级指标	民族文化举例
行为文化	（十）民风民俗	3　民族习俗	X-61　壮族铜鼓习俗　（广西河池市） X-89　朝鲜族花甲礼　（辽宁丹东市） X-105　石宝山歌会　（云南剑川县） X-106　大理三月街　（云南大理市） X-127　布依族"三月三"　（贵州贞丰县、望谟县） X-150　仡佬族三幺台习俗　（贵州道真县、务川县）
	（十一）医药技艺	1　各民族的医术	（省）"耿一针"中医针灸　（吉林长春市） （省）回族汤瓶八诊　（宁夏银川） （省）黎族医药（骨伤疗法，蛇伤疗法）　（海南五指山市、琼中县） （省）张氏回医正骨　（宁夏吴忠市） （省）满族祖传"甲针"疗法　（吉林吉林市） （省）严氏眼科中医疗法　（湖北咸丰县） （省）雷氏正骨　（吉林前郭尔罗斯县） （省）北塬金氏接骨术　（甘肃临夏市） （省）曹氏中医正骨法　（甘肃会宁县） （省）李桐传统骨伤疗法　（云南弥渡县） （省）朝鲜族医药　（吉林延边州） （省）维吾尔医药　（新疆和田地区、莎车县） （省）甘孜州南派藏医药　（四川甘孜州） （省）藤草药酒制作技艺　（吉林四平市） （省）小儿提风疗法　（湖南永顺县） （省）瑶族医药风湿骨痛"贴丹灵"疗法　（湖南江华县） （省）火龙丹　（贵州金沙县） （省）罗氏瘰疬疗法　（贵州关岭县） （省）长白山王氏中草药炮制技艺　（吉林通化市） （省）布依族防治肝病益肝草秘方　（贵州贵定县） （省）廖氏化风丹制作技艺　（贵州遵义市） （省）蒙医放血疗法　（吉林前郭尔罗斯县） （省）爱新觉罗·恒绍家传满药　（吉林吉林市） （省）应氏奇穴埋线疗法　（吉林长春市） （省）岳氏万全堂胃病诊疗法　（吉林长春市） （省）单氏中医诊疗方法　（吉林长春市） （省）孟氏接骨疗法　（吉林长春市） （省）蒙古勒津蒙医药　（辽宁阜新市） （省）湘西苗医苗药　（湖南花垣县、凤凰县） （省）畲族医药　（浙江丽水市）

表 2-3　制度文化

指标分类			例证
一级指标	二级指标	三级指标	民族文化举例
制度文化	（一）法律、历法	1　各民族的年历与法律	X-128　土家年　（湖南永顺县） X-129　彝族年　（四川凉山州） X-130　侗年　（贵州榕江县） X-131　藏历年　（西藏拉萨市，四川甘孜州、阿坝州）

续表

指标分类			例证
一级指标	二级指标	三级指标	民族文化举例
制度文化	（一）法律、历法	1 各民族的年历与法律	（省）羌年 （四川茂县、汶川县、理县、北川县） （省）苗族栽岩习俗 （贵州榕江县） （省）苗族卧堆习俗 （贵州榕江县） （省）苗族历法 （贵州丹寨县） （省）天文历算 （西藏） （省）巴东土家族民间历法 （湖北巴东县）
	（二）规章	1 各民族的规章	（省）侗款 （湖南通道县） （省）侗族款约 （贵州黎平县）
	（三）族规家训	1 各民族的宗族家规	（省）酉阳冉氏族谱 （重庆酉阳县）
	（四）宗教制度	1 各民族的宗教制度	（省）彩砂坛城 （西藏日喀则市） （省）海西蒙古族祭敖包 （青海海西州） （省）香里胡拉村"护化"庙会 （青海化隆县） （省）蒙古族萨满祭天仪式 （吉林前郭尔罗斯县） （省）蒙古祭敖包 （吉林前郭尔罗斯县） （省）吉林满族松花江祭 （吉林吉林市） （省）山泉祭 （吉林敦化市） （省）毛兰木法会 （甘肃夏河县）
	（五）宗族制度	1 各民族的宗族制度	（省）水族祭祖 （贵州三都县） （省）新场苗族祭天神 （贵州都匀市） （省）竹王崇拜 （贵州镇宁县） （省）仡佬族吃新祭祖习俗 （贵州遵义市） （省）嘉绒藏族春耕仪式 （四川马尔康县） （省）雅砻江河谷扎巴藏族母系氏族习俗 （四川雅江县） （省）乐都高庙社火 （青海海东市乐都区） （省）侗族祭萨习俗 （广西龙胜县） （省）同心莲花山青苗水会 （宁夏同心县） （省）隆德民间祭山 （宁夏隆德县） （省）满族关氏家族祭祖习俗 （吉林长春市） （省）满族杨氏家族祭祖习俗 （吉林长春市） （省）苗族四月八节 （湖南吉首市） （省）宜章莽山瑶族盘王节 （湖南宜章县） （省）苗族椎牛祭 （湖南湘西州） （省）裕固族祭鄂博 （甘肃肃南县） （省）水族卯节 （贵州三都县） （省）苗族牯藏节 （贵州雷山县）
	（六）约定俗成的规范	1 各民族已成为规范的习俗	（省）苗族扫寨 （贵州雷山县） （省）造林习俗 （贵州锦屏县） （省）占里侗族生育习俗 （贵州从江县） （省）祭火习俗 （阿细祭火） （云南弥勒市） （省）老滔村"赶鸟"习俗 （云南武定县） （省）梅里神山祭祀 （云南德钦县） （省）那桐农具节 （广西隆安县） （省）赫哲族食鱼习俗 （黑龙江饶河县） （省）满族采参习俗 （黑龙江海林市） （省）达斡尔族抹黑习俗 （黑龙江齐齐哈尔市）

续表

指标分类			例证
一级指标	二级指标	三级指标	民族文化举例
制度文化	（六）约定俗成的规范	1　各民族已成为规范的习俗	（省）宁古塔满族捕鱼习俗 （黑龙江海林市、宁安市） （省）赫哲族捕捞大马哈鱼习俗 （黑龙江抚远县） （省）查干淖尔冬捕习俗 （吉林前郭尔罗斯县） （省）锡伯族喜利妈妈 （辽宁沈阳市） （省）花瑶"讨僚皈" （湖南隆回县） （省）恩施土家女儿会 （湖北恩施市） （省）裕固族剪马鬃 （甘肃肃南县） （省）仡佬族敬雀节 （贵州石阡县） （省）稻鱼并作习俗 （贵州天柱县）

表 2-4　精神文化

指标分类			例证
一级指标	二级指标	三级指标	民族文化举例
精神文化	（一）文学	1　各民族的文学作品	Ⅰ-1 苗族古歌 （贵州台江县、黄平县） Ⅰ-2 布洛陀 （广西百色市田阳区） Ⅰ-3 遮帕麻和遮咪麻 （云南梁河县） Ⅰ-4 牡帕密帕 （云南普洱市） Ⅰ-5 刻道 （贵州施秉县） Ⅰ-12 满族说部 （吉林） Ⅰ-19 喀左东蒙民间故事 （辽宁喀喇沁左翼县） Ⅰ-23 刘三姐歌谣 （广西河池市宜州区） Ⅰ-24 四季生产调 （云南红河州） Ⅰ-25 玛纳斯 （新疆克孜勒苏州） Ⅰ-26 江格尔 （新疆和布赛尔县、博尔塔拉蒙古自治州、巴音郭楞蒙古自治州） Ⅰ-27 格萨（斯）尔 （西藏、青海、甘肃、四川、云南、内蒙古、新疆） Ⅰ-28 阿诗玛 （云南石林县） Ⅰ-29 拉仁布与吉门索 （青海互助县） Ⅰ-51 巴拉根仓的故事 （内蒙古通辽市） Ⅰ-53 满族民间故事 （辽宁） Ⅰ-59 嘎达梅林 （内蒙古科尔沁左翼中旗） Ⅰ-60 科尔沁潮尔史诗 （内蒙古） Ⅰ-61 仰阿莎 （贵州黔东南州） Ⅰ-62 布依族盘歌 （贵州盘州市） Ⅰ-63 梅葛 （云南楚雄州） Ⅰ-64 查姆 （云南双柏县） Ⅰ-65 达古达楞格莱标 （云南德宏州） Ⅰ-66 哈尼哈吧 （云南元阳县） Ⅰ-67 召树屯与喃木诺娜 （云南西双版纳州） Ⅰ-68 米拉尕黑 （甘肃东乡县） Ⅰ-69 康巴拉伊 （青海治多县） Ⅰ-70 汗青格勒 （青海海西州） Ⅰ-71 维吾尔族达斯坦 （新疆） Ⅰ-72 哈萨克族达斯坦 （新疆沙湾县） Ⅰ-73 珠郎娘美 （贵州榕江县、从江县）

续表

指标分类			例证
一级指标	二级指标	三级指标	民族文化举例
精神文化	（一）文学	1 各民族的文学作品	Ⅰ-74 司岗里 （云南沧源县） Ⅰ-75 彝族克智 （四川美姑县） Ⅰ-76 苗族贾理 （贵州黔东南州） Ⅰ-77 藏族婚宴十八说 （青海） Ⅰ-80 土家族梯玛歌 （湖南龙山县） Ⅰ-82 壮族嘹歌 （广西平果市） Ⅰ-83 柯尔克孜约隆 （新疆阿克陶县） Ⅰ-91 禹的传说 （四川汶川县、北川县） Ⅰ-107 珞巴族始祖传说 （西藏米林县） Ⅰ-108 阿尼玛卿雪山传说 （青海果洛州） Ⅰ-109 锡伯族民间故事 （辽宁沈阳市） Ⅰ-110 嘉黎民间故事 （西藏嘉黎县） Ⅰ-112 土家族哭嫁歌 （湖南永顺县、古丈县） Ⅰ-113 坡芽情歌 （云南富宁县） Ⅰ-114 祝赞词 （内蒙古东乌珠穆沁旗、新疆博湖县、新疆和布克赛尔县） Ⅰ-116 陶克陶胡 （吉林前郭尔罗斯县） Ⅰ-117 密洛陀 （广西都安县） Ⅰ-118 亚鲁王 （贵州紫云县） Ⅰ-119 目瑙斋瓦 （云南德宏州） Ⅰ-120 洛奇洛耶与扎斯扎依 （云南墨江县） Ⅰ-121 阿细先基 （云南弥勒县） Ⅰ-122 羌戈大战 （四川汶川县） Ⅰ-123 恰克恰克 （新疆伊宁市） Ⅰ-124 酉阳古歌 （重庆酉阳县） Ⅰ-141 毕阿史拉则传说 （四川金阳县） Ⅰ-143 骆驼泉传说 （青海循化县） Ⅰ-144 回族民间故事 （宁夏泾源县） Ⅰ-147 壮族百鸟衣故事 （广西横州市） Ⅰ-148 阿凡提故事 （新疆喀什地区） Ⅰ-150 西王母神话 （新疆阜康市） Ⅰ-151 盘王大歌 （湖南江华县） Ⅰ-152 玛牧 （四川喜德县） Ⅰ-153 黑白战争 （云南丽江市） Ⅰ-154 祁家延西 （青海互助县）
	（二）艺术	1 民族音乐	Ⅱ-3 蒙古族长调民歌 （内蒙古） Ⅱ-4 蒙古族呼麦 （内蒙古） Ⅱ-7 畲族民歌 （福建宁德市） Ⅱ-10 桑植民歌 （湖南桑植县） Ⅱ-13 崖州民歌 （海南三亚市） Ⅱ-15 石柱土家啰儿调 （重庆石柱县） Ⅱ-17 傈僳族民歌 （云南怒江州、泸水市） Ⅱ-19 裕固族民歌 （甘肃肃南县） Ⅱ-20 花儿 （甘肃康乐县、和政县、岷县、张家川县） Ⅱ-21 藏族拉伊 （青海海南州、西藏那曲市） Ⅱ-23 靖州苗族歌鼟 （湖南靖州县） Ⅱ-25 南溪号子 （重庆黔江区） Ⅱ-28 侗族大歌 （贵州黎平县，广西柳州市、三江县） Ⅱ-29 侗族琵琶歌 （贵州榕江县、黎平县）

续表

指标分类			例证
一级指标	二级指标	三级指标	民族文化举例
精神文化	(二)艺术	1　民族音乐	Ⅱ-30 哈尼族多声部民歌 （云南红河州、四川黑水县） Ⅱ-31 彝族海菜腔 （云南红河州） Ⅱ-32 那坡壮族民歌 （广西那坡县） Ⅱ-35 蒙古族马头琴音乐 （内蒙古） Ⅱ-36 蒙古族四胡音乐 （内蒙古通辽市、科尔沁右翼中旗） Ⅱ-38 羌笛演奏及制作技艺 （四川茂县） Ⅱ-54 土家族打溜子 （湖南湘西州） Ⅱ-60 铜鼓十二调 （贵州镇宁县、贞丰县） Ⅱ-63 回族民间器乐 （宁夏） Ⅱ-70 新疆维吾尔木卡姆艺术 （新疆鄯善县、哈密市） Ⅱ-84 秀山民歌 （重庆秀山县） Ⅱ-85 酉阳民歌 （重庆酉阳县） Ⅱ-105 蒙古族民歌 （青海海西州） Ⅱ-106 鄂温克族民歌 （内蒙古鄂伦春旗） Ⅱ-107 鄂伦春族民歌 （内蒙古鄂伦春旗、黑龙江大兴安岭地区） Ⅱ-108 达斡尔族民歌 （黑龙江齐齐哈尔市） Ⅱ-109 苗族民歌 （重庆彭水县、湖南吉首市、贵州雷山县） Ⅱ-110 瑶族民歌 （湖南隆回县） Ⅱ-111 黎族民歌 （海南琼中县） Ⅱ-112 布依族民歌 （贵州惠水县） Ⅱ-113 彝族民歌 （云南武定县） Ⅱ-114 布朗族民歌 （云南勐海县） Ⅱ-115 藏族民歌 （四川甘孜州、阿坝州，青海玉树州，甘肃甘南州、天祝县） Ⅱ-116 维吾尔族民歌 （新疆尉犁县） Ⅱ-117 乌孜别克族埃希来、叶来 （新疆伊犁地区、喀什地区） Ⅱ-118 回族宴席曲 （青海门源县） Ⅱ-124 朝鲜族洞箫音乐 （吉林延吉市、珲春市） Ⅱ-125 土家族咚咚喹 （湖南龙山县） Ⅱ-126 哈萨克六十二阔恩尔 （新疆伊犁州） Ⅱ-127 维吾尔族鼓吹乐 （新疆） Ⅱ-128 洞经音乐 （四川梓潼县、云南通海县） Ⅱ-129 芦笙音乐 （湖南通道县） Ⅱ-130 布依族勒尤 （贵州贞丰县、兴义市、镇宁县） Ⅱ-131 藏族扎木聂弹唱 （青海海南州） Ⅱ-132 哈萨克族冬布拉艺术 （新疆伊犁州） Ⅱ-133 柯尔克孜族库姆孜艺术 （新疆克孜勒苏州、乌恰县） Ⅱ-134 蒙古族绰尔 （新疆阿勒泰地区） Ⅱ-135 黎族竹木器乐 （海南保亭县、五指山市） Ⅱ-145 弥渡民歌 （云南弥渡县） Ⅱ-146 青海汉族民间小调 （青海西宁市） Ⅱ-147 阿里郎 （吉林延边州） Ⅱ-148 哈萨克族民歌 （新疆伊犁州） Ⅱ-149 塔吉克族民歌 （新疆塔什库尔干县） Ⅱ-152 纳西族白沙细乐 （云南丽江市） Ⅱ-154 京族独弦琴艺术 （广西东兴市） Ⅱ-155 哈萨克族库布孜 （新疆伊犁州） Ⅱ-156 土家族民歌 （湖南湘西州、贵州沿河县） Ⅱ-160 撒拉族民歌 （青海循化县）

续表

指标分类			例证
一级指标	二级指标	三级指标	民族文化举例
精神文化	（二）艺术	1　民族音乐	Ⅱ-161　锡伯族民歌　（新疆察布查尔县） Ⅱ-162　凌云壮族七十二巫调音乐　（广西凌云县） Ⅱ-163　毕摩音乐　（四川美姑县） Ⅱ-164　剑川白曲　（云南大理州） Ⅱ-165　阿斯尔　（内蒙古镶黄旗） Ⅱ-167　蒙古族汗廷音乐　（内蒙古阿鲁科尔沁旗） Ⅱ-169　潮尔（蒙古族弓弦乐）　（内蒙古通辽市） Ⅱ-170　蒙古族托布秀尔音乐　（新疆博尔塔拉蒙古自治州）
		2　民族舞蹈	Ⅲ-17　土家族摆手舞　（湖南湘西州） Ⅲ-18　土家族撒叶儿嗬　（湖北长阳县、五峰县、巴东县，湖南桑植县） Ⅲ-19　弦子舞　（西藏、四川巴塘县） Ⅲ-20　锅庄舞　（云南迪庆州、青海玉树州） Ⅲ-21　热巴舞　（西藏、云南迪庆州） Ⅲ-22　日喀则扎什伦布寺羌姆　（西藏） Ⅲ-23　苗族芦笙舞　（贵州丹寨县、贵定县、纳雍县） Ⅲ-24　朝鲜族农乐舞　（吉林延边州、辽宁本溪市） Ⅲ-25　木鼓舞　（贵州台江县、云南沧源县） Ⅲ-26　铜鼓舞　（云南文山州） Ⅲ-27　傣族孔雀舞　（云南瑞丽市） Ⅲ-28　达斡尔族鲁日格勒舞　（内蒙古莫力达瓦旗、黑龙江哈尔滨市） Ⅲ-29　蒙古族安代舞　（内蒙古库伦旗） Ⅲ-30　湘西苗族鼓舞　（湖南湘西州） Ⅲ-31　湘西土家族毛古斯舞　（湖南湘西州） Ⅲ-32　黎族打柴舞　（海南三亚市） Ⅲ-35　傈僳族阿尺木刮　（云南维西县） Ⅲ-36　彝族葫芦笙舞　（云南文山州） Ⅲ-37　彝族烟盒舞　（云南红河州） Ⅲ-38　基诺大鼓舞　（云南景洪市） Ⅲ-39　山南昌果卓舞　（西藏） Ⅲ-40　土族於菟　（青海同仁） Ⅲ-41　塔吉克族鹰舞　（新疆塔什库尔干县） Ⅲ-57　查玛内　（内蒙古阿拉善盟） Ⅲ-58　朝鲜族鹤舞　（吉林延边州） Ⅲ-59　朝鲜族长鼓舞　（吉林图们市） Ⅲ-60　瑶族长鼓舞　（湖南江华县、广东连南县、广西富川县） Ⅲ-61　傣族象脚鼓舞　（云南芒市、西双版纳州） Ⅲ-62　羌族羊皮鼓舞　（四川汶川县） Ⅲ-63　毛南族打猴鼓舞　（贵州平塘县） Ⅲ-64　瑶族猴鼓舞　（贵州荔波县） Ⅲ-65　高山族拉手舞　（福建华安县） Ⅲ-66　得荣学羌　（四川得荣县） Ⅲ-67　甲搓　（四川盐源县） Ⅲ-68　博巴森根　（四川理县） Ⅲ-69　彝族铃铛舞　（贵州赫章县） Ⅲ-70　彝族打歌　（云南巍山县） Ⅲ-71　彝族跳菜　（云南南涧县） Ⅲ-72　彝族老虎笙　（云南双柏县）

指标分类			例证
一级指标	二级指标	三级指标	民族文化举例
精神文化	（二）艺术	2　民族舞蹈	Ⅲ-73　彝族左脚舞　（云南牟定县） Ⅲ-74　乐作舞　（云南红河县） Ⅲ-75　彝族三弦舞　（云南弥勒县、石林县） Ⅲ-76　纳西族热美蹉　（云南丽江市） Ⅲ-77　布朗族蜂桶鼓舞　（云南双江县） Ⅲ-78　普米族搓蹉　（云南兰坪县） Ⅲ-79　拉祜族芦笙舞　（云南澜沧县） Ⅲ-80　宣舞　（西藏札达县、墨竹工卡县） Ⅲ-81　拉萨囊玛　（西藏拉萨市） Ⅲ-82　堆谐（拉孜堆谐）　（西藏拉孜县） Ⅲ-83　谐钦（土布加谐钦、纳如谐钦）　（西藏拉萨市、南木林县） Ⅲ-84　阿谐　（西藏比如县） Ⅲ-85　嘎尔　（西藏） Ⅲ-86　芒康三弦舞　（西藏芒康县） Ⅲ-87　定日洛谐　（西藏定日县） Ⅲ-88　且嘎甲谐　（西藏萨嘎县） Ⅲ-89　廓孜　（西藏曲水县） Ⅲ-90　多地舞　（甘肃舟曲县） Ⅲ-91　巴郎鼓舞　（甘肃卓尼县） Ⅲ-92　藏族蛎鼓舞　（青海循化县） Ⅲ-93　则柔　（青海贵德县） Ⅲ-94　蒙古族萨吾尔登　（新疆和静县） Ⅲ-95　锡伯族贝伦舞　（新疆察布查尔县） Ⅲ-96　维吾尔族赛乃姆　（新疆哈密市、莎车县） Ⅲ-101　老古舞　（海南白沙县） Ⅲ-102　跳曹盖　（四川平武县） Ⅲ-103　棕扇舞　（云南元江县） Ⅲ-104　鄂温克族萨满舞　（内蒙古根河市） Ⅲ-105　协荣仲孜　（西藏曲水县） Ⅲ-106　普兰果尔孜　（西藏阿里地区） Ⅲ-107　陈塘夏尔巴歌舞　（西藏定结县） Ⅲ-108　巴当舞　（甘肃岷县） Ⅲ-109　安昭　（青海互助县） Ⅲ-110　萨玛舞　（新疆喀什市） Ⅲ-111　哈萨克族卡拉角勒哈　（新疆伊犁州） Ⅲ-114　博舞　（吉林前郭尔罗斯县） Ⅲ-120　瑶族金锣舞　（广西田东县） Ⅲ-121　玩牛　（重庆石柱县） Ⅲ-122　古蔺花灯　（四川古蔺县） Ⅲ-123　登嘎甘伩（熊猫舞）　（四川九寨沟县） Ⅲ-124　阿妹戚托　（贵州晴隆县） Ⅲ-125　布依族转场舞　（贵州册亨县） Ⅲ-126　耳子歌　（云南大理州） Ⅲ-127　铓鼓舞　（云南建水县） Ⅲ-128　水鼓舞　（云南瑞丽市） Ⅲ-129　怒族达比亚舞　（云南福贡县） Ⅲ-130　锅哇（玉树武士舞）　（青海玉树州） Ⅲ-131　纳孜库姆　（新疆吐鲁番市）

指标分类			例证
一级指标	二级指标	三级指标	民族文化举例
精神文化	（二）艺术	3 民族戏剧	Ⅳ-73 二人台 （内蒙古呼和浩特市） Ⅳ-76 彩调 （广西） Ⅳ-80 藏戏 （西藏尼木县、甘肃甘南州） Ⅳ-81 山南门巴戏 （西藏） Ⅳ-82 壮剧 （广西） Ⅳ-83 侗戏 （贵州黎平县） Ⅳ-84 布依戏 （贵州册亨县） Ⅳ-85 彝族撮泰吉 （贵州威宁县） Ⅳ-86 傣剧 （云南德宏州） Ⅳ-135 佤族清戏 （云南腾冲市） Ⅳ-136 彝剧 （云南大姚县） Ⅳ-137 白剧 （云南大理州） Ⅳ-158 海南斋戏 （海南海口市）
		4 民族曲艺	Ⅴ-30 新疆曲子 （新疆昌吉州） Ⅴ-40 乌力格尔 （内蒙古扎鲁特旗、科尔沁右翼中旗，辽宁阜新市，吉林前郭尔罗斯县） Ⅴ-41 达斡尔族乌钦 （黑龙江） Ⅴ-42 赫哲族伊玛堪 （黑龙江） Ⅴ-43 鄂伦春族摩苏昆 （黑龙江） Ⅴ-44 傣族章哈 （云南西双版纳州） Ⅴ-45 哈萨克族阿依特斯 （新疆伊犁州） Ⅴ-46 布依族八音坐唱 （贵州兴义市） Ⅴ-80 朝鲜族三老人 （吉林和龙市） Ⅴ-92 青海平弦 （青海西宁市） Ⅴ-93 青海越弦 （青海西宁市） Ⅴ-94 青海下弦 （青海） Ⅴ-95 好来宝 （内蒙古科尔沁左翼后旗） Ⅴ-96 哈萨克族铁尔麦 （新疆伊犁州） Ⅴ-102 盘索里 （辽宁铁岭市、吉林延边州） Ⅴ-125 桂林渔鼓 （广西桂林市） Ⅴ-126 宁夏小曲 （宁夏银川市） Ⅴ-127 托勒敖 （新疆尼勒克县）
		5 民族美术	Ⅶ-13 纳西族东巴画 （云南丽江市） Ⅶ-14 藏族唐卡 （西藏、四川甘孜州） Ⅶ-22 苗绣 （贵州雷山县、贵阳市、剑河县） Ⅶ-23 水族马尾绣 （贵州三都县） Ⅶ-24 土族盘绣 （青海互助县） Ⅶ-38 临夏砖雕 （甘肃临夏县） Ⅶ-39 藏族格萨尔彩绘石刻 （四川色达县） Ⅶ-48 塔尔寺酥油花 （青海湟中区） Ⅶ-49 热贡艺术 （青海同仁市） Ⅶ-50 湟源排灯 （青海湟源县） Ⅶ-105 瑶族刺绣 （广东乳源县） Ⅶ-106 藏族编织、挑花刺绣工艺 （四川阿坝州） Ⅶ-107 侗族刺绣 （贵州锦屏县） Ⅶ-108 锡伯族刺绣 （新疆察布查尔县） Ⅶ-114 毕摩绘画 （四川美姑县） Ⅶ-115 彩砂坛城绘制 （西藏日喀则市）

续表

指标分类			例证
一级指标	二级指标	三级指标	民族文化举例
精神文化	（二）艺术　6	民族杂技与竞技	Ⅵ-5 维吾尔族达瓦孜 （新疆） Ⅵ-14 朝鲜族跳板、秋千 （吉林延边州） Ⅵ-15 达斡尔族传统曲棍球竞技 （内蒙古莫力达瓦旗） Ⅵ-16 蒙古族搏克 （内蒙古） Ⅵ-20 蒙古族象棋 （内蒙古阿拉善盟） Ⅵ-21 摔跤（朝鲜族摔跤、彝族摔跤、维吾尔族且力西） （吉林延吉市、云南石林县、新疆岳普湖县） Ⅵ-22 沙力搏尔式摔跤 （内蒙古阿拉善左旗） Ⅵ-38 满族珍珠球 （吉林吉林市） Ⅵ-39 满族二贵摔跤 （河北隆化县） Ⅵ-40 鄂温克抢枢 （内蒙古鄂温克旗） Ⅵ-42 传统箭术 （青海海东市乐都区） Ⅵ-43 赛马会 （西藏拉萨市、青海玉树州） Ⅵ-44 叼羊 （新疆阿瓦提县、塔什库尔干县等） Ⅵ-45 土族轮子秋 （青海民和县、互助县） Ⅵ-65 赛龙舟 （湖南沅陵县、广东东莞市、贵州铜仁市、贵州镇远县） Ⅵ-71 布鲁 （内蒙古库伦旗） Ⅵ-72 蒙古族驼球 （内蒙古乌拉特后旗） （省）苗族射弩 （贵州织金县、普定县） （省）蒙古族射箭 （内蒙古乌珠穆沁旗） （省）泾源回族"赶牛" （回族木球） （宁夏泾源县） （省）朝鲜族传统"掷栖"竞技游戏 （辽宁沈阳市）
	（三）语言　1	各个民族的语言及其表达	（省）傣绷文 （云南耿马县） （省）独龙族语言 （云南贡山县） （省）怒族"若柔"语言 （云南怒江州） （省）满语文 （吉林长春市） （省）肃南裕固族语言 （甘肃肃南县） （省）东乡族语言 （甘肃东乡县） （省）保安族语言 （甘肃积石山县） （省）畲语 （浙江景宁县）
	（四）文字　1	各个民族的文字及其书写	Ⅹ-69 女书 （湖南江永县） Ⅹ-70 水书 （贵州黔南州） （省）彝文书法 （四川盐源县） （省）尔苏藏族图画文字 （四川甘洛县） （省）新疆满文、锡伯文书法 （新疆） （省）维吾尔文书法 （新疆喀什市、策勒县） （省）哈萨克文书法 （新疆阿勒泰市） （省）新疆蒙文书法 （新疆博尔塔拉蒙古自治州） （省）纳西族东巴文书写艺术 （云南丽江市） （省）蒙古族竹板笔书法 （内蒙古乌拉特后旗） （省）蒙古文书法 （内蒙古呼和浩特市、吉林前郭尔罗斯县）
	（五）健身　1	各个民族的健身方式	（省）苗山打闹 （重庆彭水县） （省）布依族抵杠 （贵州安顺市平坝区） （省）瑶族民间陀螺 （贵州荔波县） （省）点苍派武术 （云南大理市） （省）团山民间传统武术 （云南个旧市） （省）傣族传统武术 （云南景洪市） （省）打陀螺 （云南景谷县、双江县、双柏县）

续表

指标分类			例证
一级指标	二级指标	三级指标	民族文化举例
精神文化	（五）健身	1 各个民族的健身方式	（省）彝族摔跤 （云南元谋县、石林县） （省）维吾尔族转轮秋千 （新疆阿瓦提县） （省）蒙古族搏克 （内蒙古） （省）沙力搏尔式摔跤 （内蒙古阿拉善左旗） （省）凤城满族珍珠球 （辽宁凤城市） （省）锡伯族欻嘎拉哈 （辽宁沈阳市）
	（六）娱乐	1 舞龙灯	（省）普子铁炮火龙 （重庆彭水县） （省）石柱板凳龙 （重庆石柱县） （省）平桥耍龙 （重庆武隆区） （省）镇远元宵龙灯会 （贵州镇远县） （省）余庆龙灯 （贵州余庆县） （省）德江土家舞龙 （贵州德江县） （省）云南车灯 （云南昭通市）
		2 踩高跷	（省）长白山满族高跷大秧歌 （吉林通化市） （省）本溪全堡寸跷秧歌 （辽宁本溪市）
		3 舞狮子	（省）兴隆高竿狮舞 （云南盐津县） （省）新化舞狮 （贵州锦屏县） （省）布依族高台狮灯 （贵州兴义市） （省）仡佬族高台舞狮 （贵州务川县、道真县） （省）高台狮舞 （重庆彭水县）
		4 划龙舟	（省）龙舟赛 （湖南沅陵县，贵州铜仁市、镇远县） （省）苗族独木龙舟节 （贵州台江县、施秉县） （省）龙舟竞渡 （重庆合川区）
		5 其他	（省）土族轮子秋 （青海互助县） （省）赤水独竹漂 （贵州赤水市） （省）傩技——上刀山 （贵州松桃县） （省）维吾尔族麦西热甫 （新疆） （省）土家斗锣 （重庆石柱县） （省）彭水耍锣鼓 （重庆彭水县）

"民族文化举例"主要选取以下四类：第一类是我国被列入世界自然遗产和文化遗产的历史文物、历史建筑、人类文化遗址。到 2021 年，我国有世界遗产 56 处，其中世界文化遗产 38 项、世界文化与自然双重遗产 4 项、世界自然遗产 14 项。[①]我们将与民族区域和民族文化相关的 15 处世界文化遗产列入表中，在表中以"（世）"来表示。第二类是从我国已经公布的国家级非物质文化遗产名录中选取民族自治地区（区、州盟、县旗、乡）的国家级非物质文化遗产，用国家分类标准和代码来表示，即民间文学Ⅰ、民间音乐Ⅱ、民间舞蹈Ⅲ、民族戏剧Ⅳ、民族曲艺Ⅴ、民族杂技与竞技Ⅵ、民族美术Ⅶ、传统手工技艺Ⅷ、传统医药Ⅸ、民俗Ⅹ

---

① 中国政府网. 2021-07-29. 泉州申遗成功！我国世界文化遗产名录这里查→. www.gov.cn/fuwu/2021-07/29/content_5628260.htm[2022-02-18]

等共 10 类，在表中以"编码-序号"来表示。第三类是选取我国各省（自治区、直辖市）公布的省级非物质文化遗产，在表中以"（省）"来表示。第四类选取的是国家重点文物、重点文物保护单位、省级重点文物及文物保护单位，用"（）"单独予以注明。除这四类以外，有极少地方出现了省级以下的非物质文化遗产，在表中予以注明。

在每一类文化的排序中，按照世界自然与文化遗产、国家级非物质文化遗产、省级非物质文化遗产、国家重点文物或保护单位、省级重点文物或保护单位、省级以下重点文物或保护单位进行排序；对相同或相近的文化资源尽可能排放在一起，便于寻找不同文化的共同性和差异性；在相同类型文化资源中，按照国家级非物质文化遗产发布的先后序列进行排序；在每一项民族文化资源后，加上了民族文化资源的申报单位或所属地区，便于查证或做进一步的考察研究，但限于篇幅，将民族文化资源所属的省份都省略了，将所在民族地区（州、盟）省略了，只保留到所在县（市、旗），如国家级非物质文化遗产"X-47 苗族系列坡会群"所在地为广西壮族自治区柳州市融水苗族自治县，表中省略为"广西融水县"，在此予以说明。

从表 2-1—表 2-4 可以看出，我国民族文化有如下几个特征。

第一，每一种民族文化资源都与其自然环境密切相关。文化的产生一定与当地的地形、地貌、气候、天文、水资源等相关联。例如，我国的地形西高东低，西部大多为高山、高原，有丰富的草场，因此畜牧业发达，对奶的加工、开发最多；东部地势平坦、水资源丰富，适合于农业生产，农产品较为丰富；东北地区气候寒冷，冬季适合种植的农产品较少，所以东北地区会利用这样的自然条件，制作大酱、酱菜。这就需要我们从文化生态学角度研究人类群体与周围环境之间的关系，把人类社会及其文化视为人类适应和改造特定环境的产物，研究人类与生态环境相互影响的特点、方式及规律，并寻求合理地利用和改造生态环境，保护生态平衡，实现人类与资源的和谐共生。

第二，每一种民族文化都与其所在区域的文化大背景有关。从表 2-1—表 2-4 可以看出，我国的文化历史悠久，内涵丰富，影响深远，成为东方文化的主要发源地。我国各地的民族文化与中原汉文化有深厚的渊源，都受到了汉文化的影响，也可以这样说，汉文化对周边所有民族文化的影响都很深远。在表 2-1 中关于物质文化的"饮食"类中，原来考虑将"饮料食品"列为一类，但东方文化中茶、酒的类别特别多，几乎每个省（自治区、直辖市）都有很多品种，有不同的制作技艺、酿造工艺，因此将"饮料食品"分成了三类，茶类包括绿茶、红茶、黑茶、清茶等类别，酒类包括高度酒、低度酒、青稞酒、啤酒等类别，其他饮料中又包括咖啡、糖、盐等类别。

第三，有一些民族文化资源可以被归类为多种类别。例如，国家级非物质文化遗产白族扎染是云南大理白族人民的传统手工印染工艺，它是根据设计图案的效果，用线或绳子以各种方式绑扎布料或衣片，绑扎处因染料无法渗入而形成图案，整个工序分为设计、上稿、扎缝、浸染、拆线、漂洗等，形成蓝、白二色为主色调，给人以"青花瓷"般的淡雅之感。它是一种工艺品，具有物质文化的性质；是一种民族文化的传承技艺，具有行为文化的性质；又是白族文化的典型代表，成为白族文化的精神符号，具有精神文化的性质。扎染之后，形成了扎染布，衍生出扎染包、扎染帽、扎染围巾、扎染衣裙等生活用品，因而又具有物质文化的性质。因此，白族扎染具有物质文化、行为文化、精神文化三个方面的性质。

第三章

多民族文化资源教育转换途径

本章将探讨如何从多民族文化资源中挖掘优秀的文化知识并转化为教育资源，以实现民族文化发扬与教育资源丰富的"双赢"。本章在厘清教育转换的内涵与意义、教育转换的原则和途径选择依据的基础上，依据场域理论选择了对多民族文化资源进行教育转换的三个场域：学校内部及其相关因素场域、学校外部及其相关因素场域以及国家之外及其相关因素场域。

第一节　多民族文化资源教育转换的内涵和意义

鉴于民族文化资源的丰富性和对教育的重要价值，对其进行教育转换十分有必要。何为"教育转换"？如何进行教育转换？实现教育转换的意义何在？这些问题是我们在本节要探讨的主要内容。

一、教育转换的内涵

"转换"是一个合成词，其含义包括"转"和"换"两个方面。

"转"的主要含义是"转化"。"转化"之意十分多元，最初来自自然科学领域，在生物学中，转化是指某一基因型的细胞从周围介质中吸收来自另一基因型的细胞的 DNA，而使它的基因型和表现型发生相应变化的现象；在物理领域中，能量的转变、物态的相变等现象都属于转化；在数学中，转化是常用的思想，其精髓在于将未知的、陌生的、复杂的问题通过演绎、归纳转化为已知的、熟悉的、简单的问题。无论是基于现象还是基于思想，"转换"的所指都十分具有针对性，后被现代汉语用来专指转变，特指矛盾的双方经过斗争，在一定条件下各自向着和自己相反的方面转变，向着对立方面所处的地位转变，推而广之，借指"将事物 A 通过某种方法或途径转变为事物 B 的一种解决问题的手段"①。本书中的"转"便是此意，是指将民族文化资源通过某些方法或途径转变为教育资源，"转换"在这里就是一种解决问题的手段。"换"，在《说文解字》中释为："易也，从手，奂声。"②《说文解字》中的"易"，有变易之意。③在《汉语大字典（第 3 卷）》中，"换"字有两种含义：一种含义为"对换"，意指个体在给予对方某物的同时，也从对方那里取得他物；另一种含义为"改变、变易"。④本书中的教育转换正是基于此，是指将民族文化资源中有益的、有助于推动教育发展的部分纳入教育系统中，同时

---

① 夏征农. 2002. 辞海：1999 年版缩印本·音序. 上海：上海辞书出版社，2830
② （汉）许慎. 1981. 说文解字.（清）段玉裁，注. 上海：上海古籍出版社，611
③ （汉）许慎. 1981. 说文解字.（清）段玉裁，注. 上海：上海古籍出版社，459
④ 汉语大字典编辑委员会. 2006. 汉语大字典（第 3 卷）. 武汉：湖北辞书出版社，1886

改变民族文化资源的形态，使其得到传承和发扬；也改变教育的形态，使其更具有民族性、深厚的社会基础和丰富的人文特色。

因此，上述对"转换"一词词源的解释，便决定了本书中的"教育转换"也同时包括两层含义：教育资源的转换和教育状态的变换。一方面，将教育转换作为一种手段，将民族文化资源与教育系统（教育活动、教育机制、教育观念等）对接，使一部分民族文化资源成为教育资源的组成部分；另一方面，改变双方的形态，在民族文化资源中发现适于教育的因子，弘扬民族文化，又在教育活动中融入民族的特色，以便提升教育质量，更好地为当地社会政治、经济服务。鉴于此，在更好地实行教育转换之前，要明确教育转换的重要意义，要在明确教育转换的手段、方式、目的的前提下，弄清楚转换之后教育的新形态如何。只有如此，才能对教育转换的手段（教育转换的途径）进行梳理。

二、教育转换的意义

教育转换的意义主要有以下四个方面的内容。

（一）分类对接，体现民族特性

要将民族文化资源中适于教育转换的部分挖掘出来，首要的必然是对民族文化资源进行分类，同时对教育资源进行分类，只有这样才能有效地查找双方的对接点，才能更好地实施转换。一旦双方对接，那么民族文化便具备了教育特色，以正式教育或者非正式教育的形式潜移默化地传承下去，变得更具有活力。当然，在传承过程中，民族文化的内涵也会不断规范、丰富，其民族特性也会逐渐增强。同样，教育也会因融入民族文化的成分而与社会生活和人们的生产生活方式更加紧密地结合在一起，在体现出民族特性的同时，完成其对民族价值的增值和对民族文化的创新，同时其自身也具备更有生机和活力的属性。

（二）以人为本，体现人文传承

关于对文化资源进行教育转换的研究，体现文化中的"人文"特性也是十分重要的。中国文化最鲜明的特点就是"人文"。"人文"是何意？它最初是跟"天文"相对提出来的。《周易》中有："刚柔交错，天文也。文明以止，人文也。观乎天文，以察时变。观乎人文，以化成天下。"①意即我们通过对天文的考察，可以看到一年四季的变化；通过人文，可以教化天下，让社会发生变化。基于此，文化的根本精神就是"人文化成"，民族文化自然也不例外。文明以止，人文也。民族文化来自民族地区的生产生活，是维系各民族社会化的重要范式。在中国文化体系下，民族文化也遵从文明就是教化的核心，正是因为民族文化有教化之意，才会让民族体系内的每一个人能够更加明白自己的身份，继而认同自己的民族身份，最后还要以此规范自己的言行举止。那么，我们在进行民族文化资源的教育转换时，也要强化其人文特性，做到以人为本，传承人文精神，通过教育活动和行为实现民族文化资源的教化功能。一言以蔽之，正是因为在民族文化中人文的作用得到了充分的肯定，所以在将民族文化转换到教育中来时也需要传承其人文精神。这一点与教育的本质也是相通的。

（三）因地制宜，体现产教融合

对民族文化资源进行教育转换的一个重要原因，或者也可以说是目的，就是发展经济文化相对落后的民族地区，使这些地区的教育和社会能更紧密地结合起来。由于民族文化是与当地的生产生活紧密结合的，而且在这方面，民族文化比学校教育更具备先天的优势，因此若能在教育中融入民族生产生活因素，便能使培养对象更适应当地的经济、文化发展需要，也能使教育与当地的实际情况关联起来。可以说，对民族文化资源进行教育转换就是要通过民族文化资源这一"杠杆"，使当地实际情况和教育结合起来。也正因为如此，在进行教育转换之后，民族地区便能更好地实现因地制宜，使社会产业与教育相伴发展。

（四）制度创新，体现时代特色

将民族文化资源引入教育中，本身就是一种制度创新。因为民族文化资源本身的传承和及时更新，能使教育更好地体现时代特色。民族文化源自当地社会生活，随时反映当地居民的需求和动向。在教育转换的过程中，对有益于教育部分的民族文化资源的挖掘，会使教育在更广阔的范围内更好地完善自己的发展体系。为了保证转换的途径更广泛、更有效，我们的教育就要充分考虑环境和时代的现实需求，调整自己的运行机制和管理模式。唯有如此，教育才能走在不断进行制度创新的路上。

---

① 李兴，李尚儒. 2018. 周易·国学经典 10 元本. 西安：三秦出版社，69

第二节　多民族文化资源教育转换的原则
和途径选择的依据

为了使多民族文化资源中适合于教育的部分能更好地融合进来，且更好地塑造教育的新形态，我们在进行教育转换时还需要遵循一些原则和依据。

一、教育转换的原则

教育转换原则的确立有助于在行为实施过程中，更好地保证目标的实现。在教育转换的行为实施过程中，要充分体现民族文化资源的属性和特色，同时尊重教育的本质和规律。

（一）理念先行原则

多民族文化资源的教育转换，要做到转换的理念先行。理念决定行动，思路决定出路，任何教育实践与管理行为都要依赖先进思想的引领与价值观的指导。从外围引入资源解决教育问题无疑是一种"大教育观"的先进思想。只有在实施教育转换之前和在实施过程之中明确自己要进行教育转换的理念，转换的理念先行于转换的行为，以先进的、富有积极主动的教育转换理念引领实践领域的教育转换行为，才会使教育转换在实践中得到体现，才能在实践中通过感悟强化、提升理念。因为民族资源散布在当地社会生活中的各个方面、各个领域中，只有树立需要转化、随时转化、一切都可以转化的思想意识，才能自觉挖掘其中的有益成分，否则"身在此山中"，反而看不到民族文化资源的价值，更谈不上进行教育转换。

（二）思行合一原则

尽管我们也强调教育观念/理念、教育系统、教育机制等在教育转换后形成的新形态，但本书中的"教育"更多的是一种活动、一种实践应用。多民族文化资源的属性归属，一是"文化"，二是"资源"，前者属于"人为的事实"，是各种物质与精神事实的总和；后者是来自自然与社会的各种要素的总称，两者在其"价值性"的本质属性上是相通的。正因为两者在本质上都具有主观价值判断的性质，所以在对两者进行转换的时候，还要遵循将主观观念的知识转变成行动的某些原则，以确保知识与实务（实际操作）之间的连续性。因为教育活动也好，教育实践也罢，都属于"如何做"的知识，实质上是一种隐性知识。对于这种隐性知识，就算别人告诉他人，或生成书面知识体系公开发布，也只能将其"形"呈现出来，其"神"难以传授给他人，还需要他人根据自身所拥有的理念、观念、方法和见解等，通过自身不断感悟，尤其需要结合行动，具体去摸索、体验和思考，如此才能真正有所收获、有所得。

（三）学以致用原则

尽管在民族文化资源的教育转换过程中需要考虑到环境的特点及教育转换的现实操作性和可行性，但由于民族文化资源本身的区域性和局部性，在进行转换的时候，只要有合适的对接点就可以纳入教育系统中，进行教育活动或者实践，可以是一堂课，也可以是一次竞赛，甚至就是学生的一次参与或旁观。教育本身是对人的思想有所改变的行为，只要立足于民族文化资源的展现，让学生有所感、有所悟，便是有所获。那么，这样的教育转换便是可行的、有价值的、成功的。究其根本，学生所学知识能否有效发挥作用，在于在学习与运用的过程中能否有效地组织它们，并结合自己的经验、心得、方法，形成有自己特色的见解，并慢慢内化、融合，成为自己知识的一部分。通过这样的教育活动形成的知识，才能有主有次，帮助学生形成有清晰脉络的知识结构与体系，用以系统地指导实践。

（四）机制创新原则

鉴于上述理念先行、思行合一和学以致用的原则，教育转换看似随机灵活，实则要遵循机制创新原则。因为教育转换是从局部开始的，甚至没有系统、复杂的规划。只要思想意识先动，只要以影响人的思维、指导实践为依归，任何可以和教育相对接的民族文化资源都可以随时拿过来进行教育活动或者教学实践。那么，与规范性、可持续性相伴随的，就应该是机制、制度建设。将这种转换的行为固化成一整套从思想观念到行动实践的程序和范式，是确保转换行为得以持久进行下去并取得成效所必需的。机制的改革是所有创新的基础，同时管理模式的创新是一个组织最高层级的创新。[①]只有在机制创新的原则下，才能使教育转换行为

---

① 周辉. 2011-09-01. 企业创新原则. http://www.docin.com/p-251986767.html[2019-10-12]

成为形塑教育新形态的方式，才能使各种转换途径有意义。

二、教育转换途径选择的依据

在确定教育转换途径时，本书遵循场域理论，即寻找文化和教育共同构成的场域进行对接。场域理论是法国著名的社会学大师布迪厄提出的基本理论，它是关于人类行为的一种概念模式，起源于 19 世纪中叶的物理学概念。该理论认为，人的每一个行动均会受到行动发生的场域的影响，而场域并非单指物理环境，也包括他人的行为以及与此相联的许多因素。具体而言，布迪厄将场域（field）的概念"定义为位置间客观关系的一网络或一个形构，这些位置是经过客观限定的"①。对于布迪厄的场域概念，不能仅将其理解为被一定边界物包围的领地，也不等同于一般的领域，而是在其中有内含力量的、有生气的、有潜力的存在。场域是由社会成员按照特定的逻辑要求共同建设的，是社会个体参与社会活动的主要场所。通过对众多场域，如美学场域、法律场域、政治场域、文化场域等的大量研究，布迪厄发现，每个场域都以一个市场为纽带，将场域中象征性商品的生产者和消费者联结起来。②本书中的教育场域正是基于此，以民族文化资源为纽带，将教育场域中的政府、学校、学生、社会等代表教育者与受教育者的利益相关群体联结起来。因此，本书也如布迪厄那样，不仅将场域视为社会学理论的概念，也将其用作进行社会学、教育学研究的分析单位。寻找教育场域中的民族文化资源便是实施教育转换的基本路径。

（一）场域之一：学校内部及其相关因素

学校内部及其相关因素构成的场域，能够在民族文化资源的中介作用下，将学校与学生两个代表教育者与受教育者的群体联结起来，既提升教育者提供教育的能力，也提高学生作为受教育者的水平。具体来说，在这个场域内，民族文化资源能进行作用的因素包括学校理念、学习氛围、校园文化、学校制度、校园环境、硬件设施、教学设备等，这是该场域内需要进行教育转换的第一个层面——教育教学辅助因素。民族文化资源能融入的校内相关因素还有教育教学活动相关因

---

① ［法］皮埃尔·布迪厄，［美］华康德.1998.实践与反思——反思社会学导引.李猛，李康，译.北京：中央编译出版社，134

② ［法］皮埃尔·布迪厄，［美］华康德.1998.实践与反思——反思社会学导引.李猛，李康，译.北京：中央编译出版社，159-163

素，如专业设置、课程选择与安排、教材的选择与使用等，这是该场域内需要进行教育转换的第二个层面。第三个层面的教育转换则是发生在与课堂内教学活动不相关的第二课堂。因此，就学校内部及其相关因素构成的教育转换场域来看，与教育教学活动直接相关的两个层面即上述第一层面和第二层面，与课堂内外相关的两个层面即上述第二层面和第三层面。第一层面和第二层面之间、第二层面和第三层面之间则是通过学校内部的课堂教育教学活动层面交叉相联的。

（二）场域之二：学校外部及其相关因素

除了学校内部及其相关因素构成的场域之外，事实上，由于民族文化资源根植于民族地区生活的特征，学校外部及其相关因素构成的场域同样重要。该场域包括三个层次，第一个层次是通过社区组织及其活动，对民族文化资源进行教育转换；第二个层次是通过行业组织和社会团体进行教育转换；第三个层次是通过特定的人群，主要是民间艺人、传承人等的教育培养进行教育转换。在该场域内，无论社区组织还是行业、社团组织，或者民间传承人，如果不是因为民族文化资源的联结，他们与教育活动本身并不容易发生直接的联系。但是，借助对民族文化资源进行教育转换，可以促使社区组织或行业、社团组织和民间传承人等这些学校外部场域中的相关因素与学校内部场域中的相关因素关联起来，将教育场域中的学校、学生、社会等代表教育者与受教育者的利益相关群体联结起来。利用学校外部及其相关因素的这个场域，能让教育活动本身更接地气，更能与当地居民的生产生活相结合，从而更具活力。也正因为如此，该场域内培养出的学生与社会需求的结合会更加密切，学生更了解社会、具备社会生存中的技能，因而更容易被社会接受，从而提升毕业生质量、就业率等。

（三）场域之三：国家之外及其相关因素

场域之三是将空间范围更进一步地向外扩展，跳出学校的边界，进入国家的边界。若将学校与校外的两个场域都看作国内的范围，那么还存在一个由国外相关因素构成的场域。在这个场域内的民族文化资源教育转换，与政府的意志和行为有重要关系。这就包括政府行为主导的通过孔子学院（Confucius Institute）的培养进行民族文化资源的教育转换，通过国家及区域组织开展民族文化活动进行的教育转换，以及非政府行为的通过民间组织开展民族文化交流活动进行的教育转换。三者在该场域之内分别对应了学校、政府、社会三方的教育者与受教育者群体。通过该场域内的教育转换活动，民族文化资源作为显性和隐性的产业资本进入国际市场，与此同时，教育也会扩大其在全世界范围内的影响，尽管这种影响是个别而不是整个中国教育的——这是由于相对于政府的意志和行为，该场域与教育的距离略远一些。

综上所述，依据场域理论选择的学校内部及其相关因素、学校外部及其相关因素、国家之外及其相关因素三个场域，为本章第三节将要讨论的多民族文化资源教育转换的途径确定了作用的空间和范围。

第三节　多民族文化资源教育转换的具体途径

基于上文关于教育转换内涵，以及多民族文化资源教育转换意义的论述，笔者确定了教育转换的原则和教育转换途径的选择依据，在三个文化与教育场域中寻找教育转换途径的过程则是将民族文化资源与教育活动相结合的过程。

一、多民族文化资源在学校内的教育转换

依据学校内部及其相关因素的场域，笔者将教育转换途径分成了三种，即对教育教学辅助因素的教育转换，通过专业、课程、教材等进行教育转换，通过第二课堂活动进行教育转换。

（一）对教育教学辅助因素的教育转换

学校内部的教育教学辅助因素包括"软件"层面的学校理念、校园文化、学校制度，以及"硬件"层面的校园环境、学校设备设施等。

1. 对学校理念的教育转换

作为一个哲学概念，"理念"是指人最初通过认识客观事物形成的主体意识，且这种意识是经过人的理性思考概括出来的客观普遍性，具有相对稳定性、延续性和指向性[①]，包含了人对事物的看法、观念，以及对规范价值的追求等。所以，

---

① ［德］雅斯贝尔斯.1991. 什么是教育. 邹进，译. 北京：生活·读书·新知三联书店，121

"理念"是一个精神、意识层面的上位性、综合性结构的哲学概念，是主观（认知、观念）见于客观（规律、存在）的科学反映，是人们经过长期的理性思考及实践形成的思想观念、精神向往、理想追求和哲学观点的抽象概括，是理论化、系统化了的，具有相对稳定性、延续性和指向性的认识、理想的观念体系。简言之，"理念是指人们对于事物或现象的理性认识、理性追求及其所形成的观念体系"①。学校理念即人们对学校的本质、规律、价值追求等形成的哲学思考和对学校具体的办学、管理、教育教学等实践活动形成的理性认识的集合。有了学校理念，学校教育才能成为活的教育，才能衍生出相应的学校文化；将学校理念内化为全体师生对学校的认知，师生通过自己的行动、价值追求把这种认知表现出来，对这些能够表现出来的行动、价值追求进行总结和升华。从这个意义上来说，利用民族文化资源对学校理念进行的教育转换，与对校园文化、学校制度的转化是密切相关甚至一脉相承的。

相对来说，民族文化资源向学校理念的教育转换，是多民族文化资源教育转换中最广泛、最普遍的一类转换，也可算作对民族文化资源最直接的利用。这类教育转换一旦形成，将会对学校的改革和发展、学校教学资源的获取和利用、学校制度的解构与建构产生最大、最根本的影响。因为理念既可以作用于宏观层面，成为办学宗旨；也可以作用于中观层面，影响制度，成为办学理念或者行事风格。学校理念可以体现为"用优秀的传统文化支撑现代学校全面发展"的办学理念，走特色发展之路；或主张来自不同文化背景的儿童都有均等的学习机会，不因为文化、语言、民族、种族、性别等的不同而有所区别；或旨在帮助教育中的弱势群体，如民族学生，在课程安排和专业设置上有所倾斜，以提升他们的学业成绩，帮助他们建立民族自信；或主张培养学生对不同种族群体文化习惯和生活方式的感受性以及对不同事物的宽容性；或培养学生对民族文化特有的理解能力，增强学生在民族文化中的适应力和运作力；或通过教育为学生赋权并培养他们在民族地区的行动能力，培养学生关怀族群、贫穷、性别等当地议题……这些利用民族文化资源对学校理念的教育转换，其目的是培养学生批判性地认识当地民族文化和特殊的社会、教育关系；培养学生适应民族地区生活，能充分利用当地的民族特色资源寻求适当的生活方式；培养学生对当地种种社会热点议题保持应有的、正当的立场，有为当地社会的发展做出贡献的意愿和能力。

2. 对校园文化的教育转换

所谓校园文化，是指在教育教学活动中，学校全体师生员工共同创造的活跃

---

① 孙稼麟. 2001. 建构素质教育中的学校理念. 山东教育科研，（1）：44-46

校园生活、陶冶情操、融娱乐和教育于一体、体现一定教育理念、展现时代精神风貌的文化氛围。利用民族文化资源对校园文化进行教育转换，就是要在学校校园文化建设中，体现当地的民族特色，以建设优良校风、教风和学风为核心，以丰富多彩、健康向上的校园文化活动为载体，以推动形成校园民族文化积淀，展现校园文明风尚，使师生在日常学习、工作、生活中接受民族文化的熏陶，从而能在具有民族特色的校园人文、自然环境中陶冶情操，并以此促进师生对民族身份的认同和对民族意识的强化，促使个体适应民族特质，从而有利于自我发展和健康成长。学校不是封闭的，学校特色往往是其所在地域文化特色的体现，创建特色学校是对当地特色文化的接纳、继承、弘扬和超越。

民族群体相对较小，所处环境相对封闭，往往民风淳朴，人与人之间的联系紧密，互相关爱，且人与自然和谐相处。那么，在转换过程中，可以充分利用这种返璞归真的自然情趣，使学校的校园文化建设从这种自然存在的民族地区文化中汲取营养，培养学生热爱自然、珍爱生命、关爱他人的文化价值观。不仅如此，为了对校园文化进行教育转换，学校还可以发挥社会教育的功能，从民族文化资源的传统节日和习俗中吸收教育因子，组织学生参与这些节日庆典，积极参与文艺表演，使学生也能和当地居民一样，在载歌载舞中庆祝自己的节日。这样既能促进民族地区及其文化的发展，也能将民族特色融入校园文化中。况且，与民同乐、为民育才、共建和谐本身就是学校校园文化建设的应有之意，是应该纳入校园文化的有益组成部分，这也是教育转换途径的一种表现。

3. 对学校制度的教育转换

在学校对民族文化资源进行的教育转换，其实是一种综合转换。如上所述，民族文化资源的教育转换需始于学校理念的转换，而理念的转换必然涉及学校的各种制度。从广义来说，制度包括在特定社会范围内统一的、调节人与人之间社会关系的一系列习惯、道德、法律（包括宪法和各种具体法规）、戒律、规章（包括政府制定的条例）等的总和，它由社会认可的非正式约束、国家规定的正式约束和实施机制三个部分构成；从狭义来理解，制度则只包括要求大家共同遵守的办事规程或行动准则，或者在一定历史条件下形成的法令、礼俗等规范或一定的规格。无论是从广义还是狭义的界定来看，制度存在于上述学校理念、校园环境、学习氛围、校园文化等因素的方方面面。当民族文化资源转换为学校理念或校园文化的一部分时，就有极大的可能形成学校整体或部分制度，从某种程度上决定或规范、制约着学校的发展。当学校利用民族文化资源中的养分来进行制度设计的时候，教育转换便开始了。学校充分考虑到民族成分的复杂性、师生民族意识的多样性和特殊性、当地民族文化的独特性和价值性，将这些与民族文化相关的因素体现在制度安排中，那么教育转换便实现了。这种基于民族文化特色而形成的学校制度体系，会使学校变得更多元、更具包容性，更能适应社会环境的发展和变化，使学生更宽容、和谐，使课程更丰富、充实；使校内外各种教育活动形式更多样、参与更广泛、效益更明显。在课程改革赛程中，如果将多民族、多文化的观点和知识加入主流课程中，为学校设计多元文化教育的课程模式，使各民族能以多民族、多文化角度来看问题，就可以促进各民族间文化的相互了解和尊重，促进多民族社会的和谐发展。无疑，在此制度建构中对学生进行培养，将会极大地提升学生与当地社会的融合度。因为制度中对人的思想产生最重要作用的因素之一，便是形成共同的文化认知。一旦学生形成了对民族文化认同的共识，就会认可和接受民族身份或者当地的民族特性，从而愿意为民族文化的传承和创造做出贡献——无论这种贡献是主动的还是无意识的。

4. 对校园环境的教育转换

校园环境是全校师生共同成长的沃土和乐园，优美宜人的校园环境能在潜移默化中陶冶学生的情操，提升学生对学校的认同程度。当把当地的民族特色融入校园环境中之后，学生会在认同学校的过程中加深对当地民族文化特色的了解，在了解中接受、认同甚至喜爱民族文化，有的还可能会激起民族自豪感和自信心。因此，对校园环境的教育转换，主要体现在紧抓民族特色、合理规划、着眼未来布局上。建设适宜于教育转换的校园环境的目标就是形成具有民族特色的环境文化。从这个角度来说，对校园环境的转换与对校园文化的转换是相互依存、互为载体的，都需要动员全校师生全员、全程、全方位地自觉参与，才能达成建设目标。学校规划应着眼未来，楼、廊、路等各处都要合理布局，既体现民族特色，又要给学生多留一些活动空间。例如，学校可以在校园内合适的位置打造厅廊文化，在教学楼、实验楼等教学活动的楼栋走廊上，通过悬挂照片、文字介绍、特色服饰等具有民族色彩的实物，回顾当地民族的历史，展现当下民族生活的现状，并向大家展示本民族的梦想和期待，使每一处都彰显浓郁的民族特色，或者，在校园的围墙上描绘或者悬挂具有民族特色的各种图饰。在这样的校园环境中，生活在其中的每一位师生无时无刻不在感受着民族文化的熏陶，正所谓"无处不风景，润物细无声"。

5. 对学校设备设施的教育转换

利用民族文化资源对学校设备设施进行教育转换，主要是对学校理念、文化、制度，甚至专业、课程、活动进行教育转换。在进行上述软、硬件方面的教育转换时，需要有相应的教育教学设备设施进行辅助。当然，这些设备设施一方面可以是开展与民族文化相关的教育教学活动时需要的器材、素材、材料等资源；另一方面，也可以是开展这些教育教学活动之后的具有民族特色的物件。把它们运用到学校设备设施上，即对民族文化的传承和创造。不止于此，学校在开展民族特色教育教学活动中，还会创造性地对现有设备设施进行改造升级，或者结合活动需要开发、设计出新的设施，便于教育教学活动的开展。这些不仅是对民族文化资源的教育转换，而且是对其的弘扬和发展。尤其是对民间手工技艺等的器材工具的开发，既有可能激发学生的创造性，激起学生对传统工艺的热爱，也有可能进一步推广一些濒危的手工艺传统，起到保护和传承乃至再创造的作用，更有可能会形成一定的商业价值，形成专利，进行价值生产创造。例如，某些器材设施会随着某些民族活动项目的开展而得到推广。学校若能借用这些环境，有针对性地开发具有特色的民族器材设施，便有可能创造价值。

（二）通过专业、课程、教材等进行教育转换

学校需要通过校内、校外各类具体的教育教学活动，通过专业、课程、教材等对民族文化资源进行教育转换。专业、课程和教材的变革是实现教育转换目标的重要途径。

1. 对专业的教育转换

对专业的教育转换，主要体现在以社会为直接出口的高等院校内部。我国高校现行的专业设置体制以标准化著称，全国上下各大中专院校都要遵循国家发布的《普通高等学校本科专业目录》《普通高等学校本科专业设置管理规定》。一方面，高校专业设置表现出滞后性，专业设置程序僵化，一旦设定便很难修改，容易导致专业与社会需求脱节；另一方面，现行专业体系表现出"该宽泛的不够宽泛""该细致的不够细致"，使毕业生在就业时容易出现"所学非所用""专业不对口"等情况。

鉴于上述专业现状，高校可以着重设置体现民族文化特色的专业，培养民族地区教师。这就需要我们在民族地区挖掘能进行民族文化资源传承和开发的专业人员，甚至可以按照"双师型"教师的模式进行发掘和培养。只有这样的本土本民族教师才有能力和意愿按照班克斯的变革途径，在现行教材中添加具有民族文化特色的内容，从而在多民族文化资源教育转换的过程中，实现民族文化的继承、传播，以及提高学生适应当地生活能力的双赢目标，如开设民族特色师资课程。除了为民族地区师资培育开设专门课程外，还要为其他教育专业人员（如教育行政人员、研究人员、辅导员等）开设民族特色课程，以及为非民族地区当地教师开设相关课程，以增强教师对当地民族历史、文化的了解，培养教师对民族地区

原住民尊重的态度，以及丰富相关教学知识和提高教学能力。

总的来说，教学资源的形成确实是多元文化理念落到实处的重要场域，也因此成为多民族文化资源教育转换的重要途径。教育是传递文化的重要途径，相对于其他教学形式来说，学校教育具有其他教育形式无法比拟的优越性。例如，学校具有开展民族活动的空间、优越的师资力量，还有先进的教学设备等。所以，对民族文化资源的利用，学校是重点实施场所。

2. 对课程的教育转换

课程是学校实现教育功能的重要路径，民族地区民族文化校本课程是学校教育实现民族文化传承功能的重要方法。通过民族文化校本课程学习，学生不仅可以学会本民族优秀的民族文化知识和技能，而且可以在传承民族文化的过程当中培养民族自信心和民族精神，形成良好的国家认同感和民族认同感，为促进社会的稳定和民族的团结添砖加瓦。[1]在对课程的选择和安排上，应充分考虑具有悠久的民族文化底蕴的实际情况，把弘扬民族文化、传承民族优秀传统作为教育学生的重要内容和学校的重点工作，通过彰显民族特色，培育民族人才，实现民族文化资源在课程中的教育转换。教育需要一种载体，需要一种氛围或熏陶，尤其需要美化、诗化、艺术化。那些处于民族聚集区并拥有多元民族成分的学校，只有在民族教育方面独树一帜、敢为人先，才能将现代教育思想和民族优秀传统文化有机结合起来。这类学校可以依托当地非物质文化遗产，如庙会、集市等各类群众文化资源，结合学生爱活动、好模仿、自尊心强等心理特点，创造性地设置民族音乐、民族舞蹈、民族刺绣等民族艺术和民族工艺课程，打造具有民族特色的校园文化。

但是，就课程的教育转换现状来看，目前还不尽如人意。我国学校现行的课程体系多以优势群组的文化、历史、地理、风俗习惯、价值观等为中心来进行设置，有些文化课程忽视了非主流族群的感受和需求，削弱了课程、教材的实用价值，甚至会影响毕业生就业及其对当地社会发展的贡献。事实上，作为一个多民族的国家，我国早在1951年9月召开的第一次全国民族教育会议上就提出，少数民族教育的内容和形式、课程教材既要照顾民族特点，又不能忽视整个国家教育的统一性……少数民族学校的教学计划、教学大纲应以教育部的规定为基础，结合各民族的具体情况加以变通和补充。[2]但直到今天，对民族多元文化课程的研究仍旧不够深入。这样的改革路径是科学合理的，但对于保存和发扬民族文化而言却见效不快。只有从观念意识上开发新的课程模式，才有可能更好、更快地实现

---

① 王景. 2008. 少数民族地区民族文化校本课程开发研究. 现代教育科学，（5）：83，86-87

② 《中国教育年鉴》编辑部. 1984. 中国教育年鉴（1949—1981）. 北京：中国大百科全书出版社，396

教育转换的目标。

学校校本课程的丰富性和多样化体现在如下几个方面：①课程结构和门类的多样化。它包含了解各民族的传统文化风俗与政策常识、初步学习民族工艺制作、民族歌曲舞蹈、民族乐器表演、民族体育游戏、古诗文诵读、民族书画赏习等学习内容和活动体系，分为必修、选修与活动三种类型。②学习方式和教学资源利用的多样化。师生根据学习内容可选择动手操作、情境模仿、实践体验、参观表演、游戏比赛、合作探究等多种方式，促进校内和校外结合，调动学生多感官运用、主动参与学习活动。③学习评价内容、主体、形式、呈现方式的多样化。注重过程性评价和评价主体的多元化，关注教师、家长、学生多向度评价的交流与综合。④师资配备的多样化。校本课程的执教者不仅有本校的教师，还会根据专业化要求适时、适度地聘请专业团体、大学院校、各级民族宗教事务委员会等有民族教育专业知识和经验的研究者承担授课或培训任务（如民乐教学和书法教学就是聘请相关专业团体的老师担任组织教学工作的）。

依据多元文化课程改革理念，西方一些国家在学校教育的各年级的教材和课程设计中融进多元文化的内容，形成在新的文化理念指导下的课程开发模式。这种课程开发模式即生成四种教育转换的途径：贡献途径（contributions approach）、附加途径（additive approach）、转型途径（transformation approach）、社会行动途径（social action approach）。[①]贡献途径是通过课程来强调各民族的贡献，具体做法是在原有课程框架中加入民族文化内容，即加入民族地区的英雄、节日和个别文化因素等反映民族文化对主流文化的贡献的内容。附加途径是指整体考虑在课程内容中呈现多元文化内容、概念、主题和评价，具体做法是在原有课程结构、目的和特征不变的前提下，补充一些读物或增加专门的单元或是增设一堂课，附加有关民族的内容和观念等，以此来实施多元文化教育。转型途径则与前两种不同，这种途径试图改变原有课程的结构、目标和观点，使学生能够从多元文化的角度来理解不同的概念、问题、事件。其目的是促进课程标准、价值规范的改革，帮助学生以多元文化的视角分析、看待问题。社会行动途径是在上述三种转换途径的基础上发展而来的。这种转换方式要求学生运用所学的概念、方法，自行拟订学习和行动计划，积极地参与社会活动。其目的是让学生指出重要的社会问题和有争议的问题，收集相关资源并澄清自己对这些问题的态度和价值观念，然后采取行动解决这些问题。这种转换途径可以增强民族地区学生对本民族文化的保护意识，有利于民族文化的传承。例如，美国的学生在了解印第安人的历史后，

---

① 郑金洲. 2004. 多元文化教育. 天津：天津教育出版社，89

建议学校记载、保存印第安人的文化，开设印第安文化陈列室，同时开出有关印第安人的书单，请学校图书馆订购，他们还通过话剧等形式表现印第安人的文化和历史。

除了课程结构外，在课程内容上，也可以实施教育转换。第一，普及民族文化知识。这可以帮助学生拓宽视野，学校可以充分利用综合实践活动课、地方课、班队会等进行民族知识的教育，请民间艺人到校解读，让学生了解各民族和本民族本地区的地理概况、民族成分、民族来源、风土人情等常识；并可以通过进行民族团结进步方面的教育，培养学生从小热爱家乡的情感，激发民族自豪感，将理想教育与民族教育相结合，通过教育转换有效整合民族文化资源与教育资源。第二，利用民族文化资源渗透课程，促进课程改革，开设具有浓郁民族特色的校本课程。学校可以"综合科"为突破，在体育课中开展民族传统体育项目普及活动；在音乐课中教学生吹弹民族乐器、跳民族舞蹈、学唱原生态民歌；在美术课中教学生创作民俗风情画、学习手工刺绣技能等，不仅能激发学生的学习兴趣，还能培养学生的动手操作能力，深入挖掘民族文化元素，为学校课程改革拓宽路子，使校园文化的民族特色日渐浓厚，内涵发展彰显特色。第三，校内广泛使用当地民族语言文字，如教室板报、走廊内的名人名言、校园广播、主持人台词、书画艺术、电子显示屏上的每日一句格言、校园橱窗，包括各种建筑物上的装饰均可使用民族语言文字。尤其是可以在学校艺术节展示学生的民族语言文字书法、绘画、剪纸、雕刻作品，原生态的民族歌舞表演及精彩纷呈的民族语言演讲等表现民族纯朴和优秀文化的形式。第四，重视当地民族语文学科教学，创办体现民族文化的校刊（民族语言版），并可由学生自行用民族语言进行采编，培养学生运用民族语言文字进行写作的能力。

可以说，这些教育转换途径既多样，涵盖面又很广，在正规课程中反映了不同族群、性别的经验、文化和价值，不仅涉及课程结构中的课程理念、课程体系、课程安排，也涉及教学方法和手段。除此之外，对利用民族文化资源进行课程选择和安排的教育转换，还会涉及教师的教学方法要切合学生的学习风格和文化，以及学习动机。教职员工要尊重学生的母语和方言，学校使用的教材要呈现多种文化，以及族群和种族对事件、现象的看法和见解。学校评估和测量学生学业与发展的工具要考虑文化多样的因素，学校文化和潜在课程要表现文化和民族的多样性①，从而使教育转换真正进入课堂，进入学生在校的学习、生活环境，以更好地发挥其潜移默化的影响力。

---

① ［美］杰姆·班克斯. 2002. 多元文化教育概述. 李萍绮，译. 台北：心理出版社，20

3. 对教材的教育转换

利用民族文化资源中的适宜部分来对教材进行教育转换，具有便利性和合理性。民族地区的各级各类学校往往与当地具有民族特色的建筑（如住宅、寺庙、村落等）在空间或地理上不可分割，而且与具有深厚历史意蕴或神圣民族仪式感的植物（如古树）、图腾、习俗等密切相关，学校本身便是当地民族文化口口相传的一部分。因此，学校完全可以充分利用这些便利资源，组织专人专门进行当地民族文化校本课程研发——专人专项既可以是教师，也可以由学生自愿组成；在当地资深民族文化研究者的指导和引领下，通过走访、调查、采风等方式搜集民族资料，编辑成书。对教材的教育转换，不仅能让学生从书中学到本民族的历史、文化，更能让学生在参与到教材的搜集、整理乃至编写过程中，感受到古老民族的精神文化，激发其对本民族文化的自信心和自豪感，从而使民族文化得以更好地传承。与此同时，学校的人才培养目标将更加多元，与社会接轨，新的更加适应环境变化的教育形态也会逐渐形成。

（三）通过第二课堂活动进行教育转换

按照课程资源空间分布的不同，可以大致把课程资源分为课堂内课程资源和课堂外课程资源。多民族文化资源教育转换的途径，不仅包括对课堂内教学资源的转换，即转换为能应用于正式课堂的课程、教材，还包括作为教育教学组成部分的各类活动，即第二课堂——课堂外教学资源。后者主要包括校内图书馆、校史馆、研究室等空间范围内的民族资源，也包括学生的课外活动、学习实践、各类学校组织的文化活动等。这类民族特色资源往往与学校所在社区的自然生态和文化生态方面的资源有关，主要包括乡土地理、民风民俗、传统文化、生产和生活经验等。

民族地区有着丰富的民族特色资源，其中的民族语言、艺术、文化、生产和生活方式都可以成为民族文化教育活动的重要内容。学校和教师应充分挖掘和利用民族地区这些丰富的教育资源，传递关于该民族地区的民族文化传统和生产生活方面的基本知识和技能，使学生了解自己民族的文化，增强民族认同感，并在此基础上形成民族特色文化理念。这意味着，民族地区丰富多彩的民族特色课程资源可以为开展民族特色文化教育活动提供大量贴近学生生活的教育教学内容和素材。课堂并不是唯一的课程实施场所，民族特色课程资源开发的最佳形式就是让学生走入民族文化生产生活环境，亲身体验和领悟民族特色文化的价值，如组织人文地理学专业的学生开展丝绸之路的人文地理、西南人文生态发展等专题的考察研究。将课堂拓展到西部地区的实际文化与社会生活中，会直接促进学生主动接近和了解多元文化，提高他们的跨文化交流能力。

重视多民族文化资源在学校教育教学活动中的教育转换，就要重视潜在课程的开发。学生在学校情境中获取的经验分为两部分：一部分经验是教育者直接传授的，如课程表中各学科的教学活动；另一部分经验则是间接的，如师生交往、学生活动、校园文化等，这些活动并不是直接传授经验，而是使学生在其中有意或无意地获得经验。多元文化课程注重的是对学生文化心理和价值观念的熏陶，作为正式课程的重要补充，潜在课程即学生得以在有意或无意之中习得教育经验的载体，它对学生的身心发展产生了极为重要的作用。具体的实施途径有以下几种。

第一，将民族文化融入日常活动之中，将生活中的仪式、礼仪等融入课外活动之中。组织与设计特色教育教学活动，展示学校教学的活力与民族特质；组织专家对师生在评估期间的行为、语言、服饰进行规范与指导，将地域性融入其中。例如，具有教育功能的民族舞蹈，很多是由民族地区的先民通过宗教祭祀、节日庆典、民风民俗等活动，将各方面的知识用舞蹈的形式传播给青年一代，使其受到教育。这些舞蹈不仅表现了祖先的智慧创造，也适应了当地民族历史发展的客观需要。例如，沧源佤族每年6月举行的祭"寨心桩"活动，村寨的男女老少要围绕寨心桩跳舞唱歌。佤族祭祀活动中的舞蹈是木鼓舞，也是沧源佤族民间歌舞中最具代表性的传统舞蹈，这种舞蹈集中体现了佤族的文学、艺术和历史文化。在佤族的传说中，木鼓是通天的神器，佤族先民在祭祀活动中可通过敲木鼓来沟通神灵。现在木鼓舞作为庆祝节日的舞蹈或作为旅游文化的表演节目，已经得到了进一步的丰富和发展，并形成了"高格龙勐""甩发舞""加林赛"等代表性作品。舞蹈"阿佤人民唱新歌"和少儿舞蹈"阿佤人"，其教育作用就更加明显。另外，佤族还通过一些生产性的歌舞活动，如收割歌、盖房舞等形式，向后代传授许多生产知识和劳动技能。应该说，"寓教于舞"是一种巧妙而又有效的教育手段，这些都可以被转化为学校的课外活动或者第二课堂的教学内容。学生既能在轻松活泼的氛围中学习，又能受益良多。尤其是体育教育等课堂，区别于传统的教室课堂授课形式，是最适宜结合当地民族特色开展教育活动的。这是保证体育教育事业朝着有利于社会主义事业发展的方向进行的关键所在。然而，在当前我国体育教育体系中，一些学校没有将民族性的体育项目纳入其中，这是不利于我国民族体育发展的。

第二，将民族文化融入学生兴趣小组之中，组织学生自愿参加具有民族文化特征的课外活动，以活动为载体，定期举办融合了多元民族文化因素的各类节会。

学校可以成立艺术小组，让学生学习本民族的乐器和歌舞，使民族文化和艺术在学校得到传承和发扬。又如，开办体育与艺术特长班，组建学生民族乐器活动小组和民族体育课外活动俱乐部，继承和弘扬民族传统文体项目。再如，课间播放原生态民歌，使师生在美的享受中感受幸福。在参与这些活动的过程中，学生能亲身感受民族文化的优美和民族智慧的结晶，既能锻炼体能，又能提高艺术鉴赏力和审美情趣，还能培养自身的团队精神、拼搏进取精神和坚忍不拔的毅力。其目标便是促进学校民族文化的发展，使其成为校园文化的一个亮点。此外，学校还可以组织大型学生活动，举办民族文化节，通过浓郁的民族风情体现学校的区域与办学特色，以及举办展示学生独特风采的综合型演出等。侗歌可以训练儿童的音乐素质和记忆能力；彝族的"克智"论辩可以训练人们的语言表达、逻辑思维和记忆能力；常见于民族文化中的刺绣、蜡染、剪纸、编织等可以培养儿童及青少年对自然景观、花鸟鱼虫、人物表情举止等的观察能力、形象记忆能力和美术素质；等等。从多民族丰富的文化资源中提取有价值的要素，将其分类、归纳、整理，开发为有价值的显性课程资源和隐性课程资源，并将其应用于实践中，实现多民族文化资源教育转换，以达到提高各民族文化素质的目的。

第三，将民族文化融入师生教育教学研究之中。这个途径主要是高等院校组织专职研究人员对民族文化资源进行保护或者开发性研究。例如，广东省湛江市雷州半岛地区的历史文化资源十分丰富且特色鲜明，其中以雷州文化为代表的当地历史文化资源蕴含着丰富的德育功能，长期为当地学校德育实践所应用。湛江地区地处雷州半岛，雷州文化是当地主要的传统文化，它与客家文化、广府文化、潮汕文化并列为岭南文化中的四大民系文化。大多数高校成立了地方文化研究所，以加强对本土历史文化尤其是雷州文化的研究，利用地方历史文化资源开展大学生德育和社会实践。又如，安铺中学的德育实践。安铺镇是广东四大古镇之一，有400多年的历史，本土历史文化非常深厚。该中学本身有着光荣的革命斗争传统，从抗日战争到解放战争，该校都是当地共产党活动和领导革命斗争的基地之一，这些历史文化资源长期以来都是校本文化建设和德育的重要资源。再如，廉江一中重视对学生进行优秀传统文化教育，在校园中心建起了全国首个以《论语》为主题的大型广场——"论语广场"，该广场占地8800多平方米，矗立着高大的孔子雕像和他的系列名言警句。[①]这里不但是该校对学生进行思想品德教育的最佳场所，也成为当地中小学德育教育基地，并受到全国媒体的关注。实践证明，这

---

① 新浪网. 2010-02-02. 湛江 廉江建"论语"广场. http://news.sina.com.cn/o/2010-02-02/040817029821s.shtml[2022-03-05]

些资源的开发利用，对于学校创新德育模式，改变学生的德育习得方式，促使学校德育生活化、形象化，克服把德育当作"符号知识"在教室里空对空传授的缺点，让学生突破教材和校内资源的狭隘视野，合理建构德育资源的结构和功能起到了重要作用。

通过第二课堂进行教育转换的主要目标是在课堂教学之外，利用民族文化资源形成学校的特色教育，旨在使学生在合格发展的基础上，突出某方面具有民族特色的优良、独特的品质，从而更好地为学生的发展服务。鉴于此，特色教育首先要顾及的是以人为本，而绝非走过场或形式，同时还应突出学生的发展，就是要适应学生的需要和满足学生未来发展的需要。只有这样，在对民族文化资源进行教育转换的过程中，才会把学校的特色教育活动的目标确定为为学生的可持续发展奠定基础。在设计具有民族特色的第二课堂教学时，为了突出以学生的发展作为多民族文化资源教育转换的主要目标，学校应该以培养学生具有对民族知识的主动获取能力、对民族文化信息的占有能力、对民族艺术的审美能力和对民族文化（或产品）的创新能力作为突破口，通过手工或美术的形式，让学生自主设计创造民族文化制品或艺术作品，从而在学生动手操作的实践中实现对民族文化资源的教育转换。这不仅有利于补充学生在一般学科学习中接受的普及性知识，而且能够体现学生的民族性和主体性，使学生能获得更好的发展。

二、多民族文化资源在学校外的教育转换

民族文化资源向校外非正式教育资源的转换是多民族文化资源教育转换的一个重要组成部分。随着人类逐渐进入一个全新的时代——知识经济时代，人们对教育的使命和功能提出了更加严格和更高的要求。仅仅依靠正式教育远不能满足这种要求，因此非正式教育资源的转换也不可忽视。同时，将民族文化资源转为非正式教育资源，能最大限度地发挥民族地区文化资源的价值，对于传承当地文化起到巨大作用。

在现代化和全球化带来的社会转型的影响之下，诸如民族特色文化等非物质文化遗产依靠以口授心传为主的自发式传承难以应对生产生活巨变带来的冲击，其在当代的传承正遭遇前所未有的危机。通过民族文化资源向非正式教育资源的转化，构建当代非物质文化遗产的传承条件和传承语境，无疑也能为促进当地经济、文化、教育的发展做出积极贡献。民族文化资源向非正式教育资源转换的过程中，需要重新建立民族文化资源与当下生活的联系，同时还需要营造社会传承

的氛围。另外，充分利用传媒文化、视觉文化和文化产业构成民族文化资源转换的主要文化语境，对于促进教育和多民族文化的发展也有重要作用。①

非正式教育有利于促进学生个性的全面发展，有利于充分发挥学校教育的功能，有利于推动终身教育体系的构建，以及促进学习化社会的形成。鉴于非正式教育的特质，民族文化资源向教育资源的转换更具有灵活性和效率。正规教育是按明确的教育目的、严密计划、严格章程对受教育者进行培养和教育，其内容是由学校确定的。学校学习是按部就班地进行的，具有系统性，呈密集型，因为它有教师指导，有教学法规范和学校时间表可循。

非正式教育是另一种课程——"隐性课程"，且其能促使学生在学校生活之外获得广泛而多样的信息，拓展学生的视野，丰富学生的知识，提高学生的整体素质，把学生从读死书、死读书的狭隘围墙内解放出来，因此可以说学生的价值观念、理想信仰、行为规范、竞争意识、科学素养的形成，在很大程度上是非正式教育的结果。因此，在对民族文化资源进行教育转换的过程中，非正式教育可以起到明显的促进作用。非正式教育适应了现代社会不断扩大的教育需求，多样化的教育形式为教育可持续发展开拓了新的发展领域，提供了新的发展空间。按照有些专家（或未来学家）的看法，非正式教育会变得比学校教育更重要、民主、开放。非正式教育作为教育的重要组成部分，适应了知识经济时代的发展要求，社会各界应同心协力，为非正式教育创造更好的条件，使之能更好地发挥其功能。

（一）通过社区组织及其活动进行转换

建立以学校为中心，与社区协同的全方位教育体系，能够使学校与社区的教育功能起到共振的作用。然而，要建立健全此类教育体系，需要构建学校教育融入社区教育的管理体制和程序，这一途径可以包括以下内容。

第一，学校教育可以为社区教育提供必要的场地和教师。在民族地区，相对于社区，学校的设施配备较为齐全，因此学校既可以为这些地区的社区教育提供必要支持，又可以为社区教育培养师资。一方面，学校可以提供较为固定的场地和硬件设施。比如，针对民族地区居民能歌善舞、爱好美术的特点，可以将学校作为民族文化社区经常开展书画、音乐、舞蹈比赛的主要场地；针对有的民族地区自然灾害较为频繁，居民避险和自我救助意识、能力较弱的特点，可以将学校作为每季度开展应急演练活动的主要场所。另一方面，在不影响正常教学秩序的前提下，学校可积极开展有益的社区教育活动。比如，在学校开展禁毒宣传教育

---

① 陈少峰. 2014. 非物质文化遗产的动漫化传承与传播研究. 山东大学博士学位论文，38-40

签名活动时，班主任可以利用班会的时间给学生讲解毒品的相关知识，组织班级以"珍爱生命，拒绝毒品"为主题办黑板报、开展宣传等。

第二，学校教育可以促进社区教育的生成和发展。作为正规的教育模式，学校教育的教育场地和教育方法均相对固定。学校教育与社区教育的交叉内容往往既是促进民族地区社区教育生成的关键因素，又是引领民族地区社区教育发展的重要内容。例如，苗族聚居地的民族学校为了保护苗族文化遗产，积极收集苗族生产生活用具、苗族服饰等文化实物，开设苗族文化陈列室，通过文字资料介绍相关文化遗产。

第三，社区教育活动的开展，反过来能促进学校教育资源的形成和转化。例如，学校到社区宣传民族团结政策和民族知识，为社区提供政策咨询等服务，拓展了学校的服务功能。同时，还可以通过社区教育营造良好的学习氛围，培养民族地区女孩对蜡染、刺绣等具有民族特色、更适宜于女性的手工艺活动的兴趣，为学校教育奠定良好的社会基础，促进学校打造教育亮点，树立手工艺培训品牌，使我国民族地区的手工艺品牌得到传承和发扬。此外，学校还可以与社区共同开发民间游艺竞技比赛项目，举办相关游玩竞赛活动。许多具有民族特色的文化资源蕴含在民族地区人们日常的生产生活中，具有一定的娱乐性、竞技性，能起到聚集民众、强身健体的作用。因此，学校可以将这些具有民族特色的文化资源转换成游艺活动或者体育竞技比赛项目等，由社区定期或不定期地围绕这些活动举办相关游艺会或者运动会。同时，鼓励学生及其他社会适龄成员参与到社区活动中，从而促使民族文化资源向教育资源转换。这种方式的转换，既有利于继承和发扬当地的民族文化，又能体现教育的社会普及功能，还能为社会成员提供公益性的教育服务。不仅如此，学校还可以利用民族英雄事例，将社区内具有历史意义的故居或纪念性场所作为德育基地，引导和教育学生从小树立爱家乡、爱党、爱国的思想。这些本民族的英雄人物事迹贴近学生的生活，因而更能激发学生产生情感共鸣。

（二）通过行业、社团进行转换

除了社区可以与学校开展常规性的文化活动的合作之外，行业、社团也可以不定期地与学校共同进行民族文化资源的教育转换，即可以组织学生进入当地行业、企业或民间社团进行学习和交流。一方面，学校应主动了解当地具有民族特色的行业、企业的教育需求，积极主动配合，通过选送学生参与活动或者参加社会实践等方式，将当地经济产业需求与学生的培养活动结合起来。地方中小企业和民族特色行业的发展空间，本身就需要积极开发利用，如果能够得到学校助力，应该能对其发展有所助益。同时，从人才培养的需求来说，学校本身就应该关注社会经济、文化发展需求，尽早地让学生所拥有的技能与社会需求相结合，也能够提升毕业生质量，提高就业率，实现产教融合。另一方面，政府也可以在政策上对学校和行业、企业共同合作培养人才予以支持。尤其是对于职业院校，应有相应的政策文件，规定和鼓励企业接收当地学生实习。在这个过程中，学生通过对当地成功的民族企业的参观等，能够激发其对本地经济社会发展的信心，使其更愿意融入民族地区的经济建设事业，从而降低人才流失率。民间社团也是如此，它们更多是为弘扬民族文化而建立的，学校可以支持它们在民族文化的继承、传播和发扬等方面的工作，同时这也是学校自身实现文化功能的一种途径。

除了充分利用本地企业或社团中的民族文化资源外，学校自身也应该把相应的民族文化资源拿出来共享。在与当地行业、企业和社团的合作中，使学校内部与民族文化相关的影音资料、图书资料甚至前沿技术、专利成果等实现增值。这既体现了学校的社会服务功能，又充分发挥了这些民族文化资源的价值，完成了民族文化资源向教育资源的转换。其中，学校师资及其他专业技术人员可以利用他们在民族文化方面的经验，甚至是专业、精深的学识，与行业、企业、社团合作，开展面对面的教育和指导，为当地行业、企业、民间组织的发展助力。此外，只有学校尤其是具有相关专业的高校才有能力对一些民间艺术进行整理，将这些资源与社会共享，有助于其繁荣和继承，也能提高高校科研成果的转化率。例如，土家族的民歌就是基于民族文化传统这一"土壤"，并以"活化石"的形态传承到了今天。只有专业人员才能很好地将教育与生活关联，用理论联系实际生活，发掘土家族人通过唱歌将栽秧、梳头等日常生活化为心声，并升华为艺术。例如，土家族民歌《奴幺妹》，经过专业的搜集和整理工作之后，发现它是浣溪沙词牌的曲调，三句三句成文，非常精彩，是典型的歌因情、因景、因人、因事而生。每一个人唱时，是即景创作。经整理过后，便可以向更多的人教授和传唱这首歌曲的曲调，使其成为当今社会一种活的艺术。只有以民族文化生活为中心的文化资源教育转换，才能使教育发挥为社会育人的作用。可见，扎根于当地的民族特色，即社会特色为学校特色提供了生存的基础，学校特色又会使社会特色更具生动性，从而使学校的发展、学生的特长与整个社会和谐统一。

（三）通过传承人的教育培养进行转换

民族文化资源对传承人的教育转换有两层含义：一是学校对民族文化传承人的培养，学校可以为当地培养民族教育师资，为民族文化的传承和发展补充源源不断的人力与活力。比如，贵州苗族青年杨正江从小生长在贵州省紫云苗族布依族自治县的麻山地区，2002 年进入贵州民族大学学习少数民族语言文学，毕业后组织工作团队记录苗族文化，并在麻山镇建起了一个小教室，为那些同样对苗族文化感兴趣、想要保护并弘扬民族文化的人义务教授苗文。二是学校对当地社会中已有的民族文化传承人的合理开发、利用和保护。学校通过开设相关专业、设置课程，以及开展相关活动，聘请民族文化传承人走进校园，就民族文化方面的内容进行教授、指导和传承。这既缓解了学校"双师型"教师欠缺的问题，又很好地保护和继承了民族传统文化，使得许多在社会上难以大范围发展的民间艺术和技艺得到了很好的发展，并且后继有人。例如，民间艺人亲自到学校指导师生开展刺绣学习活动。民间艺人在美术课上教授学生刺绣技能，并结合思想品德教育，教会学生手绣精致的民族艺术作品，将其装贴成画，制作成挂画、布包和香包等，甚至还使其具备了某些商业价值。无论是学生自愿向民族文化传承人学习，还是学校提供条件鼓励学生在实践中学习，皆是一举多得的教育转换行为：学生能获得谋生的技能，丰富和完善已有知识，强化民族文化技能；民间传承人能传承、保护、发扬民族文化；学校能提升教育质量，丰富教育形式，提高培养水平。

通过上述对民族文化资源向非正式教育资源的转换途径进行探究发现，当前进一步理顺中国的学校教育体系与社区教育体系之间的关系显得尤为重要。受市场经济的影响，教育的公益性有所减弱，政府、学校和各类教育机构之间出现了错位和缺位现象。学校教育体系与社会教育体系之间、正规教育体系内部之间自成系统、自我封闭，教育资源转换生成的自主程度不高，更遑论民族文化资源在高校的转换和利用。目前，绝大多数学校在法定公共假日和学校寒暑假期间很难向社会学习者开放，图书、实验设备、实习场所均各自配置，所以优化整合教育资源的基本策略是开发、利用、盘活、转换、生成，从而实现民族文化资源向非正式教育资源的转换与共享。

三、多民族文化资源在国外的教育转换

除了上述在社区、行业、社会团体、传承人间进行的教育转换之外，还有一类则走得更远，即跨出国境，由政府或者民间组织举行的跨文化交流活动。这些活动同样属于对民族文化资源的非正式教育转换，它们与正式教育的转换一起构成了民族文化资源转换的不同路径和层面。

（一）通过孔子学院的培养教育进行教育转换

孔子学院是中国政府依据世界各国和地区人们学习汉语的需要，基于中国经济的飞速发展、中国国际地位的提高、越来越多的外国友人与中国进行多方位交流和合作的需要，并借鉴英国、美国、德国和西班牙等国语言国际推广的经验而成立的。孔子学院是我国政府建立的汉语言学习和中国文化传播的国际非营利性组织。无论是从创建的意义还是从实际收效来说，孔子学院对于传承、传播中国传统文化都起到了重要作用，而作为中国传统文化重要组成部分的民族文化资源当然也在其传播之列。仅以孔子学院的课程设置为例，非汉语专业主要以综合汉语的学习为主，包括语音、词汇、语法、汉字。如果选择的是汉语专业，学生除了要学习上述汉语基本要素课程外，还要学习中国历史、中国地理、中国文化等课程。若孔子学院挂靠的国外单位比较专业，如伦敦中医孔子学院等，可能还会涉及医学汉语等。根据孔子学院的特殊要求，可能会有中文歌曲、民族舞蹈、传统武术、剪纸等中国传统民族文化，不一而足。通过这些教育活动，一方面，学生在学习汉语言的过程中，通过了解各个民族的语言文化，加深了对汉语及其文化背景的了解；另一方面，学生能体验到中国丰富多彩的民族文化，了解到中国文化的复合型常识、风俗习惯、政治经济环境与民族文化制度等。这不仅丰富了我国在全世界范围文化多元的国际形象，也让传统的民族文化走向世界，得到了推广和发展。

（二）通过国家及区域组织开展民族文化活动进行教育转换

由我国政府推动的对外民族文化交流活动，除了包括通过建立孔子学院这种正式的教育机构开展的正规教育活动之外，还包括由中央政府、地方政府或者各个职能部门推广的众多文化交流活动，这些都可以归入对民族文化资源进行教育转换的非正式教育活动。例如，由中国民族博物馆创建，国家民委、文化和旅游部、外交部支持的民族文化对外交流品牌项目——"多彩中华"，其雏形形成于20世纪90年代中期，开始是以展示中国民族服饰为主并融入民族舞蹈的模特表演。1999年9月，中华人民共和国国务院新闻办公室、联合国教科文组织在法国联合举办"巴黎中国文化周"。由中国民族博物馆承担的、作为文化周活动重要内容的中国民族服饰文化展示，赢得两国各界的热烈欢迎。从2000年起，在国家经费投入有限的情况下，中国民族博物馆连续三年赴新加坡开展中国民族服饰大型展演活动，引起轰动，被列入中新文化交流大事记，展演团成员两次受到新加坡总统的接见。2003 年,"多彩中华"在法国"中国文化年"的开幕式演出和在法国巴黎卢浮宫的演出,大放异彩,惊艳巴黎,被评为 2003 年中国少数民族十大新闻之一。"中法文化年"法方总协调人隆柏认为,"多彩中华"为"中国文化年"的开幕做了一个很好的总结,效果之好,超出想象。①2003 年之后,"多彩中华"又多次走出国门,在新加坡、日本、卡塔尔、法国、德国、意大利、比利时、西班牙、安道尔、希腊、澳大利亚、美国等国家和地区受到热烈欢迎,被誉为"中国民族文化的一枝奇葩"。迄今为止,据不完全统计,"多彩中华"在对外交流中演出 700 多场,展览 30 多台,观众累计近 300 万人次。②

诸如"多彩中华"此类以民族服饰、传统舞蹈、原生态音乐等为载体,把中国的"和谐""和善""祥和""和而不同"等理念带给世界的交流活动还有很多。一方面,通过这些非正式的教育活动推动民族文化的发展和推广,有助于提升国家和民族的文化影响力;另一方面,不同民族文化之间的交流、借鉴与融合本身就是文化发展创新的必由之路。要实现文化创新,就需要面向世界,博采众长。开展这些对外的民族文化交流活动,能够学习和吸收世界其他民族优秀文化成果,从而促进中华民族的文化创新,也能使中国的教育范围增加、教育价值增大。

(三)通过民间组织开展民族文化交流活动进行教育转换

通过民间组织开展各种民族文化交流活动也实现了民族文化资源的教育转换。民间组织充分发挥其独特和鲜明的民族性、非营利公益性、广泛的联系性,通过著书立说、发行报刊、创立网站、创作文学艺术和影视作品、举办学术交流研讨会、协助政府保护非物质文化遗产等各种方式,积极开展对本民族文化的调查、研究、抢救和保护等工作。例如,举办影视、文学、美术、书法、摄影、动漫、曲艺等艺术门类的学术研讨会、艺术品博览会、文艺演出和公益活动,协助并宣传地方的历史文化、发掘保护地方的民间文化、民间艺术等。民间组织逐渐成为传承和发展民族文化不可或缺的力量,将民族文化资源散播到全世界。民间文化交流可以让世界人民对中国有更深刻的理解,了解我国的风俗习惯、传统文化。正因为如此,民间组织便能作为政府推广民族文化资源进行教育转换的重要

---

①　搜狐新闻. 2003-10-19. 卢浮宫里中华服饰尽风流. http://news.sohu.com/70/30/news214623070.shtml [2022-03-05]

②　三苗网×智慧苗族. 2016-11-03. "多彩中华体验馆"亮相"时尚·北京"将于 11 月 3—6 日,在北京展览馆 9 号展厅. https://www.sohu.com/a/118072838_488491[2017-11-05]

补充力量。

民间组织具有非官方性质，其在挖掘、开发具有民族特色的文化资源时，会更加注重创新、开发现代各艺术门类的文化产品，以形成并提高其商业价值。因此，在非政府机构开展民族文化对外交流活动时，要有法律法规和管理机构对其行为进行规范和约束，且要在活动中做好重要文化遗产和优秀民间艺术的保护工作。

四、小结

民族文化是中华文化的重要组成部分，是中华民族共有的精神财富。在长期的历史发展过程中，我国各民族创造了各具特色、丰富多彩的民族文化。各民族文化相互影响、相互交融，增强了中华文化的生命力，丰富和发展了中华文化的内涵，提高了中华民族的文化认同感和向心力。民族文化的特征与形态决定了其在对外文化交流中有着较大的竞争优势。这种优势主要表现在：①民族文化的多样性为世界认识、了解中国和中国各民族提供了直观的方式和便捷的途径；②民族文化极具视觉冲击力和情绪感染力，很容易为人接受，得到不同国家、不同种族人群的喜爱；③民族文化具有的深厚内涵和巨大魅力可以超越国界，且与生活很密切，因而容易拉近中国与世界的距离。

因此，我们应该充分重视普遍存在于各类正式、非正式教育教学活动中的多民族文化资源教育转换。无论是无意识的教育转换还是有意识的教育转换，都需要学校在履行培养人才的职能、实现社会服务的目标时，将其贯彻落实。所以，学校教育应该充分利用与民族文化、教育相关的各种场域，构建多种有效的多民族文化资源教育转换模式。

本书提出的对民族文化资源进行教育转换的场域——学校内部及其相关因素场域、学校外部及其相关因素场域以及国家之外及其相关因素场域等三类场域中，通过提取民族文化资源中适于教育的部分，对学校理念、校园文化、学校制度、学校环境、设备设施进行教育转换，也对学校的专业设置、课程的选择与安排、教材的编写与选用进行转换；又对学校的第二课堂等教育教学活动进行转换；还对中央政府、地方政府及其相关职能部门，甚至民间组织举行的民族文化交流活动中的文化资源进行教育转换。这些针对性地挖掘民族文化资源的教育转换方式，将有助于提高民族地区学校教育质量，提升民族地区人们的思想道德和科学文化素质。转换的途径遵循由校内到校外、由国内到国际、由正式到非正式的逻辑顺序，分为三个层面，即学校层面、社会层面、国家层面。其中，学校层面依据从整体到部分的顺序，先是宏观层面，如对学校教育理念、文化观念、环境氛围等教育资源的转换与利用，然后对中微观层面的专业、课程与课外活动的部分进行教育资源的转换与利用；从空间范围来说，学校、课程、活动是发生在校内的教育资源转换，经转换与利用之后的资源将成为学校正式教育的组成部分，非正式教育则主要发生在校外的社区、行业与社团，甚至单个的民间艺人身上，与校外群体直接关联。

第四章
多民族文化资源教育转换案例

　　本章选取课题组对民族传统文化资源在学校中的教育转换研究的几个案例，以体现调查对象在多民族文化资源教育转换中"转换了什么"和"如何转换"，并提出民族文化课程存在的问题和相应的解决对策。

第一节　土家族传统文化课程资源的个案研究：以洗车河流域靛房学校为例

一、背景介绍

洗车河流域位于湖南省湘西土家族苗族自治州的龙山县。龙山县处于湘、鄂、渝三省（市）交界之地，地处武陵山区腹地，属全省最偏远的县（市）之一。[①]山地面积占其全县总面积的80.2%[②]，陆路交通十分艰难。

龙山县直到1958年2月才有了永（永顺）龙（龙山）公路与外界相通。在这之前，龙山县的所有运输全靠肩负背驮，洗车河河口的洗车河镇作为龙山腹地唯一的水陆要冲，是当年武陵山区通往长江的黄金水道，山里的特产桐油、五倍子、生漆等经船顺水而下，经酉水至沅水再到洞庭湖，给洗车河沿岸的商家带来了滚滚财富。河流在繁荣这一带经济的同时，也起到了一定的"文化通道"作用，洗车河两岸的土家人在与外界的经济往来中使土家族原有的传统文化不断发展、丰富和繁荣。在漫长的历史时期内，层峦起伏的山脉和酉水的高山河谷形成了一道天然围墙，制约着居住在其中的土家族人与外界的交往。虽然社会经济和现代科技迅速发展，民族间的交往日益频繁，但是由于交通闭塞，受外来文化的影响较小，历史节拍在这里比外围地区要舒缓些，至今仍保持着较为完好的土家族传统文化。洗车河以东的靛房镇位于龙山、保靖、永顺三县交界处，是龙山县东南部的一个文化重镇和边贸重镇。土家族人口占全镇总人口的95%，这里是全国土家族语言、文化、民间艺术民风民俗保存最完整的地方，被誉为"中国南方原生态文化的活化石"，至今仍保留着土家族传统文化摆手舞、打溜子、茅古斯、咚咚喹等，号称"溜子之乡"，于2008年被文化部授予"全国民间艺术之

---

① 龙山县人民政府. 2022-05-13. 龙山概况. http://www.xxls.gov.cn/lsgk_0/202106/t20210623_1801400.html[2022-09-14]

② 记者换位看湘鄂. 2004-05-18. [资料]龙山县概况. http://www.cnhubei.com/200405/ca464415.htm[2022-09-14]

乡"的称号。①位于龙山县南部的苗儿滩镇,是土家族人口聚集区,土家人口占全镇总人口的92%以上。苗儿滩镇以生产土家织锦著称,这里是土家织锦的发源地,涌现出一批以叶玉翠为代表的土家族织锦传承人,被评选为"首批国家级非物质文化遗产生产性保护示范基地",该镇也先后被文化部、湖南省政府授予"中国土家织锦之乡""民族民间文化艺术之乡"等称号,还被民俗学家誉为"土家族原生态文化的天然博物馆"。②这里的土家族传统文化之所以比其他土家族聚居区保存得更完好,除了偏僻的地理位置和不发达的交通限制了人们与外界的交流之外,拥有土家语的根基也是原因之一。

笔者在靛房镇考察期间,遇到从坡脚片区来靛房学校(靛房小学、靛房中学)施工的七八位村民(40—50岁),他们之间均使用土家语交流。语言是记载一个民族文化历史的工具,是文化的载体,正是因为这里还保存了土家语,土家族的大摆手、小摆手、茅古斯、梯玛文化、织锦、挖土锣鼓歌、打溜子、咚咚喹等一系列土家族传统文化才得以遗存。这些文化历经时代的变迁和发展,以及民族间文化的交融得以保留至今,堪称这一流域内土家族文化的精髓和代表。

然而,在现代化与全球化的进程中,当各民族传统文化不可避免地受到猛烈冲击时,洗车河流域土家族传统文化的命运也令人担忧。当前,日益频繁的民族交往、打工潮的兴起、人们对主流文化的认同等因素都冲击着洗车河流域土家族传统文化的生存和发展,随着掌握土家族传统文化的很多艺人不断老龄化或者去世,以及学校寄宿制的推行,青少年接触土家族传统文化的机会减少,土家族传统文化面临着日益流失、后继无人的困境。

为了解决民族文化保护和传承的问题,以及一些学校忽视民族学生文化背景的问题,我国对学校教育实行了课程改革。文化与教育自古有着天然的联系,无论文化的内容和形式如何变化,教育始终是民族文化的生命机制,民族文化的保护和传承需要通过教育来实现。同时,民族文化也是构成教育素材的要素,民族文化中蕴含着丰富的教育价值,对促进青少年的发展有重要作用。在新课程改革为地方和学校提供课程决策权利这一政策的支持下,将富有教育价值的民族传统文化资源有目的、有计划地转换成学生需要系统性学习的课程,不仅是当下保护民族传统文化、完善学校课程体系的需要,也是利用民族文化资源促进人的发展的需要。

---

① 龙山县人民政府. 2022-07-02. 靛房镇. http://www.xxls.gov.cn/lsgk_0/xzgk/200804/t20080407_695255.html[2022-09-14]

② 龙山县人民政府. 2022-07-02. 苗儿滩镇. http://www.xxls.gov.cn/lsgk_0/xzgk/200804/t20080407_695254.html[2022-09-14]

靛房学校坐落于靛房镇，于 2010 年秋由原来的靛房小学和靛房中学合并成靛房镇九年制学校。2015 年，笔者前往该校调研时获知，学校中心部一共有 20 个班级，其中 1—6 年级各有 2 个班，7—8 年级各有 3 个班，9 年级有 2 个班；共有 1300 多名学生，其中土家族占 98.3%。2016 年，学校有在岗教师 82 人，其中土家族占 80.3%，苗族、白族共占 10.2%，还有近年招录的一部分汉族特岗教师。①总之，该校以土家族为主的学生和教师结构使土家族传统文化资源的课程转换很快得到他们的普遍认同。

二、靛房学校土家族传统文化资源课程转换

（一）课程总体目标的确定

在进行民族传统文化资源的课程转换时，课程目标在整个课程设计及运行过程中有着不可替代的作用。靛房学校对土家族传统文化资源进行课程转换时确立的总体目标如下：①传承优秀的土家族传统文化，弘扬民族精神，培养学生热爱家乡、热爱本民族文化，增强其自信心和责任感；②切实推进素质教育，促进学生全面发展，培养学生特长，发展学生个性，不断提高学生的艺术修养、审美能力；③丰富校园文化生活，建设民族风情浓郁的校园环境，愉悦学生身心；④深化课程资源整合；⑤打造以传承土家族文化为特色的品牌学校。在总体目标的指导下，靛房学校又制定了具体目标：①土家语教学方面，每一个学生能熟读土家语课文，每一个学生能说土家语日常用语，能用土家语交流和讲故事，了解土家族的文化和发展史；②土家语考试方面，学生的土家语考试成绩在湘西土家族苗族自治州全州居于上游；③民族艺术教育活动方面，全体师生会跳摆手舞、舍巴舞，会唱土家校歌、土家山歌，会演奏一项土家乐器。

（二）文化资源课程转换的内容

土家族传统文化资源丰富多彩，但这些资源是外在于课程而存在的，要将其转换成课程，从而真正对学生的发展起到促进作用，就必须经过一个转换的过程。只有当其被利用和转换成课程本身的重要组成部分时，土家族传统文化资源才能

---

① 数据是笔者于 2015—2016 年在靛房学校调研时所收集到的相关资料的基础上整理而来的

被称为课程资源，才具有课程价值。[①]这一过程也就是课程内容的选择过程。课程内容作为课程的主体部分，是实现课程目标的重要载体，也是进行课程组织、课程评价的基本依据，因此，在众多传统文化资源中选择出适宜的内容是进行课程转换的重要环节。课程内容的选择是根据特定的教育价值观及相应的课程目标选择课程要素的过程。[②]因此，在选择课程内容时，不得不考虑教育价值观和课程目标。在以传授系统的科学文化知识为主的现代学校内，加强民族传统文化中艺体类的教育，恰好可以平衡主流文化与传统文化、单一发展与全面发展、校内教育与校外教育。靛房学校因地制宜地选择了语言、舞蹈、音乐、传统体育和游戏四类土家族传统文化资源，具体包括土家语、土家大团摆、土家花鼓、土家校歌、咚咚喹、打溜子、土家木叶、牛角、土号、野喇叭等。这些内容的选择在符合已定课程目标的同时，还遵循了以下原则。

1. 特色性与价值性

当丰富的传统文化资源与有限的课程内容产生冲突时，首先要考虑的是选择的文化是否是最有特色、最有价值的。以上内容均是靛房本地保留得较为完好的文化，具有浓郁的地方特色。以土家语为例，它是土家族的标志，必然也是土家族最具特色之处，作为土家族传统文化的载体，它的消逝势必会加速传统文化艺术的遗失。当土家语不再成为人们的交流用语进而逐渐消逝时，保护和传承它的价值就更加凸显。

2. 生活性和趣味性

对于这些来源于社会生活的土家族传统文化，土生土长的土家族儿童之前已经接触过或了解一些，当这些传统文化与他们已有的经验相吻合时，就更加容易激起他们的兴趣，从而易于被他们接受和掌握。学生对土家打溜子、咚咚喹、木叶等并不陌生，并且特别喜欢；传统游戏也是学生的最爱，滚铁环、翻茶盘、跳房子、打陀螺等是小学生喜爱的游戏项目，而竹竿舞、土家棋类则对初中生更具吸引力。由此可见，只有选择符合学生的年龄特点、学生感兴趣的内容，才能最大限度地调动他们的积极性。

3. 可传播性

如果所学内容在难度上超出了学生的最近发展区，就容易引发学生的畏难情绪，致使他们的学习动力不足，从而导致预定目标难以实现，这样的内容显然缺

---

① 刘茜. 2007. 多元文化课程的建构与发展——雷山苗族多元文化课程开发的个案研究. 西南大学博士学位论文，136

② 张华. 1999. 论课程选择的基本取向. 外国教育资料，（5）：25-31

乏可传播性。土家咚咚喹、木叶简单易学，经过一段时间的学习，学生就能掌握基本的吹奏技巧并可以流利地吹出几首婉转的曲子。当然，学生要想吹奏更为复杂、技艺性更强的曲子，还须持续地努力和练习。可传播性还表现在就地取材上，牛角、土号、野喇叭均由学生在周末自行采制。相关器材容易获取，也增强了这些内容的可传播性。

4. 集体表演性

土家大团摆和土家花鼓均适合集体表演。土家大团摆，也称大摆手。摆手舞分为两种：小摆手和大摆手。小摆手主要用于祭祀本姓祖先，规模较小；大摆手是祭祀族群始祖的活动，规模浩大。小摆手、大摆手现在已演变成集健身、表演、娱乐为一体的舞蹈艺术，学生集体跳摆手舞时气势恢宏，令人震撼。土家花鼓的表演则以两组对答、一唱一和的形式进行，学生集体用土家语演唱时声音响彻校园，可营造出浓厚的土家族文化氛围。

（三）传统文化课程的类型与组织

根据课程的外在表现形式，课程可分为正规课程和潜在课程。正规课程是指以文本、活动等形式出现，并通过课程表现出来的学校正式课程，又分为学科课程和活动课程；潜在课程则是指以一种隐性的方式起到教育影响作用的非正式的课程。[①]靛房学校将所选择的土家族传统文化内容分别以学科课程、活动课程、潜在课程三种类型呈现出来。

1. 学科课程：土家语教学

自 2005 年开始，靛房学校每年投入 1 万多元资金开展土家语教学，起初由彭仁发副校长和学校聘请的他砂乡光辉村编写过土家语字典的民间艺人冉茂文来进行土家语教学。2008 年，随着土家族文化专家保护土家语的呼吁得到州委、州政府的重视，靛房完全小学、靛房中学、坡脚完全小学成为"土家·汉语双语双文教学试点"。靛房学校是湘西土家族苗族自治州首所将土家语作为一门正式课程排进日常课程表的学校，由叶德书编写的《土家·汉双语读本》是试点校土家语教学的读本。在 2010 年下学期开始的第二批全州双语文教学试点工作，以及 2013 年秋季开始的第三批全州双语文教学试点工作中，靛房学校均取得了很好的成绩。2010 年下学期，靛房学校 7—8 年级开始使用湘西土家族苗族自治州民族宗教事务委员会编写的《土家语课本》第 1—4 册进行教学，3—6 年级则用由本校校长带领

---

① 靳玉乐. 2012. 课程论. 北京：人民教育出版社，242

学校教师共同编写的《土家语·汉语双语文读本》。《土家语课本》第 1—4 册在 2012 年经过第二次修改之后，于 2013 年春在靛房学校 4—8 年级推广使用。自该校开设土家语教学课程以来，该校采用了三种读本：第一种是叶德书编写的《土家·汉双语读本》，主要内容是关于土家语的声母、韵母、声调、拼读和句法的学习；第二种是湘西土家族苗族自治州编写的《土家语课本》第 1—4 册，其中第一册主要学习土家语拼音方案，第二册以土家语词汇为学习重点，第三册侧重土家语句子结构以及土、汉互译，第四册主要是土家族文化；第三种是该校校长带领学校几位懂土家语的老师共同编写的《土家语·汉语双语文读本》，内容主要是日常交流用语，目的是让学生进行简单的交流。1—3 年级学生由于正在学习汉语拼音，对土家语拼音的学习容易与对汉语拼音的学习混淆，为了不影响学生对汉语拼音的掌握，学校停止了该阶段学生对土家语的学习；6 年级学生面临升学考试，故而只学习一半的内容；8 年级学生所学的第四册内容较多，故而也只学习一半的内容；9 年级学生前几年已经学过土家语，且面临升学压力，所以学校没有向他们开设这门课；其他年级则按照学校要求学习土家语。

2. 活动课程：民族艺术教育活动

活动课程是指学生通过各种有计划、有组织、有目的的活动而获得的促进其身心全面发展的教育性经验的课程。与其他类型的课程相比，活动课程打破了学科课程的逻辑框架，将不同的学科知识、能力整合到活动的开展过程中，具有一定的整合性。靛房学校将多个民族传统文化艺术项目整合成民族艺术教育活动，这一课程的思路来源于 2005 年 5 月 24 日在靛房举办的第二届土家族舍巴节。由于靛房学校的学生参加的山歌、花鼓、咚咚喹、打溜子等表演受到了好评，校领导就萌生了在学校开发类似活动的想法，他们在参考了舍巴节的内容及流程后，于 2005 年秋确定了民族艺术教育活动的七大项内容。自 2005 年确定了七大项内容之后，学校相继分项请来了县级以上传承人冉茂文（土家语）、彭南京（茅古斯）、田德旺（木叶、打溜子）、严三翠（咚咚喹）、田禹顺（咚咚喹、山歌、打溜子）、彭武庚（挖土锣鼓歌）来学校指导和教学。民族艺术教育活动的师资由学校聘请的土家族文化传承人和本校懂土家族文化的教师构成。学校一般在每周二下午最后一节课开展民族艺术教育活动，基于对学生年龄特点及时间因素的考虑，确定一节课时长为 45 分钟。

3. 潜在课程：校园民族文化教育

潜在课程隐含在课程表之后，借助于具体的人、事、物等载体来发挥其功能，如校园物质环境、文化氛围、师生关系等。一走进靛房学校校园，我们就能看到操场围墙上展示的图像，如土家织锦、土家服饰、打溜子表演、咚咚喹演奏、木叶演奏等，操场墙壁上的宣传栏里也有关于土家族历史、人口、语言的介绍。当一个 4 年级男生被问及知道西兰卡普是什么时，他说："知道，那墙上有。"可见，校园里随处可见的民族文化元素在无形中对学生产生了影响。

无论是对老师还是对学生而言，学校对全体师生严格实施"四个一"工程考核，即从"跳摆手舞、讲土家语、唱土家歌、演奏一项土家乐器"中任选一项进行考核的做法，以及持续聘请土家族文化传承人的做法，都在无形中向他们强化了传承土家族文化的重要性。学校对教师实行"四个一"工程考核，教师就必须在闲暇时间练习自己所选的那一项，由此，该校出现了办公室里吹咚咚喹、校园里练习摆手舞的场景。教师学习土家族文化，这就在校园里营造了一种学习民族文化的氛围，进而会对学生学习民族文化产生积极影响。另外，教师之间、师生之间一同跳摆手舞、一起练习吹咚咚喹，甚至有些学生会教新老师学习这些项目，不仅促进了教师之间的交流与合作，更加深了师生间的情感交流，有利于师生关系的良性发展。总之，在潜在课程的长期熏陶下，师生逐渐形成了某些稳定的个性心理品质，如对本民族的热爱，对本民族丰富多彩的传统文化感到自豪，身体力行地去学习、传承本民族文化等，这些品质能持久地伴随其一生。

（四）课程的评价

课程评价的形式又分为在过程中实施的形成性评价和在课程结束后实施的终结性评价。靛房学校土家语教学采取的是终结性评价，评价主体是湘西土家族苗族自治州土家语读本的编写者，每个学期期末，由湘西土家族苗族自治州民族宗教事务委员会的 3 名专家和龙山县民族宗教事务委员会的 2 名专家组成的 5 人考评小组来校考评。一般是考评小组随机抽取 4 个班级，之后学校再推荐一个土家族文化氛围较浓厚的班级来参加笔试和口试，笔试的试卷由湘西土家族苗族自治州民族宗教事务委员会编制，题型有选择、填空、翻译、写小作文等，占总分的 70%；口试是进行面对面的口语交流，占总分的 20%；艺术类考试包括是否会吹咚咚喹、木叶，是否会唱土家歌等，占总分的 10%，最终成绩由三部分的考核结果组成。民族艺术教育活动的评价主体是学校，评价对象为教师和学生。学校组织考核小组对教师实施"四个一"工程考核，对学生进行摆手舞、土家校歌、土家花鼓，以及一项乐器的过关考核，根据考评结果决定对教师和学生采取奖励或惩罚措施。从课程评价的结果直接关联奖惩措施可以看出，这种评价更多是测量教师、学生对所转换内容的掌握情况，目的是督促教师、学生积极学习。

（五）文化资源课程转换的成效

1. 民族文化知识的丰富与技能的提高

在教育学上，自古教与学不可分离。笔者考察时发现，靛房学校学生所掌握的民族文化知识与技能基本上是学校民族文化课程的内容，通过学校的"教"，学生的民族文化知识与技能都得到了相应提高。学校的民族文化课程使学生掌握了土家语、土家舞蹈、土家音乐、土家体育项目等，部分学生还将其发展成自身特长。学生除了不同程度地掌握了以上民族传统文化内容之外，还不定时地通过教师或传承人学习到有关本民族的历史、传说故事、风俗习惯、民族英雄事迹等方面的知识。民族文化课程的开设和实施不仅增加了学生的民族文化知识，促进了学生对本民族语言的习得、土家技艺的提升，还丰富了学生的校园生活。

2. 学习民族文化的热情高涨

目前来看，学生对土家族传统文化的态度是积极的。将民族文化资源转换成学校课程，使得在校生有更多接触和学习民族文化的机会，学生在增长了民族文化知识与技能、获得了成功体验之后，对学习民族文化的热情还会持续升温。有超过一半的靛房学校学生表示，与学校中的其他课程相比，他们更喜欢学习民族文化课程。

3. 学生的民族认同感得到增强

在靛房学校，学生经常接触到的土家山歌和挖土锣鼓歌，以其优美的歌声、婉转的曲调，以及歌者即兴编造歌词的智慧和创造能力令他们叹服，学生对本民族文化的认同感也由此增强。近年来，时常有外地人员来考察、参观学习该校的民族文化课程，他们的赞赏之词也在无形中增强了学生的自信心和自豪感。

4. 教师的土家族传统文化知识的丰富性和技能得到提升

民族传统文化的课程转换不仅使学生的民族文化知识逐渐增多，使他们的民族文化技能得到提升，教师也同样受益。对于不甚了解的民族文化与不易掌握的技能，教师较学生更倾向于付诸行动，主动请教传承人或相关老师，或者运用互联网查找资料进行学习，他们比学生更加关注文化本身的价值和对文化内涵的理解。民族文化课程使教师的民族文化知识得到丰富，教师在学校集体中既是教育者，也是学校其他教师的同事。作为教育者，他们常与所任教班级的学生打交道；作为同事，他们多数只与属于其工作群体的教师接触。[1]靛房学校土家族文化资源

---

① 鲁洁. 1990. 教育社会学. 北京：人民教育出版社，456

的课程转换以多种形式促进了教师之间、师生之间的情感交流。

三、靛房学校土家族传统文化资源课程转换存在的问题

（一）课程目标过于笼统

综观该校在土家族传统文化资源的课程转换中设置的目标，总体目标均以主题或内容的形式来陈述（如传承优秀的土家族传统文化；切实推进素质教育，促进学生全面发展，培养学生特长；丰富校园文化生活，建设民族风情浓郁的校园环境；打造以传承土家族文化为特色的品牌学校；等等），没有说明学习者要达到哪种行为的变化。在具体目标中，该校对土家语教学和民族艺术教育活动目标的要求是：每一个学生能熟读土家语课文；每一个学生能说土家语日常用语，能用土家语交流和讲故事，了解土家族的文化和发展史；学生的土家语考试成绩在湘西土家族苗族自治州居于上游；全体师生会跳摆手舞、舍巴舞，会唱土家校歌、土家山歌，会演奏一项土家乐器。这类目标陈述采取了概括化的行为模式陈述方式，目标因缺乏具体标准而显得过于笼统。在"能用土家语交流"的表述中，有些学生认为会说一两句就算达到了目标；在"会演奏一项土家乐器"的表述中，以咚咚喹为例，由于对"会吹"的标准没有做统一说明，有些学生认为"能吹响"就算达到了目标；在"会跳摆手舞"的表述中，学生虽然确实掌握了摆手舞的动作，但他们的动作不规范、不标准、缺乏艺术美和表现力，这显然影响了课程的最终效果。

（二）课程内容陈旧

该校自 2005 年开始进行土家族传统文化资源的课程转换，课程内容包括土家语、土家大团摆、土家花鼓、土家校歌、打溜子、吹咚咚喹、吹木叶、吹牛角、野喇叭、土号以及土家游戏等项目。虽然学校曾对土家花鼓、土家校歌的歌词进行过改编，但其他项目在内容和形式上仍一成不变，导致部分高年级学生由于多年的重复学习而丧失兴趣，甚至产生了厌烦情绪。总之，学校提供的学习经验无法维持课程对高年级学生的吸引力，高年级学生在重复学习时无法获得满足感。

（三）课程实施对学生素质发展的关注不够

通过对该校民族文化课程实施的观察，笔者发现学校在课程实施过程中侧重

于民族文化的传承，对学生素质发展的关注不够。以摆手舞为例，学校虽然在教学中注重让学生知道每个舞蹈动作来源于生产生活中的哪个场景，但并不注重对学生进行土家族人勤劳、勇敢、不畏艰难等这些优秀品质的教育，也不注重舞蹈形态美、服饰美等方面的审美教育，更不注重对学生节奏感、表现力等方面的教育。多数教师仅让学生掌握了咚咚喹的吹奏方法，却忽视了对学生乐感、音乐鉴赏力和理解力等方面的培养。该校对教师进行民族文化"四个一"工程考核，规定每名教师必须参加一项，否则就认为教师不热爱民族文化，要罚款 100 元。这些现实情况均反映了学校更注重文化的传承，而相对忽视了对人的发展的关注。

（四）本校优秀民族文化教师偏少

靛房学校离龙山县城有 103 公里，地理位置偏僻，生活水平不高，学校中 80%的教师是 20—35 岁的青年教师，一直以来因各种原因，该校的教师流动很频繁，据一名教师介绍，每年都会有 10 名左右的老师被调走。教师频繁流动，导致学校需要不断对新进教师重新进行民族文化方面的集中培训，而一名优秀的民族文化教师往往需要几年的持续学习与接受培训才能胜任教学。新进教师不了解土家族文化，又面临着刚参加工作的教学压力，他们往往不太会把工作重心放在民族文化课程上。这样一来，学生比教师会的多，因而学生教老师、学生教学生跳摆手舞、吹咚咚喹的现象在该校屡见不鲜。事实上，该校除了几位熟悉土家族文化的教师外，能胜任土家族文化教学的教师为数不多，民族文化专业师资力量相对薄弱。尤其是许多民族传统文化不适合大班教学，只能采用言传身教、口传心授的形式，师资力量薄弱的问题就更为突出。要想提高民族文化课程的质量，持续培养该校师资已成为亟待解决的问题。

（五）活动课程重形式轻内容

在民族文化教育活动的整个实施过程中，通常只有主持人（由学校聘请的非物质文化遗产传承人或承担活动课程的教师担任）与学生在互动，在现代多媒体技术被引入校园之后，虽然该校的活动课程在视觉形式上更为震撼，但在内容上依旧略显单调。针对该校艺术类项目的课程更注重使学习者掌握相关技能而缺少对其文化内涵的理解教育这一现状，不了解艺术类六大项目相关知识的学生和老师应对其中的意义有所了解，如土家族花鼓的汉语意思，打溜子的来历、发展演变过程和打溜子的艺术性特征，以及咚咚喹的传说等，同时，也可以适当增加老师和学生的互动，发挥他们的创造性。

（六）评价体系不完整

在靛房学校土家语教学中，4—8 年级的学习内容均有土家语声母、韵母、声调、拼读这些基本内容，这反映了土家语的教学并未使学生牢固掌握土家语的基本知识，因为倘若低年级学生已经掌握了，那么到了高年级学生就不必重复学了。笔者通过与学生的交流发现，大部分学生只会说几句土家语或者仅限于会说一些称谓和事物名称，只有少数学生能熟练使用土家语进行日常交流，而他们往往是通过从小在村里和家庭中用土家语交流学会这种语言的。可见，学生在学校学习土家语的效果并不理想。要想通过评价来摸清学生在学校学习的切实情况，课程开设前期的评价显得必不可少。该校的评价主要是对学生在土家语课程和民族艺术教育活动课程上所学结果的评价、对教师学习"四个一"工程结果的评价。也就是说，评价对象只有学生学习的结果和教师学习的结果，而缺乏对教师"教"的评价和对课程目标、课程内容、课程实施的评价。此外，该校的课程评价主体中，教师、家长的评价权利有限，学生则没有参与过评价，只能接受评价。总体而言，该校的评价对象和评价主体都缺乏多元化特点。

四、靛房学校土家族传统文化资源课程转换的对策

（一）争取课程和文化专家的指导

对民族传统文化的功能即教育价值的挖掘不够是该校课程目标不清晰的原因之一。

土家族传统文化的教育功能或价值能够衍生出通过学习可能达成的目标，学校可根据现阶段教育的需要和学生的需要制定切合实际的具体目标。根据拉尔夫·泰勒（R. W. Tyler）主张的课程目标来源之一是学科专家，笔者建议该校应积极争取课程专家或文化专家的指导。在课程目标的陈述上，为了避免只陈述主题或概括行为变化这样不够清晰的陈述方式，需要课程专家的指导。课程专家掌握着一定的教育理论、课程理论、教学理论和学习理论等方面的知识，能对民族文化资源的课程转换在目标设置上给予专业性的指导。另外，课程专家对课程整体结构的认识和把握及其对课程内容、课程组织和实施、课程评价这几个要素的专业化研究，也能为课程质量的提升贡献力量。

（二）加强对本地民族传统文化资源的利用

针对一成不变的课程内容会使高年级学生丧失学习兴趣这一问题，笔者认为该校可以从本地的民族传统文化中选择新的学习经验提供给学生，这样既能满足高年级学生的需要，也能丰富低年级学生民族文化课程学习的内容。一组精心设计的学习经验能达到不同的教育目的，笔者认为应遵循泰勒选择学习经验时遵循的另一条原则，即"为学生提供机会去实践学习经验所隐含的行为"[①]。针对目前该校民族文化内容主要由音乐类、舞蹈类、传统游戏类构成，笔者建议应适当增加本地本民族的民间文学类、传统手工艺类、建筑类内容，这些内容往往同样有着丰富的教育价值。

（三）重点培养优秀的民族文化师资

优秀的民族文化教师除了要具备扎实的民族文化知识结构和民族文化素养外，还要有正确、合理的价值观念和教育理念。课程实施过程中重民族文化"传承"、轻学生"发展"的现象与教师的教育观念息息相关，该校将土家族传统文化作为特色，使大部分教师认为土家族传统文化是因为面临着传承方面的困境才被各级领导重视而引进校园的，学校将其转换成课程供学生学习是为了有目的、有计划、有组织地将其传承下去。在这种教育观念的指导下，教师在课程实施过程中难免会过于重视对民族文化的传承。再加上民族文化的习得尤其是民族艺术类文化内容的掌握是容易被观察到的行为，而衡量学生素质的发展变化情况却没有那么简单，所以教师更倾向于将民族文化的传承问题放在第一位，相对忽视了任何教育现象的根本都是为了促进学习者的发展这一更为重要的方面。因此，民族文化教师应积极将民族文化的传承与学生的发展相结合，促进民族地区学生综合素质的提高。

（四）建立物质与荣誉双重激励措施

在全国相对统一的课程模式下，民族地区的学校虽然在学科、课时等方面有所调整，但总体上还是遵循统一的课程标准。教师的思想必定会受到原有思维习惯的影响，虽然参与民族文化资源的课程转换也能加快其自身专业发展，但远离

---

① ［美］拉尔夫·泰勒. 2008. 课程与教学的基本原理（英汉对照版）. 罗康，张阅，译. 北京：中国轻工业出版社，58

本专业的民族文化课程可能会影响他们自身的利益，忧虑会使他们本能地出现抵制态度，即使课程是上级部门或学校领导制定的，他们也可能并不积极执行。只有当他们的付出得到相应的认可和回报时，教师尤其是优秀的民族文化教师才能主动积极地参与这项工作并坚持下去。为了保障民族文化资源课程转换的顺利进行，靛房学校制定了专门的制度，并给予物质上的奖励和惩罚。笔者认为，在目前的教育情境中，采取物质奖励或惩罚的措施能够在一定程度上调动教师参与的积极性，如果再加上荣誉奖励，效果会更优。比如，像"民族传统文化校级传承人"这样的荣誉奖励或许会使他们产生一种被尊敬、被重视的感觉，当意识到自己在民族文化资源的课程转换中有如此重要的作用时，他们就会意识到民族文化资源课程转换的成败与他们的努力紧密相关，对这种主体地位的察觉会使他们以主人公的立场来要求自己。因此，笔者建议相关学校可采取物质奖励与荣誉奖励相结合的激励措施来保障民族文化资源的课程转换取得切实成效。

（五）加大财政支持力度

如果没有财政支持，民族文化资源的课程转换将会变为空谈。财政支持是进行民族文化资源课程转换的基本保障，学校相继投入了部分资金作为民族文化资源课程转换的专项经费，用于添置新的民族文化器材、购置民族服装、聘请民族文化传承人、奖励教师和学生等。但是若要提高文化资源课程转换的效果，已有的资金投入还远远不够。为了加大力度营造校园民族文化氛围，需要对校园"民族文化墙"因年久出现的破损进行修缮；校园里的汉语标语应做成汉语、土家语双语标语；进行民族艺术教育活动需要有专门的音乐教室、舞蹈房、乐器室、标准化舞台等，这些民族文化环境、艺术教育环境的建设都需要资金来支持。另外，民族文化类课程的教材建设也需要大量资金。作为土家语教学试点校，该校曾收到一批湘西土家族苗族自治州开发的《土家语课本》（第1—4册）供学生免费、循环使用，然而几年过后，能回收的教材已所剩无几。目前，仅存的十几套教材只在校长办公室、民族文化传承室及土家语教师手中，学生手中均无教材。每次上课时，由土家语教师向学生发放与该节课内容相关的资料，一学期下来，这些资料中也有一部分丢失了。另外，学校对民族文化教育活动相关内容教材的开发还不够全面。由此可见，缺乏教材也是导致民族文化教育活动重技艺而轻文化内涵的原因之一，因此，相关学校应加大资金投入以保证教材建设的顺利进行。

（六）建立完整的评价体系

评价的目的是看在多大程度上实现了教育目标。靛房学校一般在课程结束后对学生进行测验，这种评价方法无法确定教学带来的变化。笔者建议学校在开课前对学生进行一次评估，以明确学生最初的水平，学期中间也可以适当进行评估，以摸清学生通过阶段学习是否取得了进步，以及学生掌握的内容是否来自该阶段的学习。课程评价是一个开放的系统，来自各方的评价有利于学校汲取多方面的建议。虽然地方教育部门和学校是课程评价的主体，但对课程感受最真切的教师则最了解课程实施的各个步骤与环节，能较为准确地判断课程中出现的问题，继而能提出切合教学实际的、富有建设性的意见和看法，因此该校聘请的民族文化传承人和教师理应成为课程评价的主体。一直以来，学生总是作为被评价的对象而被排斥在评价主体之外。实际上，学生作为课程的体验者与承受者，对课程优势和劣势的感受更为直接。在考察期间，笔者从学生口中听到了不满，例如，学生甲说："我不喜欢上土家语课，因为老师每次都只是说，没有别的了。"学生乙说："我喜欢民族艺术教育活动，但是夏天太阳太晒，就很讨厌。"学生若能从被动的接受者转而成为课程的主动参与者，就能为课程设计与实施的改进提供更有价值的信息。家长、社会人士代表了不同集体的实际需要，他们对课程做出的不同的价值判断也有利于课程的改进。总之，课程评价需要不同人员的参与，只有多元化的评价才能使学校和教师吸纳更为丰富的建议，从而提高课程实效。

第二节　土家织锦文化资源教育转换的个案研究：
以重庆旅游职业学院为例

一、背景简介

土家织锦，即土家打花，是土家族重要的民族文化符号，土家语称作"卡普拓"，后因为多用于铺盖被面，土家人又称这种用织锦做成的被面为"西兰卡普"[①]。黄能馥教授曾总结了中国历代丝绸的三大里程碑：江苏南京的云锦、江苏苏州的宋锦、四川成都的蜀锦。[②]如果说云锦代表皇室的尊贵，宋锦代表文人的雅致，蜀锦代表贵胄的富丽，那么这个带"土"字的"西兰卡普"则代表了土家族劳动人民的生活，在中华民族织锦大家族中，它一直保持着本民族、本地域的工艺特征和艺术，深受广大人民的喜爱。

土家织锦利用图纹命名，题材广泛。土家织锦包括动物类、植物类、生活生产类、天地属相类、民俗风情类、寓意吉祥类、文字类、几何勾纹类和综合类。土家织锦的传统图案有 400 多种，其中"上下斜"斜纹彩色织锦图案有 200 多种，"对斜"平纹素色织锦图案有 150 多种，土家花带图案约有 50 种。[③]民俗学家钟敬文曾说过，"不将民间艺术当作民俗现象来考察，不研究它与其他民俗活动的联系，就使民间美术失去了依托，不可能对民间美术有深层的了解"[④]。从艺术风格上，土家织锦图案大致可以分为两类：第一类是清朝"改土归流"以前的原始土家纹样，这些纹样占了土家织锦纹样的大部分，并且大都有土家语名称，比如，"窝毕"在土家语中是"小蛇"的意思；第二类是"改土归流"以后受到中原文化影响而形成的纹样。

在土家织锦原始图纹中，有一类是以龙、蛇为题材的，它们被称为"窝毕""仆兹"。"窝毕"图纹比较简单，它以两个相交的六边形小蛇为单位纹样，小蛇的背脊上有着龙一样的鬣须。每行小蛇之间有六边形的填充物。"仆兹"图纹是直立型构图，中间由类似 S 形的四条大龙呈倾斜状排列，龙的两端完全重复并对称，分不清头和尾，抽象到无法识别的程度。龙的身体两侧排列了两个六边形，在四条大龙的空隙处巧妙地排列了八条小龙，小龙比大龙多了一道弯和两只触角，像一窝刚生出的小蛇。由此来看，土家织锦纹样中龙与蛇是相通的，这些龙图纹没有龙腾虎跃的气势，却是原始先民心中最初的龙，与出土的玉龙一样敦厚、可爱，留有原始先民图腾文化的遗迹。

在清代"改土归流"以后，土家织锦多用于装饰、盖裙和床上用品。盖裙是酉水流域土家儿童的特定用品（图 4-1）。它是由 1 平方米左右的黑色家机布，边缘三面配长约 15 厘米、宽约 12 厘米的土家织锦"台台花"（图 4-2）纹样锦条镶饰而成的。盖裙美观实用，是外婆家在"看月子"的时候送给外孙的必备礼物。

---

① 由于土家织锦又名"西兰卡普"，全书对两者不做统一
② 转引自：汪为义，田顺新，田大年.2008. 湘湖织锦. 长沙：湖南美术出版社，9-10
③ 龙湘平.2007. 湘西民族工艺文化. 沈阳：辽宁美术出版社，171
④ 转引自：陈瑞林.1990. 民俗与民间美术. 长沙：湖南美术出版社，5-6

图 4-1　盖裙

图 4-2　台台花

　　"台台花"是"改土归流"以前的图纹样式，它由小船、水波纹和"阳雀眼睛"三种基本纹样组成。整个"台台花"以桃红、浅绿、淡黄等娇嫩色彩为主，按照二方连续纹样①的组合方式排列。在土家织锦 120 多种纹样中，用于盖裙上的纹样只有"台台花"一种。土家忌白崇黑，"台台花"中的白脸就变成浅绿或淡黄，纹样中的小船、水波纹、似"阳雀眼睛"的面纹图形三种图案各自分开，互不重叠，但是又主次分明、贯通一气，花纹与内容完美结合。土家人一直把"台台花"盖裙作为儿童专用品，"台台花"盖裙反映了土家族人崇拜祖先和渴望子孙繁衍生息的美好愿望。②

　　扎土盖是土家织锦中常用的一种填充纹饰，显示了土家族人对太阳和火的崇拜。扎土盖中的"卍"字纹是土家织锦中常见的纹样之一，它是以"十"字为中心，四角顶端统一转折 90 度角而形成的。许多学者认为它象征着太阳，指太阳的光辉照耀四方。③土家织锦中的"万字流水"纹以"卍"字纹为主体，其间线条有长短变化，疏密相间，按四方连续紧密排列，节奏感很强。整体来看，其有厚重之气，素雅庄重（图 4-3）。当地人认为，"卍"的转折角度一致，有很强的亲和力，作为填充图案非常合适，因此，在土家织锦中，它是出现频率最高的字符，太阳花、四十八勾、蛇花、岩墙花都有"卍"字纹的出现。"卍"字纹强化了土家族人

　　① 　"二方连续纹样"是图案的一种组织方式，指以一个或几个单位纹样，在两条平行线之间的带状形平面上进行有规律的排列，并以向上下或左右两个方向无限连续循环构成的带状形纹样，也称"二方连续图案"

　　② 　田明，张心平，田大年，等.2011. 湘西土家族织锦技艺. 长沙：湖南师范大学出版社，72-73

　　③ 　田明，张心平，田大年，等.2011. 湘西土家族织锦技艺. 长沙：湖南师范大学出版社，76

对太阳与火的原始崇拜和对民族宗教的信仰，也隐喻着土家族多元文化背景的历史渊源。

图 4-3　"万字流水"纹

　　土家织锦是土家族保留最完整的一种原始纺织工艺品。它是通过在木制斜腰机（织布机）上采取通经断纬、反面挑织的方法织成的，具有色彩明艳、图案清晰、质地坚韧、经久耐用等特点。土家织锦承载着土家族人独特的审美情趣和古老的土家族文化，是弥足珍贵的非物质文化遗产。

　　土家织锦在不同的时代有不同的传承场域。20 世纪 50 年代起，土家织锦逐渐进入兴盛时期，20 世纪 80 年代达到鼎盛。提到土家织锦，不得不提到"中国工艺美术大师"叶玉翠。1957 年，由叶玉翠老人织出的《开发山区》等五幅土家织锦被国家民委带到伦敦国际博览会上展出，由此土家织锦被介绍到国际平台。20 世纪 80 年代，叶玉翠办起了土家织锦培训班，专门教授土家织锦的织锦技艺。这段时间，叶玉翠创作出了"鱼鸟同乐""迎亲锦""老鼠嫁女"等 150 余个新纹样、新品种，带出了叶水云等一批织锦新秀。20 世纪 90 年代后，土家织锦行业急剧衰落，各地土家织锦厂纷纷倒闭，原来的土家织锦手工艺人也渐渐转行，土家织锦的传承出现危机。土家织锦是农耕时代的传统工艺代表，随着全球化时代的来临，原有的家族传承方式受到严重的冲击。作为千百年来土家人的日常生活用品，由于工业时代的机器产品的出现，土家织锦的生产需求也渐渐减少。在以往土家族人民的各种仪式中，土家织锦被看成是人们的社会地位的重要衡量标准。如今，伴随对其需求的减少，其社会地位象征作用也在逐渐削弱，但随之而来的是其在旅游市场的发展，土家织锦作为日常生活用品的用途渐渐消失，但其在旅游工艺品市场上却悄然升温。如今，传承土家织锦并对其加以利用是很重要的。

二、土家织锦文化资源的教育转换

重庆旅游职业学院成立于 2010 年，坚持"为每个学生的人生出彩创造机会"的职教理念，坚持"把握'四为服务'，推进依法治校，彰显旅游特色"的办学思路，秉承"修己明志，精艺济用"的校训精神，严格实施"有健康身心、有文化底蕴、有精湛技艺、有创新精神、有发展潜能"的"五有"人才培养标准。①重庆旅游职业学院地处渝东南地区的中心城市重庆黔江区。重庆黔江在文化划分中属于武陵山片区，群山苍茫气势磅礴，碧波娟秀溪流翠绿，人杰地灵英才辈出。该地区自古以来就属于民族聚居地，其中土家族、苗族居多。学校地处民族文化浓厚的特色地区，其充分利用了当地特色民族资源，学校的旅游专业建设具有得天独厚的优势。

2012 年，学校为申请"首批 100 个全国职业院校民族文化传承与创新示范专业点"首次开设工艺品设计专业。该专业在课程设置中将土家织锦纳入课程内容，期望将其开发成特色专业。据工艺品设计专业主任介绍，学校在选择课程内容时，选择土家织锦的原因有三点：第一，学校地处的武陵山区是土家族和苗族聚居地，可以充分利用本地资源，开设民族专业性课程。土家织锦作为土家族文化的代表符号之一，是课程内容的首选。第二，织锦属于现代工艺品的一种，而土家织锦是我国优秀的民族织锦代表，将其作为工艺品设计专业的专业课程内容，可以提高学生的专业技能，同时拓宽学生的视野。第三，土家织锦是土家族人民在农耕时代的生产产物，伴随着历史的发展，已经成为土家人生活的一部分。但在全球化市场经济的冲击下，土家织锦渐渐失去了原有的生活土壤。重庆旅游职业学院作为民族院校，尝试将其纳入学校教育，带进课堂，希望通过这种方式保留优秀的民族文化，将其精华传承下去并发扬光大。

下文从学校土家织锦的课程目标、内容、组织与实施以及评价出发，以该课程为例分析传统文化教育转换的具体手段和模式，并审视转换过程中存在的问题。

---

① 重庆旅游职业学院. 学校简介. http://www.cqvit.edu.cn/html/xxgk/Index.shtml[2022-11-19]

（一）土家织锦校本课程目标

1. 课程性质

土家织锦校本课程西兰卡普是一门应用性很强的课程，是一门理论和实践相结合的专业课程。该课程的学习使学生了解了西兰卡普的基本概念、西兰卡普工艺的基本原理和方法，掌握了西兰卡普设计与制作的技能，培养了学生的西兰卡普创新能力和制作能力，是工艺品设计专业学生必修的专业主干课程。

2. 知识目标

西兰卡普工艺设计课程主要讲述民族文化精品西兰卡普的形成和特点，从历史角度去观察、认识、理解民族民间工艺的艺术现象及其内涵。学生通过该课程的学习，能够拓展思维，了解西兰卡普的特征，并学习应用相关民族元素进行工艺品设计与创新。

1）K1 基础知识。通过对西兰卡普基本概念、工艺设计流程的了解和分析，让学生熟练地掌握西兰卡普工艺的基本知识和实践制作流程，迅速提高学生的动手能力、设计水平和审美水平，培养学生浓厚的学习兴趣。

2）K2 专业知识。让学生学会搜集西兰卡普经典作品，通过对作品的记录和观看寻找素材，为以后创作西兰卡普作品打下基础；并在对作品进行欣赏和思考的基础上动手绘制，了解和掌握西兰卡普的特性、设计要点、规律、工艺等。

3）K3 其他知识。创意构思与新型材质及图案工艺相结合，提高学生的表达能力，培养学生的创新意识。

3. 能力目标

1）A1 专业能力。能正确分析西兰卡普文化和工艺要素，具有对西兰卡普的设计元素进行创新并将其运用到其他工艺品设计中的能力。

2）A2 方法能力。能掌握西兰卡普工艺的分析方法，可以根据市场需求进行西兰卡普创作。

3）A3 社会能力。能主动进行学习，具备可持续发展能力。

4. 素质目标

1）Q1 思想政治素质。具备良好的职业道德，遵守行业规范。

2）Q2 人文素质。培养学生高尚的审美情操，具有深厚的专业设计理论知识。

3）Q3 身体素质。促进学生德、智、体、美、劳综合素质发展。

4）Q4 心理素质。培养学生积极、乐观、向上的健康心理。

5）Q5 其他素质。培养学生具备良好的团结协作精神。

（二）土家织锦校本课程内容

1. 课程设置

该课程以培养学生的创新能力为切入口，对课程内容的选择标准做了根本性改革，打破以知识传授为主要特征的传统学科课程模式，转变为以思维创新为中心组织课程内容和课程教学，在对作品的鉴赏过程中激发学生的创新意识。课程将枯燥的知识讲解分解成构成命题与设计案例、知识点讲解、相关领域的应用几个部分，教师通过深入浅出的讲解和大量的实际案例，让学生在实践中认识艺术设计构成的规律和特点，为后续专业课程教学打下良好的基础。

2. 课程设计思路

课程要求打破纯粹讲述的教学方式，实施讲练结合以改变学与教的行为，以设计案例为载体来组织课程内容。同时，通过对经典设计作品的赏析，使学生掌握西兰卡普的基本构成和理论知识，尽快掌握西兰卡普工艺设计的基本原则和制作方法，在了解岗位工作任务的基础上，借助所学的设计知识和方法完成西兰卡普的设计与制作任务。

3. 课程内容

课程内容注重理论与实践相结合，以实践为主，培养学生的动手制作能力，以及在创造与制作过程中不断对西兰卡普图案、工艺、材质等艺术表现进行提升的能力。该课程强调学生要具备与他人合作的精神，注重加强学生文化意识的培养，使学生适应并引导当代民族文化发展与创新趋向。课程内容与学时分配如表 4-1 所示。

表 4-1 课程内容与学时分配

序号	项目	子项目	教学内容对应的目标			参考学时
			知识目标	能力目标	素质目标	
1	土家织锦传承发展历程	土家织锦发源地分布	K1	A1	Q1	4
2	土家织锦生产工具	织布机、纺车、道线车	K2	A2、A3	Q2	4
3	土家织锦材料	麻线、棉线、蚕丝	K1	A1	Q2	6
		丝光线（棉加蚕）、膨体纱	K2	A2、A3	Q4、Q5	
		其他材料（毛线、科学化学材料）	K1	A1	Q1	
4	土家织锦的工艺流程	工艺流程	K2	A2、A3	Q1	20

续表

序号	项目	子项目	教学内容对应的目标			参考学时
			知识目标	能力目标	素质目标	
5	土家织锦织法	织布法	K3	A1	Q2	34
		上下斜	K2	A2、A3	Q2	
		对斜织法	K3	A1	Q4、Q5	
		抽线法	K2	A2、A3	Q1	
		布锦夹织法	K3	A2、A3	Q2	
6	土家织锦构图方法	点线面构图表现	K2	A2、A3	Q4、Q5	18
		基本骨骼形态表现	K3	A2、A3	Q2	
		基本构图形式	K2	A2、A3	Q2	
7	土家织锦图案设计制作	以物取图、手工绘制、电脑绘图	K3	A2、A3	Q4、Q5	12
8	土家织锦色彩	色彩运用	K1	A2、A3	Q4、Q5	8
9	土家织锦包装设计	设计方法	K2	A2、A3	Q4、Q5	6

西兰卡普工艺设计课程是专业必修类课程，为45个课时，在大二上半学年选修。由于兼职教师的时间原因，该课程安排在10—11月，一个月内上完所有课程。课程内容分为理论与操作两部分。理论部分主要包括西兰卡普历史、织布过程、工艺流程以及配色等，目的是让学生了解土家族优秀的文化传统，掌握土家族优秀的文化遗产并将其发扬光大，增强学生的民族自豪感以及对兄弟民族的认同感，激发学生为中华民族复兴而发愤学习的积极性。此部分课程由西兰卡普工艺大师唐洪祥老师讲授。操作部分包括安装织布机、穿线、打板、挑线、织花等过程，老师按步骤教授，并由专业织布工人对学生进行一对一指导。课程时间包括理论讲授一星期、上机课一星期，最后学生自己实践操作一星期。通过此部分的学习，学生可掌握织锦工艺流程，能独立完成土家织锦织布过程。

（三）土家织锦校本课程的组织与实施

1. 课程教师

课程主讲教师唐洪祥是土家织锦传承大师，于1971年开始他的文化寻根之旅。他自觉对土家族传统文化进行全方位挖掘、整理、保护、研究、宣传。在工作之余，他深入农村走访调查，虚心学习土家族历史、土家族语言、土家族礼仪民俗等知识。他在来凤县桂花树村创办了湖北省第一个西兰卡普专业厂家——"来凤县西兰卡普织锦厂"，同时创办了"来凤县土家织锦研究所"。任织锦厂总经理、研究所所长的唐洪祥拥有扎实的绘画功底以及聪慧的头脑，并全身心投入到西兰卡普的制作中。他多年从事土家织锦的传播工作，并第一时间探寻土家织锦的市场需求。2013 年，唐洪祥被重庆旅游职业学院聘请为客座教授，成为土家织锦课程的最佳授课人。

2. 硬件设备

学校专门设置了西兰卡普制作教室，以便更好地开展西兰卡普课程。教室共有 6 台织布机，以及倒机的纺车、装机的竹筘和织布的线。墙面上展示有唐洪祥老师的西兰卡普精美作品。学生一般 3 人为一组，每组使用一台织布机，最后的作品也是 3 名学生的共同成果。

3. 教材

学校前两届学生使用的教材是由田明所著的《土家织锦》(学苑出版社，2008年，该教材从宏观层面上对土家织锦进行了概述，偏重于对土家织锦的理论叙述)。现在的教材改为由本校老师唐洪祥、程培才编著的《西兰卡普》(西南师范大学出版社，2015 年)。该教材作为重庆市少数民族文化系列丛书中的一本，由文字和图片两部分组成，共十一章，分别为西兰卡普的渊源及形成、西兰卡普生产工具、西兰卡普原材料、西兰卡普工艺流程、西兰卡普技法、西兰卡普色彩及运用、西兰卡普艺术特征与美的内涵、西兰卡普与土家服饰、西兰卡普的功能及运用、西兰卡普传承人、西兰卡普精品荟萃。这是学校自主开发的校本课程教材，其立足点是社会对土家织锦的需求以及实践操作，通俗易懂，学生对该教材内容的兴趣浓厚。

（四）土家织锦校本课程评价

课程评价主要采用的是质性评价手段，对学生的学业成就进行评价。课程完成后，老师对每组学生的工艺作品进行打分，以此作为本门课程的期末考试成绩。每组学生共用一台织布机，因此每组学生的成绩也一致。学生成绩最终会进入其学习档案，成为学生参与奖学金评比的参考。

课程考核实行随堂作业考核。每阶段课程结束后，学生须按教学要求递交课堂作业，并由任课教师评分，同时进行随堂评讲。教师结合学生的平时作业，给出课程考核成绩。学期总成绩为平时成绩（课程学习态度、课堂表现、调研考察、系列设计方案）占 40%，考核成绩（实训制作项目）占 60%，具体如表 4-2所示。

表 4-2　实务考试考核标准

项目编号	考核点	建议考核方式	评价标准			项目成绩比例（%）
			优	良	及格	
1	课程学习态度	随堂考核	端正	比较端正	一般端正	5
	课堂表现	随堂考核	好	较好	一般	10
2	实训制作项目	随堂作业考核	制作精美	制作完整	制作一般	60
3	调研考察	调研手册	内容丰富	内容完整	内容欠缺	10
	系列设计方案	设计效果图	可行性强	可行性较强	可行性一般	15

（五）土家织锦课程开发问题分析

1. 课程编制的实践性较弱

（1）课程设置形式有待调整

目前的课程设置包括理论与操作两部分，即教师对理论知识进行深入浅出的讲解和现场演示大量的实际案例。学生对土家织锦课程评价的问卷调查结果如表 4-3 所示。喜欢土家织锦操作部分的学生占 84%，具有压倒性优势，这也表明职业学院的大部分学生喜欢"动手"（即实践）。虽然该课程已经提高了操作课的比例，但是学生依然感到不满意，原因如下：①教师在授课中没有调动学生对文化理论部分的兴趣。关于土家织锦图案蕴含的意义，学生需要在充分了解土家族文化的基础上才能理解。②笔者对操作课程和教材内容进行调查时发现，操作课中学生自己动手的机会太少，学生自主创新的学习机会不多。由于学校的硬件条件有限，通常都是 3 人共用一台织布机，一节课下来，每个人的上机时间只有十几分钟。另外，教师在授课时只教学生织锦方法，让学生对照已有图案织锦，对图案的创新要求较低。

表 4-3　学生对土家织锦课程评价问卷调查结果

项目	选项内容	比例（%）
最喜欢土家织锦哪部分？	土家族文化理论部分	5
	织锦操作部分	84
	都不喜欢	11
	无所谓	0
你觉得土家织锦理论课与操作课的比例如何？	理论偏少	13
	操作偏少	42
	刚好	40
	无所谓	5
哪一项符合你的想法？	增加操作课，增加自己动手的机会	68
	增加操作课，但喜欢老师多操作	16
	增加理论课，加强土家族文化的熏陶	8
	理论课和操作课一样	8

续表

项目	选项内容	比例（%）
学习西兰卡普课程后,希望培养哪方面能力?	实际编织西兰卡普的能力	21
	工艺品设计方面的探究能力	29
	以上两种都有	50
	无所谓,只顾学习	0
你喜欢进行手工操作吗?	非常喜欢	37
	比较喜欢	47
	一般喜欢	11
	不喜欢	5

在回答表 4-3 中的第四个问题:"学习西兰卡普课程后,希望培养哪方面能力?"时,有一半的学生希望既能提高实际编织西兰卡普的能力,又能提高工艺品设计方面的探究能力,表明大部分学生希望能进行综合性学习。这就要求教师对这门课程的深度和广度有更加精准的掌握,通过对土家织锦课程的教学,提高学生在织锦图案设计方面的能力。学生对表 4-3 中"最喜欢土家织锦哪部分?""哪一项符合你的想法?""你喜欢进行手工操作吗?"这几个问题的回答,都反映了学生对手工操作课的喜爱,因此,土家织锦的操作实践部分开展得较为顺利。教师可以采取"做中学"的教学方式,通过实际操作织布机,让学生在实际操作中学习和体验工艺品设计。

（2）课程硬件设施不完备

在对该校学生和教师的访谈中,大家都提出了学校硬件条件不足的问题,这和学校投入的经费有限有关。但是,在对黔江区民族职业教育中心的考察中,笔者发现该中心也开设有土家织锦课程,学校也有几台织布机。黔江区民族职业教育中心和重庆旅游职业学院两个单位目前共用同一校区。虽然硬件不足,但是通过校际合作,可弥补织布机不足的问题。两所学校同属职业院校,教学目标大致相同。学校之间可以共同开设土家织锦课程,激发学生对土家织锦的学习兴趣。两个学校通过交流可以相互借鉴彼此的课程开发经验,使得各自的课程更加完善。

2. 课程内容设置与实际相脱离

调查结果显示,大部分学生对现有教材并不满意。有部分学生认为课程内容脱离了生活实际,还有学生认为自主创新空间不足。重庆旅游职业学院的学生主要来自西南地区,大部分是汉族学生,对土家族文化了解不多。学校只是纯粹地向学生讲解土家织锦的织法,对土家织锦背后隐含的文化内容涉及较少,使得学生对学习内容进行意义建构比较难。如果学生不能充分理解所学知识,阻碍了意义建构，学习的发生就很难实现。这就要求教师对土家织锦的背景内容进行充分介绍，这有助于帮助学生形成对土家织锦的整体印象，增强他们的学习动力。

3. 课程实施情境性分析缺失

重庆旅游职业学院地处武陵山区，除了有学校内部的课堂资源外，学校周边还有丰富的旅游景区资源。学生除了可以通过课堂教学学习知识外，还可以通过参与社区活动，加深对土家织锦相关知识的理解。教师在课程开发过程中，由于一开始缺乏社区观念，不能充分利用社区资源，没有将学校教育与社区教育资源相结合在一起，造成了社区资源的浪费，也未能抓住通过实际生活对学生进行教育的机会。

4. 课程开发缺乏对学生需求的分析

校本课程是国家为弥补国家课程和地方课程因统一教学目标而忽略学生的特殊需求这一不足所设定的课程，也就是说，校本课程的宗旨是满足学生的学习需求。故而，对学生学习需求进行分析成为课程开发中必不可少的一环。学生学习需求分析是指以学生为对象，采用科学的方法收集信息，了解学生已掌握了哪些知识和能力，哪些又是他们所欠缺的，分析学生在学习活动中的现实状态与目标状态之间存在的差距，然后寻求满足学生学习需求的对策的过程。该校的课程存在学习目的不明确和学生学习方法缺乏多样化的问题。

5. 课程开发团队的素养亟待提高

（1）课程开发团队对课程开发内涵的认识不足

笔者在对学校的老师和学生进行访谈的过程中发现，大部分人是用"专业课"和"特色课程"来形容校本课程的。学校将校本课程等同于其他专业必修课，导致师生对其定位出现误差。笔者在对学生的访谈中发现，有很多学生不知道什么是校本课程。理论上，必修课程与校本课程是根据不同的分类标准而划分的不同的课程类型。根据学生是否对所设置的课程有选择权，课程可分为必修课程和选修课程；根据学科内容是否是学术的、知识的，对学生的专业发展是否重要，课程可分为学术性（理论）课程和非学术性（活动）课程。不能简单地将校本课程归为某一种类型的课程，也就是说，校本课程既可以是学术性的，也可以是非学术性的；既可以是理论课程，也可以是活动课程。

（2）课程开发团队的协作能力较弱

根据教师参与校本课程的形式，可以将校本课程分为个别教师参与的校本课程、部分教师参与的校本课程和全体教师参与的校本课程。其中，全体教师参与的校本课程层次较高，集中了教师集体的智慧、能力和经验。重庆旅游职业学院的土家织锦课程开发组只有两位老师参与到课程开发工作中，属于个别教师参与的校本课程。在课程开发的过程中，教师的分工不精细，只能借鉴一般课程的开发方式，简单地将土家织锦引入校园中。

（3）教师缺乏动力，积极性不足

在课程执行过程中，教师一般是服从者，按照国家和学校的标准进行授课。他们不习惯参与式的决策，通常也不知道如何参与。然而，校本课程为教师进行参与式决策提供了良好的条件。打破原有的习惯，一般要经过一个长期的过程，参与校本课程开发的教师形成课程参与意识和能力一般会经历六个发展阶段，如表 4-4 所示。

表 4-4　校本课程开发参与者的六个发展阶段

阶段	主要表现
第一阶段	1. 对与他人一起工作没有信心 2. 不愿意与他人分享观点
第二阶段	1. 愿意私下交流"秘诀" 2. 愿意尝试接受同事的观点
第三阶段	1. 非正式地拟订任务并期望成功 2. 从事独立的搜寻工作
第四阶段	1. 承担只需有限的领导技巧的角色 2. 在参与中倾向"低度曝光"
第五阶段	1. 成为活动的主要参与者 2. 愿意组织和领导不同形式的活动
第六阶段	1. 有了充分的准备去倡导策划活动 2. 监督成果，在需要维持团体工作效率时采取措施

笔者在对教师的访谈中了解到，按照学校安排，艺术系的每一名教师都要参与土家织锦课程。但是，有实际行动者却很少，目前只有个别教师主动申请参与到土家织锦课程中，其他教师基本上还是处于第二阶段，私下分享对土家织锦课程的看法，但是真正采取行动的教师基本没有。造成这种情况的原因主要有如下三点。第一，教师在校本课程开发中处于被动地位。我国学校采取的是党委领导下的校长负责制，校长是校本课程开发的主要负责人，教师在参与校本课程的过程中一般会有心理负担，他们会担心在校本课程开发中，如果不能做出好的成绩，会影响自己的事业前途。第二，学校缺乏相关的激励机制。在长期的教学工作中，教师掌握了一套行之有效的教学方法。在校本课程开发工作中，教师要对原有的工作方式、教学技能和教学风格进行调整，这需要大量的时间和精力。学校没有采取相关的激励制度，使得教师的参与积极性不高，即使教师基于教学经验产生了一些有益于校本课程开发的想法，但因缺乏激励机制，往往也不愿意实施。第

三，学校土家织锦课程开设至今没有做出突出成绩，教师对其发展没有信心。在谈起保护土家织锦文化时，所有教师都对此持赞成态度，认为这是我们的民族文化，应该对此加以保护。但是当谈到传承土家织锦文化时，从现今的市场需求来看，大家都对此表示怀疑，这使得教师不愿意多花时间在该课程上。

6. 课程评价设计有待完善

（1）评价形式单一

传统的课程评价往往只重视课程的结果，即学生的学习成绩。校本课程评价是学校内部评价，其内容更加丰富、广泛。总体而言，校本课程评价包括五个方面：学生学习过程和结果的评价、教师专业发展的评价、已开发的课程项目评价、成本评价，以及整个开发过程的总体评价与阶段性评价。在土家织锦课程中，学校只对学生的学业成绩有评价记录，对教师和课程本身的评价目前还是空白。学校对学生学业的评价主要是对活动型课程和体验型课程的评价。通过访谈，笔者发现，土家织锦课程的学生学业评价以质性评价为主，主要是以作品的技艺难度为标准进行评比。这种单纯地以成绩为主的评价，使得学生对课程的重视程度不高，影响了学生的学习兴趣。

（2）学校对课程评价不重视，评价实施无法保障

在对学生学业进行评价时，一般需要遵循一致性、有效性、可靠性、客观性、连续性、广泛性、诊断性和参与性等原则。这些标准是彼此相关的，不是相互割裂的。学校实施的是内部评价，评价标准不高，过程不严密。通过访谈可以看出，教师在对学生的学业成绩进行评价的时候，打分随意，标准性不强。这是由于学校对课程评价的重视度不高，教师在花费大量的时间和精力制订和实施课程计划后，一般比较关注实施过程，对课程的评价缺少关注。同时，学校的重视程度不高，使得教师更有理由不重视对课程评价的实施。另外，由于教师在课前没有接受相关的课程评价实施培训，他们对课程评价的标准不甚了解，在课程评价实施过程中无法按照标准进行。

三、完善重庆旅游职业学院土家织锦校本课程开发的策略

（一）课程设置以建构主义学习观为指导

建构主义学习观认为，学习是学生主动积极的建构过程，也就是学习者主动建构内部心理表征的过程。这种体现学生主动性的学习观适合职业院校的学生。

根据建构主义学习理论进行教学，要充分体现学生作为学习主体的角色，让其在做中学、学中做。土家织锦作为一门有着丰富的文化基础，同时以操作为技能目标的课程，以建构主义学习观对该课程进行指导十分合适。传统课堂与建构主义课堂有很大的区别，这种区别主要体现在课程设置的重心及开放程度的差异上，表现为两种课堂对教材定位不同，教师角色和行为、课程标准、评价方式、学生的学习方式不同等（表4-5）。

表4-5　传统课堂与建构主义课堂的比较

传统课堂	建构主义课堂
课程从部分到整体，强调基本技能	课程从整体到部分，强调大的概念（图式）形成
严格与固定课程联系在一起	追求学生问题价值最大化
活动非常依赖教科书和练习册	活动有赖于原始的数据资料
教师传递知识	学生被看成是理论的思维者
教师通过寻找"正确"答案来促进学生的有效学习	教师通过行为互动来调节环境
评价结果是教学与测试分离	评价基于学生的表现和档案袋
学生单独学习	学生以集体形式学习

如果学生能理解课程的认知、社会和情感要求，那么他们学习的效果将大大提高。因此，课程要求与每个学生在学习任务中提出的假设之间存在着某种必然联系。这种观念就引出建构主义教学的几个原则，即主动性原则、相关性原则、建构性原则、沟通性原则、社会性原则、情境性原则、联系性原则、反思性原则和主体性原则，总之，课程设置应有利于学生表达自己的假设。以建构主义构建的课堂是一种可以焕发生命活力的课堂，教师应该努力让学生在课堂学习中保持积极主动的状态。

（二）构建"课堂教学与活动教学嵌入"的课程体系

建构主义认为，知识在建构过程中要经历"同化—顺应—平衡"三个阶段，学生通过自我调节，其知识在"平衡—不平衡—新的平衡"的动态循环中得到不断丰富。在知识的建构中，教育主要有以下两个目标：一是尽可能使学生将知识积累下来；二是让学生将已积累到的知识清零，然后有足够的空间积累新的知识。课堂教学主要是向学生传授知识，使其不断积累社会所需知识，从而达到教育的第一个目标。但是，一味地向大脑输送知识，难免会出现"填鸭式"教学的问题，学生不能充分理解知识。活动教学就是让学生将已积累的知识"释放"出来，这种"释放"并不代表知识减少，而是通过活动让学生将已积累的知识转换成某种素质或能力，从而达到教育的第二个目标。课堂教学与活动教学是对立统一的。其对立面表现在课堂教学是将知识不断"输入"大脑，积累经验，活动教学则是不断"释放"知识，使大脑原有经验不断减少；统一面则表现在两者包含在传授知识、提高素质、培养能力的循环体中，学生在学习知识、获得知识（即同化知识）的同时，将所学知识转换为其他素质或能力（即顺应素质），关键是获得对知识的理解和运用的能力（即平衡能力）。两种教学形式是教学的两个分系统，必须把握两者之间的联系，将其有机融合在一起，使教学成为课堂教学与活动教学相互影响和相互促进的整体（图4-4）。

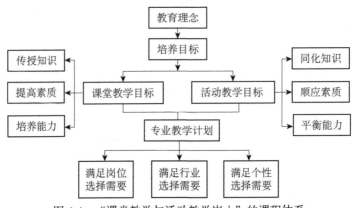

图4-4　"课堂教学与活动教学嵌入"的课程体系

（三）课程开发凸显学生的主体性

学生既是校本课程的最终受益者，也是校本课程的"消费者"。学校应该以学生为主体，根据学生的学习需求，建构合适的校本课程体系，具体可采取如下措施。首先，应该重视学生主动学习的体验。学生体验是指学生在实践活动中获得的体会、反思的经验，强调的是学生的体会和反思过程。土家织锦课程要求学生在"做中学"，只有通过实际体会才能充分激发学生的积极性和好奇心，培养学生的主体意识。其次，基于学生体验进行校本课程开发。在校本课程的计划、实施等一系列过程中，教师要倾听学生的心声，尊重学生的主体经验，将学生体验作为课程开发的改进原则之一。最后，营造民主、开放的对话氛围。对学生学习方式的调查显示，学生更喜爱协作式学习方法，即与教师和同学一起探讨学习。每个学生都是独立的个体，在开放、民主的课堂中，学生通过师生、生生间的对话，更有利于形成自己独特的学习经验。此外，关注学生学习的主体性还应当在如下两个方面下功夫。

1. 将学生就业与校本课程相结合

关于学生困惑的问题的调查显示，学生对未来就业的关注度非常高。职业院校的教学目标和中小学基础教育的教学目标不同，最终目的是通过在学校学习一技之长，学生能在社会上自己谋生。因此，职业院校的校本课程要重视将课程内容与学生的就业相结合。首先，学校可以通过定期开设职业规划讲座，向学生普及该课程的市场就业情况。在与学校合作的企业中，请人力资源相关部门负责人直接向学生介绍该门课程的就业前景。其次，学校要拓宽教学内容，教学内容要与学生的生活相结合。教育家陶行知曾说，生活即教育，社会即学校。①这就强调了教学内容与生活的紧密联系。开发者需要将课程的专业术语转化为生活用语，将抽象的问题转化为生活中的具体问题，这样才能找到校本课程与学生生活的契合点，才能唤起学生学习的动力之源。

2. 采用多种教学方式，发挥学生创造力

学校根据建构主义理论进行的课堂教学，应该注意教学情境的创设，要充分体现学生的主体性，使他们在做中学、学中做，教师则要充分发挥好主导作用，例如，教师要设计有效的教学策略来帮助学生加强对知识的意义建构。在建构主义课堂中，不能仅仅采取以往简单的教师讲、学生听的教学方式，建构主义倡导采用多种多样的教学方式上课，如问题式学习、支架式学习、抛锚式学习、随机进入式学习、对话学习、合作学习等。教师应该根据课程内容选择不同的学习方式，以期能在课堂中增强学生的自主性和创新精神，使学生在课堂中保持主动、积极、专注、参与合作、平等互动的状态，发挥自己的创造力。

（四）注重课程开发团队课程理论素养养成

1. 提升教师课程开发能力

教师的教育科研能力会直接影响校本课程开发的效果。"工欲善其事，必先利其器。"要优化校本课程开发效果，就要提高教师的课程开发能力，最主要的途径是培训。目前的培训主要有两种：职前培训和在职培训。一方面，师范院校在设置课程时可加入课程开发理论与技能培训课程；另一方面，教师入职后，学校可提供各种培训机会。因为该校工艺品专业的教师都是艺术系毕业的，他们在课程论及课程设置方面的知识比较欠缺。仅靠学校本身对土家织锦进行研究是不够的，可以依托高校和研究机构，从教材建设、教学方式等方面进行相关研究和开发。

---

① 陶行知. 2021. 生活即教育. 武汉：长江文艺出版社，200-201

此外，学校可以定期对教师进行课程理论培训，让教师体会到自己作为课程开发主人的责任；在师资层面上，学校可以在所在地开展民族文化培训班，利用学校聘请的民族文化传承人，将教师培养成民族文化接班人；在教学层面上，教师经过培训后，要充分消化校本课程，最终和学生共同上好课程。

2. 建立课程开发激励机制

没有教师积极参与的校本课程便失去了灵魂，也就成了空架子。在校本课程开发过程中，提高教师对校本课程的参与度、投入度和责任感，是管理部门应该重视的方面。这就需要学校制定一系列的激励机制，形成校本课程开发保障制度。第一，学校应该建立起相应的校本课程开发激励机制。对于积极参与课程开发的教师，给予岗位调整或晋升；对于在教材和课程制定中发挥作用的教师，直接进行适当的物质方面的奖励。学校领导也应该以身作则，加大对校本课程的重视，肯定校本课程开发的价值，将校本课程开发能力作为评价教师的标准之一。第二，学校应该保证教师有充足的校本课程开发时间。学校应该统一安排时间，尽量保证学校其他教学的正常进行，同时不给教师增加额外的校本课程开发任务，不增加教师的教学压力，让教师乐于参与。第三，学校应该督促教师对自身素质进行提升。教师应该勤于思考，加强自我修炼，不断补充课程理论与实践知识，不断完善自己。

（五）完善课程评价体系

1. 实现评价对象多元化

课程评价是课程开发重要的一环，既可以发生在课程开发过程的结束，也可以发生在课程开发过程的开始。长期以来，我国只注重学生学业成就的评价，对课程其他因素的评价不太重视。三级课程管理模式的推出改变了原有的评价模式，要求课程评价的对象不仅仅是学生学业成就，还包括对教师的评价和对课程开发各个阶段的评价。对教师的评价，需要课程开发领导小组、教务处等部门不定期举行各种形式的研讨、调查访问等，对教师的行为进行综合评价，并将评价结果纳入教师业务档案。对教师的评价主要包括对教师在课程方案开发过程中的评价、教师在课程实施时的评价和教师的自我反思。对课程开发各个阶段的评价可以分为课程设置阶段的形成性评价和课程实施阶段的诊断性评价，各自的评价表如表4-6、表4-7所示。

表 4-6　课程设置阶段评价表

指标		评价标准及得分				分项得分
		4分	3分	2分	1分	
1	教师的知识基础与师资设备情况	本校教师的知识基础完全能胜任本课程的教学，有开设本课程的经验；借助校外的专家已经落实，本校合作教师已经有了充分的知识储备	本校教师的知识基础基本可以胜任本课程的教学，但没有本课程的授课经验；主要依靠的校外专家基本落实，本校合作教师有了初步的准备	本校教师目前无法胜任本课程的教学，需要继续学习；主要依靠的校外专家尚未落实，本校合作教师准备不充分	本校无法找到合适的教师担任本课程的教学；校外落实相应的专家也比较困难	
2	教学材料准备情况	教师系统、全面地掌握了本领域的知识，课程计划完整、成熟，教材或讲义已经可以使用	教师全面掌握了本领域的知识，课程计划基本完整、成熟，教材或讲义等教学材料基本准备完毕	教师基本掌握了本领域的知识，课程计划还在修改，教材或讲义尚处于编写或选择中	教师部分掌握了本领域的知识，没有完整的课程计划，没有相应的教材或讲义	
3	教学设计与教学组织准备情况	有完整的教学设计与教学安排，有明确且成熟的学生学业成绩评价办法	教学计划与教学安排已经确定，尚需要继续完善，有学生学业成绩评价办法	对教学计划与教学安排只有初步考虑，学生学业成绩评价办法还在酝酿中	没有明确的教学计划与教学安排，没有形成学生成绩评价办法	
4	教育教学设施准备情况	教育教学设施的使用已经落实（有参观要求的已经落实接待单位）	教育教学设施的使用基本落实（有参观要求的也基本落实），但尚需进一步明确	教育教学设施有初步打算（有参观要求的已经有意向），但没有更具体的落实	教育教学设施还没有安排（参观或社会实践，正在选择中）	
总分						

表 4-7　课程实施阶段评价表

指标		评价标准及得分				分项得分
		4分	3分	2分	1分	
1	本门课程目标的实现程度	完全达到了课程大纲设定的课程目标，部分方面甚至超过了预设目标	基本达到了课程大纲设定的课程目标，部分目标根据实际情况有所调整，目标的总体达成质量不高	多数课程目标已经实现，部分目标未能达到，或者课程目标达成的质量不高	勉强完成计划的教学任务，实施效果与原来的计划目标差异较大	
2	后续探究性问题的形成与发展	大多数学生提出了探究性问题、完成了探究性作业，形成了一定数量的后续研究性学习课题	部分学生提出了探究性问题、完成了探究性作业，形成后续的研究性学习课题很少	部分学生提出了探究性问题、完成了探究性作业，基本没有形成后续的研究性学习课题	个别学生提出了探究性问题、完成了探究性作业，没有形成后续的研究性学习课题	

续表

指标		评价标准及得分				分项得分
		4分	3分	2分	1分	
3	学生的满意度	学生调查问卷表明，85%以上的学生对本课程非常满意和比较满意	学生调查问卷表明，70%以上的学生对本课程非常满意和比较满意，非常不满意的比例不高于5%	学生调查问卷表明，50%以上学生对本课程非常满意和比较满意，非常不满意的比例不超过10%	学生调查问卷表明，学生对本课程非常满意和比较满意的比例低于50%，或非常不满意的比例高于10%	
4	教务管理部门了解的学生和家长的反映	对本课程的总体评价很高	对本课程的总体评价较好	对本课程的总体评价一般	对本课程的总体评价较差	
5	同行教师对课程本身及课程实施效果的看法	对本课程的总体评价很高	对本课程的总体评价较好	对本课程的总体评价一般	对本课程的总体评价较差	
总分						

2. 对学生学业成就采用多种质性评价

质性评价力图通过自然调查，系统、全面地揭示调查对象的各种特质，以期理解其意义。校本课程大部分是实验活动课程，更适合采用质性评价，以充分反映学生对民族文化的情感、态度和价值观。质性评价大致可以分为档案袋、描述性、故事和个案等几种评价方式。其中，档案袋评价是最常用的一种方式。理想的档案袋由三部分构成：一为作品产生的说明，是学生对自己作品产生过程的记录，包括录音、录像及照片等表现形式，这部分直接反映了学生在作品创作过程中的努力程度；二为学生的系列作品，可以是与专业有关的论文、诗歌等，它是学生能力广度的证明；三为学生的反思，主要包括学生在学习和作品创作过程中的一些学习体会，它见证了学生的成长。

第三节　孔子学院民族文化课程的实践现状

孔子学院是国家汉语国际推广领导小组办公室在世界各地设立的以推广汉语和促进中外民族文化交流为主的机构，其总部设在中国北京，是一个公益性教育机构。孔子学院课堂网站显示，全世界首家孔子学院于 2004 年在韩国首尔正式揭牌设立，截至 2019 年 12 月 10 日，全球 162 个国家（地区）已经建立了 550 所孔子学院和 1172 个中小学孔子课堂。①孔子学院并非一般意义上的学术性大学，通常下设在国外的大学和研究院等教育机构。

2004 年 3 月，国务院学位委员会主任委员陈至立提议采用中国儒家传统文化代表人物孔子之名，将中国设在海外的语言推广机构正式定名为"孔子学院"。孔子是中华优秀传统文化的代表人物，其教育思想在中国当代仍具有深远的影响，选择孔子作为汉语教学和对外文化交流的代言人，是中国民族文化在当下振兴的标志。孔子学院并不是单纯传授以孔子为代表的儒家学说的教育场所，而是秉承孔子"和为贵""和而不同"的理念，将儒家的教育思想理念渗透于日常语言文化教学之中，落实到孔子学院师生的言行举止中，从而推动中国文化与世界各国文化的交流、融合，以建设一个持久和平、共同繁荣的和谐世界为宗旨。本节研究的孔子学院指泰国 M 大学孔子学院，其在促进对外汉语教学和中泰文化友好交流方面取得了显著成绩。

近年来，随着文化多元化的发展，各国语言和民族文化的交流活动日益频繁，对外推广本国语言和民族文化已经成为多元文化教育理念下普遍的价值取向。孔子学院作为中国对外推广汉语和中国民族文化的非营利性教育机构，自成立至今已经取得了显著成绩，也成为我国增强文化软实力和国际影响力的重要途径。实施中国民族文化课程，目前已经成为各地孔子学院共同认可的跨文化传播途径。本节中，笔者将民族文化课程定义为孔子学院各种民族文化教学活动的总和。

一、M 大学孔子学院基本情况

M 大学孔子学院于 2006 年 8 月正式揭牌成立，至今已经走过十余年。孔子学院积极推广汉语和中国的民族文化，促进了"中泰一家亲"的两国友好关系的形成，中泰两国友好关系也被视为中国和其他国家建立外交关系的优秀典范。笔者于 2015 年 8 月前往泰国 M 大学孔子学院任教，在此期间承担了一系列汉语和中国民族文化课程的教学任务。汉语课程主要以初级汉语水平的泰国大学生为教学

① 范梓萌. 2019-12-10. 全球孔子学院达 550 所. http://www.gov.cn/xinwen/2019-12/10/content_5459864. htm[2022-11-20]

对象，民族文化课程主要包括剪纸、书法等。在工作期间，笔者通过参与式观察对 M 大学孔子学院民族文化课程的实践情况进行了考察。

（一）M 大学孔子学院的组织形式

孔子学院与泰国当地的政治界、经济界、教育界建立了十分密切的合作关系，也得到了泰国基础教育委员会、职业教育委员会等部门的有力支持，这对于孔子学院在泰国当地开展推广中国语言和民族文化的各种活动起到了巨大的促进作用。

（二）M 大学孔子学院的管理模式

目前，孔子学院实行理事会领导下的院长负责制管理模式。孔子学院有 2 名具有同等权力的院长负责院内具体行政事务管理，中国和泰国各一名。除泰方院长外，孔子学院还有 5—6 名泰国员工协助处理行政事务。除中方院长外，孔子学院还有 3—4 名公派汉语教师及若干名汉语教师志愿者。公派汉语教师任期至少为 20 个月，汉语教师志愿者任期至少为 10 个月。①孔子学院的教师在专业背景上呈现出多元化的特点，以 2015—2016 学年在任教师为统计数据，M 大学孔子学院教师专业背景情况如下：汉语国际教育专业 11 人，新闻与传播专业 1 人，教育学专业 1 人，汉语言文学专业 2 人，语言学及应用语言学专业 1 人，泰语专业 2 人。

（三）M 大学孔子学院的课程设置情况

自成立以来，M 大学孔子学院共开设了多种课程类型。这些课程可分为汉语课程和民族文化课程。M 大学孔子学院的汉语课程以通选（选修）课程为主，根据学生的汉语水平设置不同层次的班级。孔子学院日常开设的汉语课程包括 CI211、CI212、CI221、CI222、CI321、CI322 等。CI211 和 CI212 课程面向初级汉语水平的泰国学生；CI221 和 CI222 课程面向中级汉语水平的泰国学生；CI321 和 CI322 课程面向中级以上汉语水平的泰国学生。孔子学院汉语课程使用的教材为"长城汉语"系列课本和"成功之路"系列课本。孔子学院的民族文化课程包括剪纸、太极拳、书法、中国结、太极扇、中文歌曲、民族舞蹈等。该孔子学院汉语课程面向 M 大学学生、中小学学生、在职教师和校外社会人员，民族文化课程的教学对象为 M 大学学生、中小学学生，学生来源多样化，年龄差异较大。该孔子学院学生的文化背景也呈现出多元化趋势，学习主体仍然是泰国本土学生。

---

① 本段数据出自研究团队于 2015 年 8 月赴泰国考察时所收集的资料

二、M 大学孔子学院的主要特点

与其他孔子学院相比，M 大学孔子学院率先摆脱了纯粹的汉语教学理念，充分发挥汉语教学在两国政治、经济和科研合作中的作用。2015 年以来，中国积极发展与"一带一路"沿线国家的经济合作伙伴关系，共同建设政治互信、经济融合、文化包容的利益共同体、命运共同体和责任共同体。M 大学孔子学院积极响应"一带一路"倡议，提出了"中泰高铁汉语培训项目"，旨在培养汉语水平合格又精通高铁技术的复合型人才。

孔子学院的管理模式具有包容性。M 大学孔子学院由泰国人和中国人共同管理，体现了民主、合作的治理理念。该孔子学院的语言和民族文化教学工作主要由公派汉语教师和汉语教师志愿者承担，但是教学任务的顺利完成也离不开泰方工作人员的协助和支持。孔子学院的良好发展得益于中泰员工之间的和谐相处。

M 大学孔子学院积极发挥着促进对外交流合作的职能，具体如下：第一，在泰国地方电视台和电台推出中国语言文化专题节目；第二，与泰国地方领事馆和中国银行建立密切的联系，积极参加其举办的各类活动；第三，积极搭建在泰中国企业与汉语专业毕业的泰国学生之间的桥梁，为泰国汉语专业学生提供各类就业信息。

三、M 大学孔子学院民族文化课程实践现状

泰勒原理是关于课程基本原理的比较简洁和清楚的阐述，被教育学界公认为里程碑式的课程研究范式。本节将泰勒原理作为探究孔子学院民族文化课程实践的分析框架，从课程目标、课程内容、课程实施以及课程评价四个方面系统考察 M 大学孔子学院民族文化课程实践现状。

（一）理论框架：泰勒原理

泰勒作为美国著名的课程论专家，是现代课程理论的奠基者、科学化课程研究的集大成者，并被誉为"现代课程理论之父""当代教育评价之父"，在当代课程理论的发展中具有十分重要的地位。1949 年，泰勒出版了《课程与教学的基本

原理》（*Basic Principles of Curriculum and Instruction*）一书，并在书中明确提出了著名的"泰勒原理"。泰勒在书中具体提出了开发任何课程和制订任何教学计划都必须考虑的四个方面：①确定目标。学校的课程应该达到怎样的教育目标？②组织学习内容。学校要为学生提供怎样的教育经验才能达到预期的教育目标？③选择学习活动。学校如何有效地组织和实施这些被选择的教育经验？④建立评价机制。学校如何才能判断这些教育目标正在得以实现？①

（二）课程目标

课程目标是指在一定教育阶段，希望课程在促进学生身心发展方面所应达到的结果。这里是指泰国学生通过学习孔子学院民族文化课程后，在个体认知和技能发展方面应该达到的结果。孔子学院民族文化课程目标包括宏观目标和微观目标两个方面。宏观目标是指孔子学院各类民族文化课程的共同目标，微观目标是指孔子学院每类民族文化课程需要达到的具体目标。

M大学孔子学院为民族文化课程制定了宏观目标，主要包括两方面：一方面，促进中国文化在泰国的传播，推进两国文化的平等交流；另一方面，以民族文化教学促进对外汉语教学，调动学生学习汉语的积极性。

M大学孔子学院的民族文化课程强调理论与实践的结合，不同的民族文化课程均要求设置知识目标和技能目标。笔者在M大学孔子学院承担过书法、剪纸等课程的教学任务。以书法课程为例，该课程的知识目标关注学生的认知发展，使学生感受中国书法文化的魅力，了解中国书法的发展历史，认识书法使用的基本工具（笔墨纸砚）。该课程的技能目标更强调书法技能的习得，学生不仅需要系统学习笔画的写法，还需要进行汉字书写练习。

（三）课程内容

课程内容是各门学科中的知识、技能，以及学生在学校里从事的各种学习活动等，课程内容的选择是课程实践的先决条件。笔者在工作期间通过搜集、整理资料后发现，M大学孔子学院开设的民族文化课程主要包括七项内容，即剪纸、中国结、书法、中文歌曲、太极拳、太极扇和民族舞蹈，这些民族文化课程内容通常集中于中国文化的艺术表达。下文是对这七项民族文化课程内容的简要介绍。

---

① ［美］泰勒. 1981. 课程与教学基本原理. 黄炳煌，译. 苗栗：桂冠图书股份有限公司，6

1. 课程 1：剪纸

课程简介：中国剪纸是一种用剪刀或刻刀在纸上剪刻花纹，用于装点生活或配合其他民俗活动的民间艺术。

课程内容：中国剪纸的发展历程；剪纸的寓意和用途介绍；剪纸的工具和材料；中国优秀剪纸作品欣赏；囍字剪纸教学；窗花剪纸教学；动物剪纸教学。

2. 课程 2：中国结

课程简介：中国结是一种中国特有的手工编织工艺品，它通常使用各种颜色的长绳按照一定的套路编制而成，具有美好祝福的寓意。

课程内容：中国结的发展历程；中国结的寓意和用途介绍；制作中国结的工具和材料；吉祥结教学；纽扣结教学；手链教学；花朵教学。

3. 课程 3：书法

课程简介：书法是中国特有的一种具有文字美的艺术表现形式，包括硬笔书法和软笔书法。M 大学孔子学院的书法课程主要为软笔（毛笔）书法课程。

课程内容：中国书法的发展历史；书法的用途；写书法的工具和材料；笔画书写教学；汉字书写教学；诗词书写教学。

4. 课程 4：中文歌曲

课程简介：M 大学孔子学院教学的中文歌曲包括中国民族歌曲和流行歌曲。

课程内容：中文歌曲流派介绍；歌词教学；唱法教学。

5. 课程 5：太极拳

课程简介：太极拳是一种内外兼修、柔和、缓慢、轻灵、刚柔相济的中国传统拳术。M 大学孔子学院的教学内容为太极拳中的 24 式。

课程内容：中国武术的发展历史；太极拳的流派；太极拳的价值与作用；打太极拳的穿着要求；24 式太极拳教学。

6. 课程 6：太极扇

课程简介：太极扇是一种风格独特的武术健身项目，融合了太极拳与其他武术、舞蹈的动作。

课程内容：中国武术的发展历史；太极扇的流派；太极扇的价值与作用；打太极扇的穿着要求；太极扇教学。

7. 课程 7：民族舞蹈

课程简介：M 大学孔子学院教学的民族舞蹈主要为藏族舞、傣族舞。

课程内容：中国民族构成与地理分布介绍；民族舞蹈的发展历史；民族舞蹈的服饰文化；民族舞蹈教学。

（四）课程实施

课程实施是课程实践的中心环节，孔子学院举行的民族文化活动是民族文化课程在课外的延伸和拓展，本部分从民族文化课程的课堂展示和民族文化的活动展示两方面介绍 M 大学孔子学院民族文化课程的实施现状。

1. 民族文化课程的课堂展示

孔子学院的民族文化课程实施一般遵循"理论讲解—教师示范—学生操练"的教学模式。笔者对自己任教的剪纸课程进行了参与式观察，并记录了课堂教学情况。

案例

中国剪纸课："中国剪纸艺术欣赏与教学"

授课对象：中学学生 50 人，初级汉语水平。

教学内容：中国剪纸的发展历程；剪纸的寓意和用途介绍；剪纸的工具和材料；中国优秀剪纸作品欣赏；囍字剪纸教学。

教学语言：泰语、汉语。

课时：60 分钟。

教学过程：

一、导入，激发兴趣（5 分钟）

"今天我们一起来学习中国的剪纸，在中国，剪纸是一门重要的文化艺术。我们可以用剪刀或刻刀在纸上剪出各种不同的形状，可以剪成窗花、墙花，在中国传统文化中具有广泛的用途……"课件内容见图 4-5—图 4-8。

图 4-5　剪纸的历史发展　　　　　图 4-6　剪纸的重要性

· 灯花

图4-7 用途一：灯花

· 喜花

图4-8 用途二：窗花

二、剪纸工具介绍（5分钟）

这部分笔者利用5分钟时间给学生介绍了剪纸需要用到的工具，如剪刀、刻刀、红纸、彩纸、铅笔等，并展示了几幅图案，课件内容见图4-9和图4-10。

工具 เครื่องมือ

剪刀 กรรไกร
刻刀 สิ่ว
红纸 กระดาษสีแดง
彩纸 กระดาษสีอื่น

图案 ภาพและลวดลาย

图4-9 剪纸工具介绍

图4-10 优秀剪纸图案欣赏

三、囍字寓意介绍（10分钟）

首先，给学生讲解"喜"和"囍"在中国的内涵。

"喜"在中国人的日常生活中使用十分频繁，它代表着心情舒畅，代表着生活美好。"喜"字特指结婚时的喜事、喜酒、喜糖等；特指妇女怀孕的时候，如有喜脉、有喜等。从字面看，"囍"是两个"喜"字拼在一起，好像两个即将结婚的人依偎在一起，意思是喜上加喜、双喜临门。

四、囍字剪纸教学（35分钟）

笔者站在教室前面，拿起一张纸，告诉学生如何折叠，边说边示范。学习过程见图4-11和图4-12，折叠步骤总结如下。

1）准备一张正方形的纸。

2）把正方形的纸左右对折。

3）再次左右对折。

4）画上双喜字。

5）先剪掉左边囍字以外的部分。

图 4-11　剪纸课堂：学生认真学剪囍字（1）

图 4-12　剪纸课堂：学生认真学剪囍字（2）

6）再剪掉右边囍字以外的部分。

7）最后再剪掉画线部分。

8）打开，最简单的双喜字就剪好了

五、成果展示（5分钟）

课堂最后5分钟，笔者让学生把自己觉得满意的剪纸作品粘贴在A4纸的正反面，然后签上自己的中文名字，交给笔者。至此，一堂完整的中国剪纸课就结束了。

2. 民族文化的活动展示

M大学孔子学院举办了形式多样的民族文化推广活动，主要包括竞赛类、文化体验类、表演欣赏类。

竞赛类活动是指让参赛者根据比赛规则进行角逐，最终评定出胜负或者进行排名。这类比赛不仅具有观赏性，而且由于有奖金、奖品等设置，能够吸引很多学生参加。[①]比如，M大学孔子学院每年10月均会举办中文歌曲比赛，比赛面向M大学及附属中学、附属小学各年级学生。对于参赛选手，首先进行初选，然后进入终极决赛，比赛评委由M大学音乐系泰国教师和孔子学院公派汉语教师组成。该活动在M大学一直具有较高的知名度，每年也会吸引大量泰国学生前来观看。

文化体验类活动主要是指以学生亲身体验为主、老师教授为辅的文化活动，涵盖了书法、中国结、美食、剪纸、舞蹈等各类民族文化项目。M大学每年都会举行世界美食文化节，笔者所在的孔子学院也会借机会向泰国学生展示中国美食的制作工艺。2016年，笔者有幸参加了中国美食文化展，在活动中，笔者和同事在活动现场为泰国学生展示了重庆酸辣粉和红枣银耳莲子汤的制作流程，吸引了许多泰国学生驻足观看。

表演欣赏类活动主要是指孔子学院的各类节目会演，这是一种了解中国民族文化的最直观的形式。大型节目会演通常涉及舞蹈、音乐、戏曲、书法、武术等各方面的民族文化内容。每年在重要的节日，如国庆节、春节等，孔子学院都会隆重举行各类庆祝招待会，在此期间也会为泰国观众带来民族舞蹈、武术、茶道、书法、歌曲等节目，备受泰国人民的欢迎。

（五）课程评价

孔子学院的民族文化课程评价是对学生的学习效果评价，主要采用的是质性评价方式。每门课程完成后，学生需要上交自己的作品，教师为学生组织小型作品展，学生互相点评，教师最后点评总结。笔者对民族文化课程评价标准进行了归纳和整理，具体内容见表4-8。

表4-8 民族文化课程评价标准

评价要点	考核方式	评价标准		
		优	良	及格
学习态度	课堂观察法	端正	比较端正	一般端正
课堂表现	课堂观察法	好	较好	一般
技能习得	作品展示法	制作精美	制作完整	制作一般

① 王鹏妹. 2016. 浅谈泰国孔子学院文化活动可持续发展——以春节活动为例. 郑州大学硕士学位论文，9

四、M 大学孔子学院民族文化课程实践存在的问题

M 大学孔子学院开设民族文化课程是在泰国传播和推广中国民族文化的重要途径，该课程帮助泰国学生了解了多元的中国民族文化，促进了学生对汉语的学习。不容忽视的是，该课程在实践中也存在一些问题，需要引起重视。

（一）民族文化教学内容较片面

通过在课堂上的参与式观察，笔者发现，民族文化教学偏重知识与技能、过程与方法两个层面的课程目标。在每个门类的民族文化课程中，孔子学院教师都专注于民族文化背景知识的讲解及操作技能及方法的展示。但是，态度情感和价值观目标在民族文化课程中也有其存在的价值和意义。教师传授中华才艺的知识与技能只是泰国学生了解中国文化的一个必不可少的途径，而不是终极目的。孔子学院开设民族文化课程的初衷应该是促进泰国民族文化与中国民族文化的相互理解。如果民族文化课程实践仅停留在教几种中华才艺上，那么孔子学院在跨文化传播中将失去其积极意义。

（二）民族文化课程内容不够丰富

孔子学院将民族文化课程仅局限在书法、剪纸等中华才艺教学上，没有真正地挖掘出中国民族文化的丰富内涵，也无法全面地展示中国民族文化的精神面貌，仅仅是"术"，还不是"道"，没有从真正意义上将中国民族文化的价值和精髓呈现出来。

（三）教师缺乏差异化的教学和管理能力

每个民族的文化都有其自己的特性，包括思维方式、行为习惯、为人处世的风格等。对内，它表征着一个民族的性格，是该民族的文化传统；对外，它体现了该民族的风貌，影响着其他民族对这一民族的印象，也影响着各民族彼此之间的相互关系。中国教师的教学方法具有显著的"中国特色"，即教师遵循一般的教学设计流程，认真讲课，学生认真听课。教师没有充分考虑泰国学生独特的学习风格和学习习惯，以对待中国学生的思维方式来组织教学过程和管理学生。通过课堂观察，笔者发现泰国学生不适应中国教师的教学方式，在课堂上不能积极配

合教师的教学。例如，在囍字剪纸教学中，有一部分学生在学习过程中显得十分沮丧，他们不主动提问。在自由练习的过程中，学生会起身在教室内走动，有的甚至跑到教室外面，他们讲话、化妆、互相编辫子……笔者一般会在全班点出这些学生的名字给以警告，但是效果不明显。

（四）忽视了中国和泰国民族文化的比较教学

通过剪纸课程的课堂实录可知，现有的教学模式是单向推广中国的民族文化，教师在教学过程中没有适时进行中泰文化比较。

（五）不重视课程评价

M 大学孔子学院的民族文化课程评价的主要问题在于评价形式单一，对课程评价不重视。传统的课程评价只重视对学生的学习结果进行评价，在民族文化课程中，孔子学院只对学生的学习效果进行评价，缺少对课程教师和课程自身的评价。民族文化课程没有进入 M 大学的教育体系之中，使得学生对课程的重视程度不高，影响了学生的学习兴趣与学习积极性。教师在对学生的学业成绩进行评价时，随意性大，标准性不强。这是由于孔子学院对民族文化课程评价的重视度不高，教师关注实施过程，对课程评价缺少足够重视。此外，孔子学院教师在课前没有对任课教师进行有关课程评价的培训，导致教师不清楚课程评价标准，使得他们在民族文化课程评价过程中不能按照指定的标准实施评价，对自身教学的满意度也不高。

五、M 大学孔子学院民族文化课程的发展策略

针对上述问题，笔者分析了 M 大学孔子学院应如何针对泰国学生特殊的文化背景，有效地在孔子学院实施民族文化课程。

（一）课程目标：促进泰国学生对中国民族文化的深入理解

1. 从研究学习者本身去寻找课程目标

鲍尔（G. H. Bower）和希尔加德（E. R. Hilgard）在他们著名的《学习论——学习活动的规律探索》一书中把学习定义为："一个主体在某个规定情境中的重复

经验引起的、对那个情境的行为或行为潜能的变化。"①学习就是行为模式改变的一种历程，课程目标便是代表着该课程希望在学生身上引起的种种变化。正如泰勒所说，"我们之所以要研究'学习者本身'，就是想找出'教育机构想在学生身上引起的行为模式的必要变化'"②。泰国学生是课堂的主体，是民族文化的学习者，那么课程目标的制定就应该考虑他们的需求。一般而言，学习者愿意学到他所感兴趣和想要学到的事物。如果学校提供的都是学习者感兴趣的事物，那么其将积极、主动地参与进来，从而学习如何有效地去应对这些情境。

2. 以文化平等交流作为课程目标的核心

孔子学院民族文化课程目标应该始终以文化的平等交流为核心，积极促进泰国学生对中国民族文化的理解。在国际舆论中，孔子学院常常被冠以"文化渗透"等负面标签。这种对孔子学院的文化偏见和误读现象，一部分根源就在于孔子学院在其自身发展过程中缺乏清晰的目标定位。跨文化交际中文化冲突的形成通常要经历"文化矛盾—文化冲突—文化融合—文化适应"的发展过程，孔子学院作为中国语言文化教育机构扎根在世界各个角落，势必会与当地本土民族文化产生碰撞和摩擦。在多元文化背景下，异质文化之间的矛盾和冲突无法回避，唯有积极面对这些文化冲突并采取合适的策略才是解决冲突的最好办法。

因此，笔者认为 M 大学孔子学院的民族文化课程应该坚持以求同存异为基本原则，以民族文化的平等交流为核心，促进泰国学生对中国民族文化的理解。

（二）课程内容：展现多元中国文化，适应泰国本土文化

从一定意义上可以说，全部课程问题都与课程内容相关，课程目的、课程设计、课程实施以及课程评价都可以理解为围绕课程内容的安排及其结果展开的。③对于孔子学院而言，民族文化课程内容的选择应该以促进中泰民族文化相互理解为目标。笔者基于调查对民族文化课程内容提出以下几点建议：①编写适合泰国学生的民族文化教材。每个孔子学院处在不同的国家和地区，面向来自不同文化群体的学生。因此，孔子学院需要根据所在地的文化环境编写有益于中华民族文化传播的区域性教材。教材的编撰应该照顾到各个国家的实际情况，要开发适合各个国家的民族文化教材，这对于孔子学院的发展来说显得十分重要。M 大学孔

---

① ［美］鲍尔，［美］希尔加德. 1987. 学习论——学习活动的规律探索. 邵瑞珍，皮连生，吴庆麟，等，译. 上海：上海教育出版社，22

② ［美］泰勒. 1981. 课程与教学基本原理. 黄炳煌，译. 苗栗：桂冠图书股份有限公司，10

③ 丛立新. 2000. 课程论问题. 北京：教育科学出版社，284

子学院的民族文化课程覆盖了小学、中学、职业学院和大学的学生群体，各类学生的汉语水平参差不齐。因此，孔子学院需要照顾不同层次的学生，使用泰汉双语来编写基础性的民族文化教材。②积极适应泰国本土民族文化。在长期的历史发展过程中，受本民族文化传统、社会状况、地理环境、审美习俗和外来文化等诸多因素的影响，泰国的民族文化艺术逐步形成了自己独特的艺术风格和表现手法，具有鲜明的民族特色，并随着艺术实践的发展而不断丰富，日益显现出其时代感和兼容性。泰国的民族文化艺术包括音乐、舞蹈、戏剧、绘画、建筑艺术等。孔子学院的民族文化课程可以将泰国的民族文化引入，进行中泰文化的比较学习，这不失为一种实现文化平衡的策略。

（三）课程实施：因地制宜，以学生为本

泰勒原理指出，在课程实施阶段，教师需要有计划地把可能使学生达到目标的知识或经验组织、汇编起来，课程实施应该始终以学生为中心。中国教师在泰国进行民族文化教学，处在泰国的教育环境之中，应当积极地去适应泰国学生的学习文化。首先，要尊重泰国学生的学习文化。在对外民族文化教学中，学习对象通常是一个特殊的群体，学生来自世界上不同的国家、地区和民族，有着独特的母语特征、文化背景和民族心理，他们的思维方式和认知风格都存在着巨大差异。如果中国教师忽略了民族文化的差异性，就会降低学生的学习兴趣，引起学生对中国民族文化的误解。泰国学生具有独特的学习文化特征，在泰国学校的课堂上，教师教学比较活跃，气氛较为热烈，教师和学生的关系十分友好。那么，在孔子学院的民族文化课程中，中国教师应该尊重泰国学生由来已久的学习文化特征，而不是以对待中国学生的方式开展教学。其实在跨文化传播背景下，孔子学院的中国教师才是民族文化教学中最重要的课程资源，他们对民族文化课程的态度，是影响民族文化课程实践效果的一个重要因素。中国教师应该以包容的态度对待学生的课堂行为习惯，面对学生在课堂上的不良行为不必公开指责和过于苛刻，适时进行私下引导即可。其次，要注重采用灵活的教学方法。泰国的课堂通常没有固定的教学形式，教师总是使用自己认为最有效的方法给学生上课，重视让学生动手、多练，努力培养学生的团体精神和遵守纪律的习惯。在泰国，教师的任务通常是引导学生思考问题、解决问题，调动学生探求知识的积极性和主动性。对于孔子学院的中国教师而言，他们应该注重使用灵活多样的教学方法。最后，要丰富民族文化课程的类型。笔者在调查中发现，孔子学院的民族文化课程仍然以课堂教学为主，比较单一。在以后的发展中，孔子学院应该丰富民族文

化课程的组织方式，一方面，将语言教学和民族文化教学结合起来；另一方面，将课堂教学和课外的民族文化活动结合起来，从而提高民族文化推广的趣味性，调动泰国学生学习的积极性。

（四）课程评价：建立开放、平等的课程评价体系

评价使民族文化教学过程得以纠正并调整，没有评价，教师就无法把握和控制教学效果，就无法从中寻求协调和一致。泰勒原理在第四阶段提出运用某些方法对课程的结果加以评价。课程评价本质上是一种测定教育目标在课程与教学方案中究竟被实现多少的历程。泰勒强调，课程评价应当根据学校的教育目标来制定，其结果主要在于表明学校课程计划的优点与不足，并为重新修订这项课程计划创造条件。①笔者建议，孔子学院应该从以下两个方面着手建立平等、开放的课程评价体系。

1. 评价对象多元化

教师是民族文化课程的实施者，泰国学生是民族文化课程的学习者。教师的教学效果如何，学生的学习效果如何，都需要通过合适的方法进行评价。长期以来，M 大学孔子学院的民族文化课程只关注泰国学生在课堂上的学习行为，对学生的学习效果没有提出过明确的考核要求。同时，对于教师自身来讲，他们的教学内容和教学方法也得不到来自学生的及时反馈。因此，M 大学孔子学院需要改进民族文化课程评价，使民族文化课程的评价对象多元化。

2. 评价方法多元化

（1）学生评价方法多元化

学生是学习过程的主体，教育追求的便是学生行为的改变。评价涉及搜集有关学生行为改变的证据，所以任何有关学生行为改变的证据都可以作为课程评价的证据。同时，教师也应该学会创造出一种能够使学生受到鼓励从而向他们提供反馈的氛围。泰勒提出了四种行之有效的评价方法，即观察法、晤谈法、问卷调查法和作品展示法。②在考察习惯和某些操作技能方面，观察也是一种有用的手段，在民族文化课程实施过程中，教师可以通过观察学生的学习态度和学习行为，整体评价学生的学习效果。晤谈法和问卷调查法可以帮助教师了解泰国学生在态度、兴趣与欣赏方面正在发生的种种变化。作品展示法可以帮助教师搜集学生掌握技能的证据，比如，在剪纸课程中，教师可以搜集学生在课堂上完成的剪纸作品。

---

① [美]拉尔夫·泰勒. 1994. 课程与教学的基本原理. 施良方，译. 北京：人民教育出版社，85
② [美]拉尔夫·泰勒. 1994. 课程与教学的基本原理. 施良方，译. 北京：人民教育出版社，86-87

下节课开始时在班级内举行小型的剪纸作品展，教师对展出的作品进行点评，这样能够营造出一种民主、开放的评价氛围。

（2）教师评价方法多元化

教师行为评价主要来源于两个方面：教师自我评价和学生对教师的评价。M大学孔子学院可以编制合理的教师自评表，用于民族文化课程教师自我评价，也可以要求教师完成教学课堂日志，及时总结教学中存在的问题并进行自我改进。要了解学生对教师的评价，可以将问卷调查法和晤谈法两种方式结合起来，以全面了解泰国学生对文化课程实施的意见。

第五章

多民族文化资源教育转换的法规政策保障

　　实现多民族文化资源的有效转换，应当认清民族文化的主体和文化权利的主体，转变观念，提高认识，从学校、社会、地方政府多方面着手。在学校方面，要保障多民族文化资源教育的有效转换，在民族文化进校园活动和民族文化课程实施中有明确的职责，同时要确立相应的制度；在社会方面，机构、传承人、法人、社区、个人要认清自己在多民族文化资源教育转换中的责任与权利；在地方政府方面，要对多民族文化资源教育转换给予支持。

第一节　民族文化资源的主体及其权利

这里我们要讨论的民族文化资源的主体与保护民族文化资源的主体，简单地说，就是民族文化的拥有者和保护者。因此，这部分要讨论的就是关于谁是民族文化资源的主体（谁是受益的主体）、谁是民族文化资源权利的主体（谁有权利保护），以及两者的关系问题。

一、民族文化资源的主体

什么是"主体"？"主体"一词虽然有很多解释，却没有一致而准确的界定。但是，有一点是一致的，就是对"主体"的解释总是离不开人。潘志恒将目前流行的几种对"主体"一词的定义罗列了出来：①主体是认识活动和实践活动的承担者，而客体则是认识和实践的对象；②主体是自我确认、自我认识、自我决定、自我实现的存在；③主体是"赋予一切存在以存在，并是一切存在的尺度和准绳的存在者"；④主体是与其他主体共在的交互主体。上述定义中，"认识活动和实践活动的承担者"是人；"自我确认、自我认识、自我决定、自我实现的存在"是人之自我；"赋予一切存在以存在，并是一切存在的尺度和准绳的存在者"说的是人；"与其他主体共在的交互主体"指的也是人。由此可以看出，上述每一种定义都是对"人"这个概念的阐释。①

当把哲学角度的"主体"——人，与"人创造了文化"联系在一起时，我们就不会再对"文化的主体是人"这个论断持否定态度了。当然，民族文化资源的主体自然是民族成员，是创造和实践民族文化的民族群体。我们循着上述"主体"的四种定义来解释民族文化资源的主体：①在民族文化创造过程中，民族成员是认识和实践活动的承担者；②民族成员对其族群文化的认同是对自我身份的确认，他们在社会实践中扮演自己的角色、认识自我和决定自我，在文化创新中实现自我；③民族文化渗透在民族成员日常生活的方方面面，他们的社会生活方式体现了他们自身的文化实践，在此过程中，他们既履行着约定俗成的行为规则，又不

---

① 潘志恒. 2015. 主体与存在. 厦门：厦门大学出版社，1-2

断地创新着文化；④民族文化资源的主体是多个而不是一个。一个民族的文化与其他民族文化是共存、相互影响的，一个民族的成员与其他民族成员也是共存、相互交融的。

二、民族文化资源权利的主体

学者从产权经济理念角度出发，将民族文化资源的产权属性概括为具有多元化特征：对于民族地区群众而言，民族文化资源具有共享的属性；对于政府机构而言，民族文化资源具有管理的属性；对于投资公司而言，民族文化资源则具有开发和收益的属性。显然，民族文化资源呈现出公共产品的属性，因而也就不可避免地造成了民族文化资源产权主体缺位的问题。①

本部分从民族文化资源教育转换的视角出发，讨论民族文化资源的权利。文化资源转换的前提和基础是文化的保护，转换实际上也是一种文化传承，因而我们关注民族文化资源的保护与传承的权利。

就文化权利的主体而言，它与文化的主体有所不同。从文化人类学角度来说，每一种文化都是有差异的。文化权利不归属于个体，而是归属于族群（或称集体）。如果说文化资源的主体是文化的创造者和拥有者——民族成员，那么文化资源权利的主体问题就是更具社会性和政治性的问题。作为公共产品，文化资源权利的主体具备多元的特征，除了包括以民族成员集体为单位的文化主体之外，还包括国家这个重要主体。因此，文化资源权利的主体是双重的，既包括国家，也包括集体。"资源"即可资利用的东西，一般解释为生产资料和生活资料的来源。资源不仅包括自然资源，也包括一切人的因素或社会资源。文化这种客观存在一经开发利用便成为资源，便具有经济或社会价值。谁是权利的主体？文化资源由谁来管理、保护，由谁来开发、利用？这些都是有必要弄清楚的问题。

从国家主权原则出发，国家对民族文化资源拥有最高管理权、保护权、开发权和监控的权利。各级政府或其指定的有关主管机关要行使相关权利，履行国家赋予它们的保护民族文化的职责，提供各种支持或创造必要的条件来促使各民族顺利行使其文化权利。

集体有广义和狭义之分，广义的集体是针对一个民族整体而言的；狭义的集体是指民族社区，是多个个体的集合，通常包括区域范围内的村落、家族、家庭

---

① 唐剑，张明善. 2016. 少数民族文化资源的产权界定与保护性开发——基于巴泽尔产权经济理论视角. 民族研究，（6）：12-22

与个体成员。集体作为文化权利的主体，其功能在于凭借村规民约及一切约定俗成的规矩，在其域内行使权利，以保障每个成员的文化权利和每个成员应享受的各种利益。更重要的是，集体需要采取各种措施保护其所属民族的文化在社区内的流行和传承。全球化为民族传统文化的发展带来了机遇，也带来了挑战，那就是，要么在融入主流文化中彰显特色，散发异彩；要么在强势文化的冲击下丧失自我，黯然消退。某一特定民族文化的消亡，在一定程度上也就意味着这个民族的消失。历史上无数古代民族的销声匿迹，本质上都可归因于其文化的消亡。因此，集体这个文化权利主体必须约定本族成员在文化保护中应承担的责任，以防止其消亡。

以集体作为文化权利的主体并不是要否定民族成员个体的文化权利，而是集体代表个体行使、维护主体权利，或个体的文化权利通过集体得到保障。民族地区个体是民族文化的载体或实践者，一个个体与其他多个个体共享民族文化资源，而个体的归属与认同是通过集体来体现的。文化权利的主体是"民族"，并由文化权利的上层主体——国家在法律上赋予"民族"文化权利，"民族"即族群或集体。各民族都是民族文化的主体，他们在传统文化的传承实践中实现了对文化的保护，因而充当了保护民族文化的角色，也具有与保护民族文化相关的权利。要保护民族传统文化，需要个体对所属族群文化权利有一定的认识，认同本民族文化，并具备了解、掌握和运用所拥有文化的能力。例如，《中华人民共和国非物质文化遗产法》规定，非物质文化遗产代表性项目的代表性传承人应当符合下列条件：①熟练掌握其传承的非物质文化遗产；②在特定领域内具有代表性，并在一定区域内具有较大影响；③积极开展传承活动。[1]换言之，民族文化主体对民族文化的继承和认同实际上就是对民族文化的保护。

三、政府关于民族民间传统文化保护、传承与开发的法规

在我国，保护民族传统文化的法律法规处于不断完善的过程中。1982 年，国家出台了针对物质文化遗产的《中华人民共和国文物保护法》。1997 年，国务院颁布了《传统工艺美术保护条例》。2003 年，联合国教科文组织第 32 届大会上通过了《保护非物质文化遗产公约》，由此人们才开始使用"非物质文化遗产"这个概念。此前，我国代之以民间文化、民俗文化、传统文化，或以民族语言文字、民

---

① 第十一届全国人大常委会. 2011-08-05. 中华人民共和国非物质文化遗产法（2011）. 人民日报, 8 版

间习俗、民间文学艺术、传统工艺等名称出现，对其保护虽然早已开展，但初期主要是对局部或某一类文化遗产的保护，如《宁夏回族自治区民间美术、民间美术艺人、传承人保护办法》（1990年）。2000年，《云南省民族民间传统文化保护条例》出台，该条例虽然是地方性的，但它开启了整体性保护民族民间传统文化的先河，贵州、福建、广西、宁夏紧随其后。与此同时，相关部门已经开始酝酿全国性的民族民间传统文化保护法，2003年，《中华人民共和国民族民间传统文化保护法（草案）》颁布。据全国人民代表大会教育科学文化卫生委员会关于《中华人民共和国民族民间传统文化保护法（草案）》的说明材料，"民族民间传统文化"这一概念主要是用于对"无形文化遗产"的描述和概括。①《中华人民共和国民族民间传统文化保护法（草案）》采纳了《云南省民族民间传统文化保护条例》中的"民族民间传统文化"的提法。当时国际、国内对民族文化的称法还没有达成一致。2002年联合国教科文组织通过的《伊斯坦布尔宣言》和2003年通过的《保护非物质文化遗产公约》两个文件中都使用了"非物质文化遗产"一词，2004年，我国加入了《保护非物质文化遗产公约》，随之将《中华人民共和国民族民间传统文化保护法（草案）》更名为《中华人民共和国非物质文化遗产保护法（草案）》。2005年，《国务院办公厅关于加强我国非物质文化遗产保护工作的意见》出台，此后经过反复研讨和修改，去掉了"保护"二字，于2011年2月25日第十一届全国人民代表大会常务委员会第十九次会议审议通过了《中华人民共和国非物质文化遗产法》②。《中华人民共和国非物质文化遗产法》的颁布标志着我国保护非物质文化遗产的法律法规体系日趋完善，具有里程碑意义。全国29个省（自治区、直辖市）先后出台了非物质文化遗产保护条例，据不完全统计，"十三五"期间新增地方性保护条例达37部。③从我国颁布的有关保护民族文化的法规条例来看，其对民族传统文化权利、文化保护主体、传承与开发的主体等都有明确的规定。

（一）保护

民族民间文化由谁来保护？一直以来，民族传统文化保护的主体不是很明朗。"保护工作涉及政府的许多行政管理部门，如文化部门、文物部门、建设部门、宗教部门、民族事务部门、旅游部门、公安部门、工商部门等，仿佛谁都可以是主

---

① 臧小丽. 2004.《民族民间传统文化保护法（草案）》的特点及立法建议. 湖北民族学院（哲学社会科学版），（5）：21-26

② 第十一届全国人大常委会. 2011-08-05. 中华人民共和国非物质文化遗产法. 人民日报，8版

③ 澎湃号. 2021-06-08. 绘就新时代传承弘扬中华优秀传统文化的生动画卷. https://www.thepaper.cn/newsDetail_forward_13057932[2022-04-02]

管部门，但实际上却没有一个是真正的主管部门。"①1998—2003 年，文化部和全国人民代表大会教育科学文化卫生委员会针对民族民间文化保护的立法开展了广泛而深入的民意调研工作，并在此基础上组织起草了《中华人民共和国民族民间传统文化保护法（建议稿）》，经广泛征求意见和修改，最终形成了《中华人民共和国民族民间传统文化保护法（草案）》。《中华人民共和国民族民间传统文化保护法（草案）》第二条对保护的主体做了规定，即在中华人民共和国境内，具有历史、文学、艺术、科学、社会价值的民族民间传统文化受国家保护。可见，民族民间传统文化总体上的保护主体是国家。其中第六条又规定了具体主管部门，国务院文化行政部门主管全国的民族民间传统文化保护工作；国务院其他行政部门在各自的职责范围内做好民族民间传统文化保护工作。县级以上地方人民政府文化行政部门主管本行政区域内民族民间传统文化的保护工作；县级以上地方人民政府其他有关行政部门在各自的职责范围内做好民族民间传统文化保护工作。②可见，县级以上政府文化行政部门是民族民间传统文化的主管单位，也是保护民族民间传统文化的主体。与此相同，2004 年，文化部、财政部联合发出的《关于实施中国民族民间文化保护工程的通知》指出，"保护工程"是由政府组织实施推动的，对珍贵、濒危并具有历史、文化和科学价值的民族民间传统文化进行有效保护的一项系统工程，是一项国家重点扶持的文化建设工程，各级文化部门要充分发挥主导作用。③

　　21 世纪以来，各地方政府相继出台了民族民间文化保护方面的条例。④2000 年公布的《云南省民族民间传统文化保护条例》第六条规定，县级以上人民政府的文化行政部门主管本行政区域内民族民间传统文化的保护工作；第九条规定，县级以上人民政府的文化行政部门应当会同民族事务等部门组织对本地区的民族民间传统文化进行普查、收集、整理与研究；第十条规定，对于即将消失的有重要价值的民族民间传统文化，县级以上人民政府的文化行政和其他有关部门应当及

---

　　① 转引自：臧小丽.2004.《民族民间传统文化保护法（草案）》的特点及立法建议. 湖北民族学院（哲学社会科学版），（5）：21-26

　　② 臧小丽. 2004.《民族民间传统文化保护法（草案）》的特点及立法建议. 湖北民族学院（哲学社会科学版），（5）：21-26

　　③ 文化部，财政部. 2006-04-27. 文化部、财政部联合发出关于实施中国民族民间文化保护工程的通知（文社图发〔2004〕11 号）. https://www.ihchina.cn/zhengce_details/11599[2022-04-02]

　　④ 相关条例有《云南省民族民间传统文化保护条例》（2000）、《贵州省民族民间文化保护条例》（2002）、《福建省民族民间文化保护条例》（2004）、《广西壮族自治区民族民间传统文化保护条例》（2005）、《云南省丽江纳西族自治县东巴文化保护条例》（2001）、《湘西土家族苗族自治州民族民间文化遗产保护条例》（2006）、《长阳土家族自治县民族民间传统文化保护条例》（2006）

时组织抢救；第十一条规定，各级人民政府应当重视对民族民间传统文化研究人才的培养，发挥各级文化艺术馆在征集、收藏、研究、展示本地区的民族民间传统文化中的作用；第三十一条规定，县级以上人民政府应当结合本地区实际，采取有效措施，有计划地开发民族民间传统文化项目。显然，民族民间传统文化保护的主体是县级以上人民政府的文化行政部门。第九条还规定，鼓励民族和文化艺术研究机构，其他学术团体、单位和个人从事民族民间传统文化的考察、收集与研究。保护研究成果，提倡资源共享。鼓励开展民族民间传统文化的交流与合作。由此明确了机构、团体、个人具有对民族文化的保护权利。[①]

2005 年的《国务院办公厅关于加强我国非物质文化遗产保护工作的意见》以及作为其附件的《国家级非物质文化遗产代表作申报评定暂行办法》是《中华人民共和国非物质文化遗产法》正式出台前我国对非物质文化遗产起到保护作用的主要法规和依据。《国家级非物质文化遗产代表作申报评定暂行办法》第七条规定，申报项目须提出切实可行的十年保护计划，并承诺采取相应的具体措施，进行切实保护。这些措施主要包括建档、保存、传承、传播和保护等几个方面。其中关于"保护"的具体办法为："采取切实可行的具体措施，以保证该项非物质文化遗产及其智力成果得到保存、传承和发展，保护该项遗产的传承人（团体）对其世代相传的文化表现形式和文化空间所享有的权益，尤其要防止对非物质文化遗产的误解、歪曲或滥用。"[②]2006 年发布的《国家级非物质文化遗产保护与管理暂行办法》第四条规定："国务院文化行政部门负责组织、协调和监督全国范围内国家级非物质文化遗产的保护工作。省级人民政府文化行政部门负责组织、协调和监督本行政区域内国家级非物质文化遗产的保护工作。国家级非物质文化遗产项目所在地人民政府文化行政部门，负责组织、监督该项目的具体保护工作。"[③]2011 年颁布实施的《中华人民共和国非物质文化遗产法》对我们讨论的民族文化保护主体做了明确规定。第三条规定，国家对非物质文化遗产采取认定、记录、建档等措施予以保存，对体现中华民族优秀传统文化，具有历史、文学、艺术、科学价值的非物质文化遗产采取传承、传播等措施予以保护。第六条规定，县级以上人民政府应当将非物质文化遗产保护、保存工作纳入本级国民经济和社会发展规划，

① 云南省人民代表大会常务委员会. 2005-12-12. 云南省民族民间传统文化保护条例. https://sthjt. yn.gov.cn/zcfg/fagui/dffg/200512/t20051212_14211.html[2022-03-31]

② 国务院办公厅. 2005-03-26. 国务院办公厅关于加强我国非物质文化遗产保护工作的意见. http:// www.gov.cn/gongbao/content/2005/content_63227.htm[2022-03-31]

③ 文化部. 2006-10-25. 国家级非物质文化遗产保护与管理暂行办法. http://www.gov.cn/gongbao/ content/2007/content_751777.htm[2022-04-02]

并将保护、保存经费列入本级财政预算。国家扶持民族地区、边远地区、贫困地区的非物质文化遗产保护、保存工作。第七条规定，国务院文化主管部门负责全国非物质文化遗产的保护、保存工作；县级以上地方人民政府文化主管部门负责本行政区域内非物质文化遗产的保护、保存工作。县级以上人民政府其他有关部门在各自职责范围内，负责有关非物质文化遗产的保护、保存工作。第九条规定，国家鼓励和支持公民、法人和其他组织参与非物质文化遗产保护工作。①这就明确了民族民间传统文化保护的主体，国务院文化主管部门负责全国的民族民间传统文化保护，县级以上地方人民政府文化主管部门负责本行政区域内民族民间传统文化保护，同时公民个人、法人和其他组织也有权利保护。民族民间传统文化保护主体对文化的保护措施，还可以从相关文件中看到。就保护的对象而言，《中华人民共和国民族民间传统文化保护法（草案）》第二条规定，受国家保护的有价值的民族民间传统文化包括六大类：①濒危的古语言文字；②口述文学和传统戏剧、曲艺、音乐、舞蹈、绘画、雕塑、杂技、木偶、皮影、剪纸等；③传统工艺美术制作技艺；④传统礼仪、节日、庆典和游艺活动等；⑤与上述各项相关的代表性原始资料、实物、建筑和场所；⑥其他需要保护的特殊对象。其中既有非物质文化遗产，也有相关的物质文化遗产，但以非物质文化遗产为主。为了不与《中华人民共和国文物保护法》规定的范围重复，该草案第五十九条规定，已被确定为"文物"或"文物保护单位"的民族民间传统文化的保护，适用《中华人民共和国文物保护法》。②2004年的《中国民族民间文化保护工程实施方案》明确了"保护工程"的保护对象主要是珍贵、濒危的并具有历史价值的民族民间传统文化，包括"传统的口述文学和语言文字；传统的戏剧、曲艺、音乐、舞蹈、美术、杂技等；传统的工艺美术和制作技艺；传统的礼仪、节日、庆典和体育活动等；与上述各项相关的代表性原始资料、实物和场所；其他需要保护的特殊对象等"③。其保护对象与《中华人民共和国民族民间传统文化保护法（草案）》中规定的保护对象完全一致。

2005年的《国家级非物质文化遗产代表作申报评定暂行办法》第二条、第三条规定，非物质文化遗产指各族人民世代相承的、与群众生活密切相关的各种传

---

① 中华人民共和国中央人民政府. 2011-02-25. 中华人民共和国非物质文化遗产法. http://www.gov.cn/flfg/2011-02/25/content_1857449.htm[2022-03-31]

② 臧小丽. 2004.《民族民间传统文化保护法（草案）》的特点及立法建议. 湖北民族学院（哲学社会科学版），（5）：21-26

③ 文化部，财政部. 2006-04-27. 文化部、财政部联合发出关于实施中国民族民间文化保护工程的通知（文社图发〔2004〕11号）. https://www.ihchina.cn/zhengce_details/11599[2022-04-02]

统文化表现形式（如民俗活动、表演艺术、传统知识和技能，以及与之相关的器具、实物、手工制品等）和文化空间。非物质文化遗产可分为两类：①传统的文化表现形式，如民俗活动、表演艺术、传统知识和技能等；②文化空间，即定期举行传统文化活动或集中展现传统文化表现形式的场所，兼具空间性和时间性。非物质文化遗产的范围包括：①口头传统，包括作为文化载体的语言；②传统表演艺术；③民俗活动、礼仪、节庆；④有关自然界和宇宙的民间传统知识和实践；⑤传统手工艺技能；⑥与上述表现形式相关的文化空间。①《国家级非物质文化遗产代表作申报评定暂行办法》在保护内容上同样包括六大类，增加了"有关自然界和宇宙的民间传统知识和实践"，提出"文化空间"概念，指传统文化活动及其场所的空间。其内容所指相类于《中华人民共和国民族民间传统文化保护法（草案）》中的第五类"与上述各项相关的代表性原始资料、实物、建筑和场所"，以及《中华人民共和国非物质文化遗产法》中的第六类"其他非物质文化遗产"。2006年颁发的《国家级非物质文化遗产保护与管理暂行办法》第二条明确了这条法令保护的对象是指列入国务院批准公布的国家级非物质文化遗产名录中的所有非物质文化遗产项目。②《国家级非物质文化遗产保护与管理暂行办法》可以看成是《国务院办公厅关于加强我国非物质文化遗产保护工作的意见》及其附件《国家级非物质文化遗产代表作申报评定暂行办法》的实施细则，从某种程度上来说是向《中华人民共和国非物质文化遗产法》过渡的一个综合性法规。③

《中华人民共和国非物质文化遗产法》第二条将非物质文化遗产分为六大类，包括传统口头文学以及作为其载体的语言；传统美术、书法、音乐、舞蹈、戏剧、曲艺和杂技；传统技艺、医药和历法；传统礼仪、节庆等民俗；传统体育和游艺；其他非物质文化遗产。这六大类别都属于要保护的对象。该条还指出，属于非物质文化遗产组成部分的实物和场所，凡属文物的，适用《中华人民共和国文物保护法》的有关规定。与《中华人民共和国民族民间传统文化保护法（草案）》相同，《中华人民共和国非物质文化遗产法》中也指出未纳入之内容适用《中华人民共和国文物保护法》。与《中华人民共和国民族民间传统文化保护法（草案）》相比，《中华人民共和国非物质文化遗产法》保护的非物质文化遗产对象增加了医药、历法、

---

① 国务院办公厅. 2005-04-28. 国务院办公厅关于加强我国非物质文化遗产保护工作的意见（国办发〔2005〕18号）. http://www.ihchina.cn/zhengce_details/11571[2022-04-01]

② 文化部. 2006-10-25. 国家级非物质文化遗产保护与管理暂行办法. http://www.gov.cn/gongbao/content/2007/content_751777.htm[2022-04-02]

③ 康保成. 2012.《中华人民共和国非物质文化遗产法》形成的法律法规基础. 民族艺术，（1）：47-50，75

书法等项目，比《保护非物质文化遗产公约》所列的"社会实践""知识"更为具体，也体现了非物质文化遗产的中国特色。

（二）传承

国家对民族民间传统文化的传承与传播给予了支持和鼓励。《中华人民共和国非物质文化遗产法》专门列出了第四章来介绍有关"非物质文化遗产的传承和传播"的内容。该法第三条规定，国家对非物质文化遗产采取认定、记录、建档等措施予以保存，对体现中华民族优秀传统文化，具有历史、文学、艺术、科学价值的非物质文化遗产采取传承、传播等措施予以保护。第十七条规定，对通过调查或者其他途径发现的濒临消失的非物质文化遗产项目，县级人民政府文化主管部门应当立即予以记录并收集有关实物，或者采取其他抢救性保存措施；对需要传承的，应当采取有效措施支持传承。第二十八条规定，国家鼓励和支持开展非物质文化遗产代表性项目的传承、传播。第二十九条规定，国务院文化主管部门和省、自治区、直辖市人民政府文化主管部门对本级人民政府批准公布的非物质文化遗产代表性项目，可以认定代表性传承人。第三十条规定，县级以上人民政府文化主管部门根据需要，采取下列措施，支持非物质文化遗产代表性项目的代表性传承人开展传承、传播活动：一是提供必要的传承场所；二是提供必要的经费资助其开展授徒、传艺、交流等活动；三是支持其参与社会公益性活动；四是支持其开展传承、传播活动的其他措施。"法律确立了以代表性传承人为核心的传承制度。"①《中华人民共和国非物质文化遗产法》第三十六条规定，国家鼓励和支持公民、法人和其他组织依法设立非物质文化遗产展示场所和传承场所，展示和传承非物质文化遗产代表性项目。

同时，对于由谁来传承和通过什么渠道传承的问题，国家也有了明确的规定。《国家级非物质文化遗产代表作申报评定暂行办法》第七条规定，申报项目须提出切实可行的十年保护计划，其中"传承"措施是通过社会教育和学校教育等途径，使该项非物质文化遗产的传承后继有人，能够继续作为活的文化传统在相关社区尤其是青少年当中得到继承和发扬；"传播"措施是利用节日活动、展览、观摩、培训、专业性研讨等形式，通过大众传媒和互联网的宣传，加深公众对该项遗产的了解和认识，促进社会共享。《国家级非物质文化遗产保护与管理暂行办法》规定：国家级非物质文化遗产项目保护单位应当履行为该项目的传承及相关活动提

---

① 朱兵. 2021.《中华人民共和国非物质文化遗产法》的主要内容与制度解读. 中国非物质文化遗产，（1）：6-14

供必要条件的职责；国家级非物质文化遗产项目代表性传承人应当履行传承义务；国务院文化行政部门组织建立国家级非物质文化遗产数据库，有条件的地方，应建立国家级非物质文化遗产博物馆或者展示场所；县级以上人民政府文化行政部门应当鼓励、支持通过节日活动、展览、培训、教育、大众传媒等手段，宣传、普及国家级非物质文化遗产知识，促进其传承和社会共享。[①]同样，《中华人民共和国非物质文化遗产法》第三十四条规定，学校应当按照国务院教育主管部门的规定，开展相关的非物质文化遗产教育。新闻媒体应当开展非物质文化遗产代表性项目的宣传，普及非物质文化遗产知识。第三十五条规定，图书馆、文化馆、博物馆、科技馆等公共文化机构和非物质文化遗产学术研究机构、保护机构以及利用财政性资金举办的文艺表演团体、演出场所经营单位等，应当根据各自业务范围，开展非物质文化遗产的整理、研究、学术交流和非物质文化遗产代表性项目的宣传、展示。

（三）开发

对于开发民族民间传统文化，《中华人民共和国非物质文化遗产法》第三十七条规定，国家鼓励和支持发挥非物质文化遗产资源的特殊优势，在有效保护的基础上，合理利用非物质文化遗产代表性项目开发具有地方、民族特色和市场潜力的文化产品和文化服务。开发利用非物质文化遗产代表性项目的，应当支持代表性传承人开展传承活动，保护属于该项目组成部分的实物和场所。县级以上地方人民政府应当对合理利用非物质文化遗产代表性项目的单位予以扶持。单位合理利用非物质文化遗产代表性项目的，依法享受国家规定的税收优惠。该条规定了民族民间传统文化开发的主体与权利。

地方法规的相关内容反映了开发的具体内容。例如，《云南省民族民间传统文化保护条例》第三十一条规定，县级以上人民政府应当结合本地区实际，采取有效措施，有计划地开发民族民间传统文化项目。内容包括如下八个方面：①鼓励发展有民族特色的民族民间传统工艺品、服饰、器皿等旅游商品；②对有民族民间传统文化特色的民居、场所等，应当妥善加以维护、修缮，有重点地对游人开放；③有计划地组织集中展示民族民间优秀传统文化的展演及其他活动；④有规划地建立和恢复能集中反映民族民间传统文化的设施；⑤各地应当挖掘、提高本地健康的、有浓郁特色的民俗活动表演项目，增强其观赏性；⑥鼓励以弘扬民族

---

① 文化部. 2006-10-25. 国家级非物质文化遗产保护与管理暂行办法. http://www.gov.cn/gongbao/content/2007/content_751777.htm[2022-04-02]

优秀传统文化为目的的文学艺术创作活动；⑦设立云南省优秀民族民间传统文化网站，扩大对外宣传；⑧应有重点、有选择地做好民族民间原始经文、典籍、文献的翻译、校阅、出版等工作。

明确民族文化的主体、权利与责任，有利于明确各自的权利与责任，解决民族文化教育转换中的一些认识问题。

第二节　多民族文化资源教育转换的保护措施

多民族文化资源教育转换是一项系统工程，涉及各级管理组织层面：从上到下，从中央到地方，再到社区；从各地方教育主管部门、文化部门，到民族事务管理部门。本节将从国家层面、地方政府层面、社会层面三个方面分别加以陈述。

一、国家层面：多民族文化资源教育转换的措施及建议

（一）教育理念的转换

20世纪六七十年代，西方出现的多元文化思潮揭示了文化多样性选择的合理性，拓展了人们认识多元文化的视野。多元文化教育也随之在西方国家被实践。西欧国家的教育"一体化战略"或"多元文化战略"，澳大利亚的"多种族教育"政策，以及加拿大和美国先后实施的多元文化教育，使得多元文化教育成为一项世界性的教育和社会改革运动，体现了教育平等原则和民主原则。

多元文化教育的改革目标是课程和教材的变革，即通过课程反映不同学生的学习形态，让学生了解族群的整体经验，开展文化理解的敏感性培训，提升他们的文化理解力和包容力，通过采取积极的社会行动，以实现关于社会民主与公正的情感与道德的承诺。多元文化整合教育理论指出，一个多民族国家的教育在担负人类共同文化成果传递功能的同时，不仅要担负起传递本国主体民族优秀传统文化的功能，同时也要担负起传递本国民族优秀文化的功能。多元文化整合教育理论的内容，除了包含主体民族文化外，还包含其他民族文化的内容。民族地区学生不但要学习本民族优秀传统文化，还要学习主体民族文化，以提高本民族年

轻一代适应主流文化社会的能力，求得个人最大限度的发展。主体民族成员除了要学习本民族文化外，还要适当地学习、了解其他民族的优秀传统文化，以增强民族平等和民族大家庭的意识。多元文化整合教育的目的是继承各民族的优秀文化遗产，加强各民族间的文化交流，促进民族大家庭在经济上共同发展，在文化上共同繁荣，在政治上各民族相互尊重、平等、友好、和睦相处，最终实现民族大团结。[①]因此，多元文化整合教育理论为民族教育的发展指明了方向。

（二）国家层面的立法与政策

《中华人民共和国文物保护法》《中华人民共和国非物质文化遗产法》等一系列法规的颁行，使得民族地区优秀的文化遗产在保护、传承和开发利用中有法可依，尤其是民族民间文化资源的保护有了法律保障。但是，如何在保护的基础上传承民族文化资源，尚缺乏明确的规定和可操作性条款。鉴于此，笔者认为应在下一步的教育改革规划和纲要中考虑将如下三个方面的内容设计纳入，进行立法与政策的制定，以加强民族文化资源教育转换的法律保障，促进多元文化整合教育的有效开展。

1. 确立多元文化教育观念

国家在教育方面不仅要担负传递本国主体民族优秀传统文化的功能，同时也要担负传递本国优秀民族文化的功能。因而，国家应借助立法和政策的宣传、引导作用，将多元文化价值观念植根于全体民众包括民族民众的内心中，将多元文化整合教育观念深入民众的意识中。

2. 建立以民族地区为重点的多元文化整合教育体系

多民族文化教育是中华优秀传统文化教育的一个组成部分，在大、中、小学推进多元民族文化教育，必须以《完善中华优秀传统文化教育指导纲要》为指导，要以坚持社会主义核心价值观为前提，以弘扬爱国主义精神为核心，以家国情怀教育、社会关爱教育和人格修养教育为重点。多民族优秀文化教育在大、中、小学分学段有序推进，通过课程教材研发，筛选文化资源，去其糟粕、取其精华，将优秀的民族文化资源系统地融入现有课程和教材体系中。依托高校建立教师培训基地，为民族地区教师设计民族文化专业课程和教学实践方案，采取定期短训的方式，分批分民族对民族地区教师进行培训。通过培训，不仅要达到提升教师的多元文化素养的目标，还要改善教师原有的不适宜于民族学生的教学方式与手

---

① 滕星，王铁志. 2009. 民族教育理论与政策研究. 北京：民族出版社，65，365

段，全面提升多民族传统文化教育的师资队伍水平。调整教育评价，将民族传统文化教育纳入教育评价体系。在单一的评价标准下，在各种升学率、分数增长率等硬性指标的制约下，教师和学生迫于应试压力，对民族文化进校园、进课堂只能疲于应付，从而使之成为可有可无的选修课程或应对上级检查的特色形象课程。调整教育评价，改变以往一贯的统一要求、统一标准、统一考试的模式，在各级各类学校的学生业绩考核中加入多元民族文化课程。教育行政部门、宣传、文化、新闻出版广电等有关部门应各负其责，全社会共同参与，形成教育合力。加强多元文化整合教育教学研究，为完善中华优秀传统文化教育提供坚强保证和良好条件。

3. 由国家组织多元文化课程研发

针对不同民族地区的不同文化特色，民族地方学校与大学研究机构结成对口合作开发协作团队，吸纳科研机构的相关科研成果，将本民族优秀传统文化开发为各类课程，形成集研究、开发、转化为一体的课程研发体系。多民族优秀传统文化教育课程资源开发分为两类：①显性课程资源开发。各民族的文字和口语、图像和艺术、工艺和技术等文化资源可以转换为显性课程资源。对于这类文化资源，需要通过教材、画册、动漫、讲座等形式将其纳入大学、中学、小学等不同类型的学校课程和教学中。例如，对于文字和口语，可以将其组织编写成教材、读物或丛书；对于图像和艺术，可以将其编订、制作成画册和动漫等文化产品；对于工艺和技术，可以通过组织培训、讲座等形式将其转化为课程资源。②隐性课程资源开发。各民族节庆、习俗、活动和仪式等文化资源可以转换为隐性课程资源。对于这些民族文化资源，需要通过校园民族文化宣传活动、社区文化展览活动等多种形式进行转换。

在课程开发中，还应当重视民族优秀传统文化资源的多媒体转化研究，借助多媒体手段，把各民族优秀传统文化转化为教育资源，使其更加快速、广泛、直观和有效地向大众传播。这是建设中华优秀传统文化传承体系不可或缺的一项重要工作，国家应予以大力支持。

二、地方政府层面：多民族文化资源教育转换的措施及建议

（一）法规制度保障

如上文所述，《国家级非物质文化遗产代表作申报评定暂行办法》第七条是有

关"传承""传播"的规定。此外,《中华人民共和国非物质文化遗产法》第三十四条、第三十五条规定了由学校、新闻媒体、图书馆等公共文化机构负责非物质文化遗产的传承与传播,同时规定县级以上人民政府对于保护民族文化负有重要责任,县级以上地方人民政府应当对合理利用非物质文化遗产代表性项目的单位予以扶持。这些法规在一定程度上对多民族文化资源教育转换起到了保障作用。但是,多民族文化资源教育转换的可操作性方法还很缺乏,很多具体的条例尚不完善。2021年,《中共中央办公厅 国务院办公厅印发〈关于进一步加强非物质文化遗产保护工作的意见〉》提出,将非物质文化遗产融入国民教育体系,将非物质文化遗产内容贯穿国民教育始终,构建非物质文化遗产课程体系和教材体系,出版非物质文化遗产通识教育读本。在中小学开设非物质文化遗产特色课程,鼓励建设国家级非物质文化代表性项目特色中小学传承基地。加强高校非物质文化遗产学科体系和专业建设,支持有条件的高校自主增设硕士点和博士点。在职业学校开设非物质文化遗产保护相关专业和课程。加大非物质文化遗产师资队伍培养力度,支持代表性传承人参与学校授课和教学科研。引导社会力量参与非物质文化遗产教育培训,广泛开展社会实践和研学活动。建设一批国家非物质文化传承教育实践基地。鼓励非物质文化遗产进校园。^①这项政策的出台在很大程度上弥补了《中华人民共和国非物质文化遗产法》的不足,也可以说它与《中华人民共和国非物质文化遗产法》第三十四条"学校应当按照国务院教育主管部门的规定,开展相关的非物质文化遗产教育"是有效衔接的。政策的执行还需要各地方根据当地文化资源的实际情况,制订出一套易于操作且具体化的开发、传承方案。

1. 确立多民族文化资源教育传承的主体与对象

多元文化视角下的多民族文化资源教育转换不仅是学校的责任,而且是全社会的责任,学校、学术研究机构、公共文化机构、文艺表演团体、民族社区,以及家庭都有责任传承民族文化。地方政府对不同的传承主体应当给予法律保障和制度支持。

2. 明确多民族文化资源教育转换的内容与方式

民族文化的内容十分广泛,一个地方往往有多个民族,一个民族又可能具有多种文化类型,一种文化类型的民族又拥有多种类型的文化和多样的文化特质。这就需要对文化的教育价值和社会影响进行研究,以确定哪些文化资源需要转换

① 中共中央办公厅,国务院办公厅. 2021-08-12. 中共中央办公厅 国务院办公厅印发《关于进一步加强非物质文化遗产保护工作的意见》. http://www.gov.cn/zhengce/2021-08/12/content_5630974.htm[2022-04-02]

为教育资源。通过对文化的分类，民族文化资源教育传承主体，尤其是学校和学术研究机构需要分清显性和隐性课程资源，以确定用哪种方式进行转换或如何转换。只有明确多民族文化资源教育转换的内容和方式，才能为地方民族文化资源教育转换制定出操作性较强的法规。

（二）财政支持

地方政府应加大当地民族文化资源的保护与传承方面的资金投入，保障民族文化在学校、社会、家庭的传承以及民族文化资源的教育开发和转换。

地方政府在民族文化的抢救、保存和挖掘、整理的基础上，应投入专项资金组织好地方民族文化课程资源的开发和师资培训，加大对民族语言文字工作和双语教育的推广，保证民族文化的传承有相应的载体；应设立专项经费，开发民族文化资源课程与教材；应投入资金，鼓励学校开展民族文化进校园活动，鼓励学术研究机构开展文化资源研究，扶持非物质文化遗产传承人，鼓励文艺表演团体和公共文化机构等举办民族文化会演活动和民族文化知识宣传活动等。

三、社会层面：多民族文化资源教育转换的支持与措施

社会是社会科学中最广泛和最常用的一个概念。社会有狭义和广义之分，狭义的社会指人类群体活动和聚居的范围，如城市、乡镇、村寨、聚居点等；广义的社会则指一个国家、一个地区或一个文化圈，如东方社会、西方世界等。本节中涉及的社会是指除家庭、学校等以外的民族文化资源可转化的场所，以民族社区、民族文化传习所为代表。

（一）民族社区

民族社区既可以是民族村寨或民族聚居的社区，也可以是负有传承民族文化责任的乡镇或较大的区域。民族社区是学校之外的多民族文化资源教育转换的重要场所，尤其是以村寨为单位的社区是民族文化教育转换的原生态场所。民族文化蕴含在民族社区丰富的社会生活内容中。民族文化又伴随着民族成员的成长，并潜移默化地影响着他们。孩子在使用语言、与玩伴游戏、劳动和参与四时节日、婚丧嫁娶及各种仪式中学习并掌握了民族文化。从民族民间文化保护到非物质文化遗产项目保护的法规中，我们可以看出，相关保护措施更多地体现在对"物"

的保护上，而往往忽略了"物"的载体——"人"。"人"作为民族文化社区中的文化实践者，他们对自身文化的保护不是通过社区以外的政府推动，而是要通过他们自觉地传承，即教育来实现。一个民族或群体对自己文化不认同，自然会使文化走向消亡。因此，社区对民族文化的宣传教育和普及工作尤为重要。

民族社区对民族文化教育转换的支持主要体现在以下几个方面：①社区民族村寨开展民族文化活动，应与学校相配合，让在校生有时间能够参与；民族文化传承人在村寨定期举办非物质文化遗产知识技能培训活动，作为学校民族文化课程的校外实践部分。②乡镇图书馆（阅览室）、文化馆（站）、博物馆（纪念馆、陈列室）在收藏民族文化资源之外，也应发挥教育功能，注重民族文化的传承，定期举办民族文化展览、讲座。③以乡镇为单位，借助网络信息化建设、广播电视媒介等，开展宣传活动，在社区传播民族文化。在条件允许的情况下，可以在一些民族村寨建设生态博物馆，这种模式可以将自然生态与文化结合在一起，从而对民族文化资源进行有效的保护和传承。④在乡镇或一个民族区域内，组织民族文化艺术表演团队、民族体艺比赛及各类竞赛等活动，为中小学生提供参与和学习民族文化的平台。⑤乡镇组织筹办或鼓励民间发展民族文化产业，增加民族文化类专业学生的就业渠道。让学生在社区生活中学习，相比于将这些民族文化放在学校课程中学习要有效得多，不仅可以提升民族学生对民族文化的学习兴趣，唤起他们对开发和保护民族文化遗产的热情，而且能够培养新生代的民族认同感，使他们形成以自觉传承民族文化为己任的使命感。

（二）民族文化传习所

民族文化传习所不仅具有文化传承功能，而且具有文化产品开发的功能。在民族文化传习所，学生既可以学习传统民族文化，又可以获得文化产品开发和销售方面的市场经验。依托非物质文化遗产项目开办文化传习所，可以从以下几个层次开展：①在村寨开办文化传习所，面向本村寨学生。根据村寨文化资源类型分别组成技艺传习所、艺术传习所、美术传习所（工作室）、体育（武术）传习所等，采取传习所与传承人、农户结合的模式。传习所既是民族文化传承场所，也是学校实践基地，又是文化产业开发创收平台。②在乡镇或区域范围内开办文化传习所，面向本乡镇学生。根据本乡镇或区域民族文化资源类型组建各类民族文化传习所，培养本地区民族文化专门人才。③在地方高校、师范、大中专及高职院校开办文化传习所。云南玉溪师范学院湄公河次区域民族民间文化传习馆将民族民间文化资源有效地融入教学体系中，为保护民族民间文化贡献了力量，该传习所就地取材，挖掘区域传统文化资源，凸显了地方高校办学特色，提高了地方高校竞争力，同时也为学生参与开发校本课程模式提供了有益的借鉴。①湄公河次区域民族民间文化传习馆可以作为范例，在民族地方院校加以推广。

第三节　学校关于多民族文化资源教育转换的保障措施

　　多民族文化资源的教育转换，说到底就是民族文化的传承。民族文化在学校传承的过程中遇到了如下问题：一是在升学考试的压力下，民族文化课程不断地受到挤压，致使课程形同虚设，民族文化教育资源被大量浪费。二是把民族文化资源作为学校特色加以标榜，重形式，走过场，通过民族文化资源课程和课外活动，应付上级检查和对外宣传。三是学校中的民族教师人数少，且具备民族文化知识符合教授条件者更少，无法满足民族文化课程的教学需求。

　　只有正确认识民族文化在当下社会的价值和作用，才能有效地传承民族文化，让多元民族的文化共存共荣。"人类的成长历程，就是文化的历程，就是雕琢和学习的历程。"②民族学生都在各自的民族文化环境中生活和成长起来，在此过程中，民族文化被潜移默化地内化为他们的生活方式和价值观念，是他们生活的一部分。因此，学校教育应当与民族自身的文化和生存环境紧密相关，为民族成员提供其所需的或适合其发展的文化知识和技能。这样既能满足民族成员学习民族文化的需要，也能实现传承民族文化的目的。如果说民族地区学校不同于内地学校，那么民族学校的特殊性即在于其民族性。我们应当认识到，民族特色是民族学校培养人才的优势所在，也是民族地区教育实现跨越式发展的重要条件。鉴于此，学校教育首先要转变观念，从主流文化教育占绝对优势地位转向多元文化共同发展。"多元文化教育是以教育中存在的文化多样性为出发点，使具有不同文化特征的学生都享有同等机会的教育；这种教育是在尊重不同文化且依据不同的文化背景、

---

　　① 董云川，刘永存. 2008. 校本课程的开发与高校的文化传承责任——"湄公河次区域民族民间文化传习馆"个案简析. 北京大学教育评论，(2)：79-85

　　② 王铭铭. 2002. 人类学是什么. 北京：北京大学出版社，8

文化特征的条件下实施的，目的在于帮助学生形成对待自身文化及其他文化的得当方式及参与多元文化的能力。"①多民族文化资源教育转换不仅是传承文化的一种方式，还能让学生感受、理解不同文化，进而创造新的文化。多元文化教育对学校提出了新要求，根据班克斯的观点，具有多元文化特色的学校应具备如下条件：①教师对学生都有比较高的期待，并以积极、正面的态度关怀他们；②在正规课程中反映不同族群、性别的经验、文化和价值；③教师的教学方法要切合学生的学习风格和文化，以及学习动机形态；④教师要尊重学生的母语与方言；⑤学校使用的教材要呈现多种文化、族群和种族对事件、现象的看法与见解；⑥学校评估和测量学生学业、发展的工具要考虑文化多样的因素；⑦学校文化和潜在课程要表现文化与民族的多样性。②由此可以看出，教师、课程、教材以及评估工具是重要因素。参照这些条件，笔者认为，在多民族文化资源教育转换中，学校的工作主要包括解决好师资问题、把好课程与教材关，以及在改变评价机制的条件下加强教学管理等。

一、师资培养的措施

教师是多民族文化资源教育转换工作中最重要的因素之一。从现状来看，无论是中小学还是高等院校都存在师资力量薄弱的问题。一些学校现有教师缺乏多元文化素养和教学能力，一些学校尝试从民间艺人中聘请教师来弥补师资的不足，但是由于时间、经费问题，再加上民间艺人文化水平和教学经验的限制，教学效果不佳，使学校民族文化课程处于有教学计划而无力开课的尴尬局面。实际上，学校解决民族文化课程师资问题的关键在于教师素质的提高。从事民族文化教育的教师应具备哪些素质？对此，班克斯提出了14条教师守则：①教师要具有一定的影响力，要有足够的知识与技能去解释族群文化；②充实各族群的历史文化知识；③注意自己对不同族群的态度、行为及语言；④利用多种不同的方式传递不同族群的文化特征；⑤正视学生中存在的种族差异，对学生表现出来的种族态度要保持敏感；⑥审慎地选择教材，剔除有种族歧视、偏见等内容的教材；⑦选择课外书籍或视听材料补充教材的不足，加深学生对其他族群的认识；⑧从了解本民族的文化开始，进而与来自其他文化背景的学生分享不同文化；⑨尽量选用有一致观点的教材，避免选用在一些问题的认识上有冲突的教材；⑩避免在概念、

---

① 郑金洲. 2004. 多元文化教育. 天津：天津教育出版社，29
② 转引自：滕星，王铁志. 2009. 民族教育理论与政策研究. 北京：民族出版社，369

内容及各科教学活动中渗入偏见的成分；⑪对少数族群的学生要有较高的期望，激发他们的上进心；⑫力争取得少数族群学生家长的合作与支持；⑬提倡合作性学习，以促进族群间的整合；⑭在学校的各种正式和非正式的群体中，保持相互间的平等，创造整合的气氛。①这 14 条教师守则可以作为改善师范院校课程设置、培训机构课程安排以及教师评价考核的参考。

因此，笔者认为从如下几个方面着手开展教师多元文化教育是解决问题的途径。

（一）树立正确的观念

观念是人们在长期的实践中形成的对事物的主观印象，是人们对客观现实的反映形式。观念受制于认识主体的感觉、觉悟或思想认识水平。正确的观念有利于正确的行为和决策，教师正确的多元文化教育观念是有效开展多元文化课程教学的前提条件。因此，教师必须认识到：第一，多元文化教育不是让教师在学习多民族文化知识和内容后传递这些文化，而是从教师所在学校或授课班级学生的民族着手，帮助学生理解民族文化多样性和提高其理解多元文化的能力；民族文化传承并非仅仅是少数教师的专责，而是全体教师共同的任务。第二，多元文化教育不是从自己的背景出发去教学生，也不仅是对那些特殊的和在文化上有明显差异的学生进行教学。第三，教师应消除偏见，平等地对待每个学生，不因文化背景和成绩差异而区别对待，对他们应有高度的期待并进行关怀，激发他们的上进心。第四，教师不以主流文化或自我文化为中心，而是以谦虚和宽容的态度对待、学习多元文化。②

以上四点不仅是教师对多元文化教育应持的正确观念和态度，也是对教师素质的要求。

（二）改善教学方法

1. 因材施教

文化背景不同，学生的认知方式、知识结构、学习习惯、学习风格和求学动机都会有差异。因此，教师要善于使用切合学生学习风格和学习动机的教学方法，因材施教，要关注学生的文化背景，分析差异背后的文化因素，之后才能找到导致学生的认知、知识和学习差异的根源以及解决问题的办法。一般而言，文化因

---

① 转引自：郑金洲. 2004. 多元文化教育. 天津：天津教育出版社，144-145
② 郑金洲. 2004. 多元文化教育. 天津：天津教育出版社，141-143

素隐藏在行为背后，不容易被察觉。但文化因素又是行为的制约因素，这也就是为什么一个学生采取这样的学习行为而不是那样的学习行为的原因了。"许多情况下，文化因素的分析可以使教师对学生多一分理解和关怀，多一分感知和认识；可以使教师从更为人文的角度看待和对待学生。"[①]

2. 创设多元化的教学环境

教师要调整传统授课方式，为学生创设多元化的学习环境。

（1）情境教育

体验学习要求教师将教学内容镶嵌在特定的情境中，设计情境化教学环境，在教学过程中，让学生通过动手、动脑、动口去亲身感受和认识民族文化。这种情境教育旨在让学生通过体验、观察、感悟的方式，从多元视角去学习知识，获得经验实感。这对于他们形成探索精神、主动态度，激发其对民族文化的求知欲和自豪感，正确理解、看待、传承文化至关重要。情境教育要求学校的课时安排与社区艺术、节日文化等特色文化时间一致，让学生进入社区，通过参与进行观察、访谈、调研，学习和体验民族文化。教师通过调动学生求知的主动性，引导学生参与活动、积极思考，既让文化传承具有原生态价值和意义，又将社区民族文化变为教学资源。

（2）小组合作

小组合作就是指以小组为单位成立合作学习小组，由小组学生共同完成课堂讨论和课程作业，学生在与小组同学的合作中进行学习；教师为学生设计适当的问题，在其中起引导作用。无论来自何种文化背景，学生都有着自己的人生体验和生活阅历，所有这一切都可以成为教学中的重要资源，成为激发学生学习热情的重要素材，成为学生积极进行自我认知的主要源泉。[②]合作学习的目的是促成不同文化背景学生的沟通和文化分享，从而增强文化间的理解和增加多元文化知识。

（3）网络资源辅助教学

教师要结合课程内容需要，从网络信息资源中选择材料，借助多媒体设备使教学形式多样化。

（三）多元文化知能培养

多元文化教育对教师提出了新要求，不仅要求教师能够正确地评鉴自己在所属文化中承担的角色，客观地看待自身文化和他者文化，还要求教师要提升教学

技能，包括教学材料、教学方式和方法以及教学评价等方面的技能。从民间艺人中聘请教师，只能是权宜之计，无法从根本上解决问题。因此，教师多元文化素质的提升，不仅需要师资培训机构加强对教师多元文化素质的训练，还需要师范学院重视培养师范生的多元文化素质。第一，在课程设置上，要扭转传统的"重"专业基础课程（如教育学、心理学等课程）、"轻"文化类课程的思维，增设教育人类学、文化社会人类学、多元文化理论、民族历史文化等课程，以增进师范生对民族文化的认识，培养他们的多元文化知能。第二，增加教学设计课程，安排充分的教学设计课程训练，让教师学习在教学中融入民族传统文化知识或内容，促使教师学会将民族文化或本土知识和内容融入多门学科课程中，实现多民族文化资源教育转换。第三，教师教育培训信息化。教育主管部门和学校应当充分利用教育信息化技术手段和数据库中的多民族文化资源，解决乡村或偏远地区因地理条件和经费缺乏而导致的教师培训机会少的问题。通过网络学习精品课程、获取共享资源，提升教师多元文化知能和业务水平。第四，组织教师到周边民族村寨开展田野式的跨文化训练，让教师通过参与式观察亲身体验民族文化生活，直接接触各民族，直观了解各民族的历史、文化，促进他们对村寨各民族的尊重和理解，以丰富他们的民族知识，提高其教学能力。

（四）教学研究

教育主管部门和学校应当提供给教师更多的课题研究机会，让他们有条件参与到以民族文化和多元文化教育为主题的课题研究中来。教师在教学第一线，对教学中存在的状况，如学生对民族文化课程的态度、对课程内容的理解程度、学生的学习方式和能力等都有较为直接的了解。如果教师对民族文化没有相应的了解，不能形成系统的民族知识，他们就无法较好地从事多元文化教育。因此，通过课题研究，教师可以增加自身的民族文化知识，完善自身的知识结构，也能提升自身的业务能力，以更好地解决教学中遇到的问题，进而为制定民族文化课程教育政策、教育评估以及学校管理办法提供有益的借鉴。

二、应对课程与教材问题的措施

从民族文化课程建设实践和相关成果来看，民族文化课程包括三类：一是利用地方课程资源而开发、设计和实施的地方课程；二是从本校学生的需求和特点出发开发的校本课程；三是各种利用校园空间和民族文化活动展现的潜在课程。我国民族教育课程对知识的选择，一直以来更多强调知识的客观性和确定性，而对其民族性和文化性的重视程度还有待提高，课程内容主要体现了主流文化。"课程和教材是引导人类新生代文化生存和文化适应的重要指针，学生在教材和课程铺垫的文化环境中建构自己的文化和知识。"①因此，多元文化教育理论对民族文化教育转换有一定的借鉴意义。各民族特有的文化背景、生态环境、区域差异，要求民族教育应具有民族性特征，从教育目的到教育内容都不能照搬非民族地区的教育模式，要采用适应于本民族受教育主体语言、心理、文化、经济的教育模式。"从教育目的看，少数民族教育以保存、传播、维护和发展少数民族文化，培养少数民族正确的民族认同和自豪感为重要内容。从教育内容看，少数民族教育既要传播人类共同文化知识，又要传授本民族优秀文化，因此在教育内容上体现了一定特殊性。"②

当前民族基础教育课程改革重视对本民族文化的传承，现有的教学大纲、教材中已经编入了一些民族历史、地理、文学艺术、习俗等方面的知识和内容，而且各地也都编写了一些校本教材和地方教材，但仍存在一些问题：①整体来看，主流文化知识内容仍占据绝对优势，本可以由各民族新生代传承的地方知识通过课程的"规范"和教材的统一的滤网，变成标准化的知识，这样就把学生从原生态的教育环境和内容中剥离出来了，从而导致民族文化传承的断裂现象；②教材在实现多民族文化资源教育转换中，呈现出民族文化知识内容的碎片化或单一化，绝大部分教材的内容有局限，或没有将本民族优秀文化成果选进教材、引进课堂，或一些内容不适合中小学生的认知和需要，在科学性、规范性上仍有欠缺；③教材文字没有采用民汉双语，影响了教学效果。

（一）课程资源的选择

课程和教材的变革是实现多元文化教育目标的重要途径。多元文化课程设计理念是将课程重新概念化，使族群内容转化为课程的一部分；以概念为课程的组织要素，涵盖文化、社会化、文化沟通、社会制度、差异、冲突、合作、权力、种族等主要概念；所选概念应包括广泛的信息和生活内容，将族群正面、真实的印象以自然、前后连贯与整合的方式纳入教材中。③当前，民族文化课程资源在选

---

① 滕星，王铁志. 2009. 民族教育理论与政策研究. 北京：民族出版社，400
② 滕星，王铁志. 2009. 民族教育理论与政策研究. 北京：民族出版社，21
③ 滕星，王铁志. 2009. 民族教育理论与政策研究. 北京：民族出版社，369

择上存在的主要问题是缺乏与本地人生产生活息息相关的地方性知识。各民族文化形成于天地和人文系统中，存在于各民族生活中，具有教化民族成员的功能。因此，在课程资源的内容选择上，要关注以下几点：第一，多民族文化资源教育转换要在坚持社会主义核心价值体系的前提下，取其精华，去其糟粕，从各民族文化资源中筛选出优秀的民族文化。第二，课程和教材的开发，需要从学生角度出发，选取符合不同年龄阶段儿童与青少年的认知发展阶段特征的知识内容。第三，在筛选课程资源时，要从自然知识、社会知识和人文知识中提取出有价值的优秀文化资源。各民族文化中不仅包含各种生存知识，而且蕴藏着对人的能力训练和发展的功能。民族文化课程开发者应关注包括山川、动植物知识与智慧，节日习俗中的知识，爱情婚姻、伦理道德，民间文学艺术，传统服饰，传统体育以及日常生产、生活中的智慧和技能在内的传统文化，研究其教育转换方式。

（二）课程变革的途径

多民族文化资源教育转换不是在现有课程和教材之外简单添加民族文化课程，而是在多元文化整合教育理论下的课程改革；不是在民族地区学生学习主流文化之外增加民族文化课程，而是对所有学生进行多元文化教育，即在所有科目的课程和教材中整合多元文化。我国多民族的多元文化是课程和教材的丰富源泉，我们要充分、恰当地利用这些资源。依据现有的三级课程制度，在地方课程、校本课程中，学校要发掘对各民族个体德育、智育、体育、技能和美育等方面具有培养功能的、对各民族社会发展进步有积极作用的文化资源，并将其融入课程中。在国家课程中，要将各民族共创中华的历史整合到学科课程中；在课程中介绍与多民族节日文化、饮食、服饰、观念和行为文化相关的内容，培养学生对多元文化的认知、理解和尊重。在潜在课程中，将三类课程中的知识转换为课外活动、课间操、校园文化等形式，作为地方课程、校本课程与国家课程内容的补充和实践活动。借助学校图书馆（阅览室）、实验室、网站和多媒体设备，可将有关民族文化的大量文本资源（除教材之外的图书、报纸、杂志、照片、地图、图表等）、音像资源（反映民族地区的经济、社会、生态、文化生活、风俗习惯、宗教信仰、传统科技和教育的纪录片、人类学电影等）提供给学生。

借鉴多元文化教育的课程模式，对多元文化进行整合，融入各年级的课程设计和教材中，既能解决各民族之间缺乏了解的问题，又能更好地传承多元民族文化。由于我国民族文化丰富，将民族文化融入课程和教材需要长期的努力。

（三）统筹安排课程和教材开发

1. 统筹教材的编写与使用

在教材编制上，应打破以往的以区、县或乡镇为单位的格局，采取跨区域、跨学校的形式，以民族文化类型或区域为单位编写和使用教材，避免浪费。

2. 合理组建课程和教材开发团队

教材开发团队要由一线教师（包括本民族教师）、专家（包括本民族专家）、政策决定者三方参加，从上到下分别组建国家课程、地方课程、校本课程及学校潜在课程的教材修订与编写团队。具体来说，教师将一线教学经验和学生文化背景相融合，设计教学方式；专家从民族文化专题研究成果出发选取民族文化中有价值的部分；政策决定者提供相关政策和经费扶持，形成协同开发团队。

三、评价机制调整的策略

学校建立科学、合理的考评机制是民族文化资源教育转换的重要保障。多年来，民族文化进校园、进课程活动取得的成效有限，最根本的原因在于学校处在"升学"的评价机制下而不得不为之。如果能够改变现有的评价制度，把民族传统文化教育纳入学校考试与考核中，将学生的民族传统文化课程考评成绩与学生学业和教师工作成就相结合，激励、督促教师和学生学习多元文化知识，就可以起到提高民族传统文化教育在学校教育中的地位的作用，进而有利于多民族传统文化的传承和民族教育的发展。

从学生方面来说，一是在课程设置上，要将民族文化课程作为学生的必修课程，在民族文化理论课程和实践课程中均需增加相应的课时数（学分）。现有的民族文化课程的课时安排较少，难以完成相应的民族文化知识内容的教学。二是在考试形式上，在标准化测验（统一考试）、教师自编测验中，应采用多样化的评价方式，以便对学生的学业表现给予客观的评价：通过笔试（开卷、闭卷），测试学生的多元文化价值和民族文化知识；通过口试，测试学生的理解、分析能力；通过活动、展演，测评学生的综合应用能力等。三是在考试内容设计上，在国家课程的考试内容中，多元文化内容，尤其是有关文化差异、文化理解方面的内容应在客观题和主观题中占一定的比例。地方课程和校本课程中应考核学生的综合素质，采用多元化的考试内容，并要考虑考试内容是否适应来自不同社会文化背景的所有学生。四是在考试分数的使用上，民族文化课程成绩在评定奖学金、评优评先和升学考试成绩中占一定的比例。

从教师方面来说，一是将多元文化素养作为教师聘用的一项条件；二是将民族文化课程作为教师评优的一项条件；三是将民族文化课程作为教师年度考核的一项工作要求。依据教师在民族文化课程方面的工作成绩和学生的学习效果，给予教师绩效奖励，以此激励教师对民族传统文化专业理论的学习和对民族文化课程的重视，进而促进课堂教学质量的提高。

结　语

文化是民族的血脉，是人们的精神家园。党的十八大以来，党中央提出"扎实推进社会主义文化强国建设"的目标，赋予了中国文化重大使命，为传承和发展中华优秀传统文化指明了方向和路径。将多民族文化资源转换为教育资源在文化强国建设中有着十分重大的现实意义，通过转换促进文化的相容与共享，增强各民族的文化自信和民族自豪感，在实现教育目标相容的同时，也构筑了民族团结的文化城墙。

笔者认为，将多民族文化资源转换为教育资源应呈现如下特性。

第一，文化传承与创新。文化资源的教育转换是在继承民族优秀传统文化的基础上的文化发扬，既摆脱了"抢救文化"的窘况，也改变了民族文化式微的局面。弘扬民族文化要与时俱进，文化创新是文化传承基础上的创新，可以通过转换文化资源促进各民族文化的结合，文化的结合与融合是文化创新的源泉。

第二，开放性与共赢性。我国是多民族统一国家，各民族共享多元文化，文化资源转换不仅能促进本民族文化发展，还会对其他文化产生外溢性，进而使彼此形成互补、实现共赢。

第三，基础性和全民性。在历史长河中，我国 56 个民族创造和积累了丰富的、宝贵的文化资源，它们共同汇集成中华优秀传统文化，其中既包括人生观、价值观、世界观，也包括与生活、生存相关的各种知识和技能。将它们融入学校课堂教学和教材中，是基础性教育；将它们用在各种社会教育中加以传习、普及，是全民教育。

第四，多元文化视野。从本书倡导的知识内容选择而言，多元文化是指包括主流文化在内的各民族文化。主流文化在现行课程中占主导地位，因此我们的研究以对民族知识课程的补充为主要任务。从教育对象而言，多元文化课程应面向全体学生；不仅是对农村地区或民族地区的学生进行教育，也是对城市经济文化发达地区的学生进行民族团结教育，目的是培养多元文化价值观念和提升人口素质。多民族文化资源转换为教育资源，为学生带来了多元文化知识，使他们在对多民族文化知识的学习中不知不觉地具备了多元文化价值观，让学生懂得如何正确地对待文化差异，学会尊重和理解他文化，从而有利于消除人们对民族文化的误解，增强民族团结。

第五，"以人为本"，以人的发展为出发点。多民族文化资源成为教育资源，我们看重的不仅是知识，更重要的是其对人的发展的作用，其对生于斯、长于斯的民族地区学生成长的意义不容忽视。生活于本民族社区的学生，文化环境对其心智、情感、能力的培养起着十分重要的作用，而现代学校教育和基础教育阶段的寄宿制，在一定程度上将他们与自己原来生活的文化环境相分离，语言、文化差异成为他们在学校学习的主要障碍。发掘民族文化资源中的教育知识，让学生在主流文化与自身民族文化差异的空隙中找到弥合点，正是我们在开发这些文化资源时应该注意的问题。同时，将有利于民族个体发展的文化资源应用于教育中，促进人的能力发展，进而促进民族地方人力资本发展，有利于民族地区的现代化，有助于达到教育强国的目的；将多民族文化资源转换为课程资源，学生从中体会到社会对其民族文化与历史的尊重和理解，在促进文化传承和发展的同时，能增强其对本民族的文化自信、认同感、自豪感和集体归属感，满足其精神需求。

后　记

2013年6月，由杨如安教授和王晓燕副教授主持的教育部人文社会科学重点研究基地重大项目"文化强国方略中多民族文化资源教育转换研究"（课题编号：13JJD880008）获准立项，12月，顺利开题。西南大学教授张诗亚、张庆林、么加利，钦州学院教授徐书业，广西师范大学教授孙杰远参加了开题报告会，为课题研究提出了宝贵的建议。课题组参照专家建议，依据课题总体规划，开展实地调查、收集相关资源，进入了课题理论研究和实践工作的实质性阶段。在杨如安教授的带领下，课题组多次召开项目会议，讨论研究调查方案和总结工作经验。

经过三年多的努力，课题组成员齐心协力、集思广益，已经取得了一些成绩。除最终成果专著《多民族文化资源教育转换研究》之外，课题组负责人还主编了重庆市少数民族文化系列丛书，共计7部，包括《西兰卡普》《后河戏剧本集》《重庆市少数民族民间音乐》《重庆市少数民族饮食文化》《重庆市少数民族生命之礼》《重庆市少数民族碑刻楹联》《民族文化传承研究文集》，其中《民族文化传承研究文集》是"文化强国战略中民族文化特色传承"国内学术会议论文集。课题组公开发表了11篇报告，有4篇咨询报告被相关部门和学校采纳。此外，课题负责人依托项目培养研究生的实践能力和科学研究能力，完成田野考察报告7份，学位论文5篇，以项目作为促进研究生"做中学"的平台，让研究生从事研究，实现了科学研究与人才培养的互补。

本项目由西南大学西南民族教育与心理研究中心（以下简称"本中心"）和重庆旅游职业学院联合负责，联合了重庆工商大学、重庆第二师范学院的多位研究人员共同攻关完成。本书由本中心主任张诗亚教授选题和指导，由课题负责人杨如安教授负责全书的框架和审定工作，王晓燕副教授负责统稿工作。本书各章节具体撰写分工如下：绪论，王晓燕；第一章，王晓燕；第二章，杨如安；第三章，刘耀；第四章第一节，孙瑞霞，第二节，郭雪莲，第三节，刘倩；第五章，赵金锁；结语，王晓燕。

在课题研究过程中，课题组负责人杨如安、王晓燕和课题组成员刘耀、赵金锁、刘倩、王颂、郭雪莲、顾志飞、孙瑞霞等多次赴民族地区考察，认真收集资料。在本书撰写过程中，他们又做了大量的文字整理工作。同时，本书也吸收了学术界已有的研究成果和本中心部分田野考察的案例成果，并在页下做了注释。此外，课题研究还得到了本中心研究人员蒋立松、陈荟、罗江华、吴晓蓉，以及诸多博士研究生、硕士研究生的支持与帮助。在此一并表示衷心的感谢！

王晓燕
于说乎斋